Goetsch · Mit Yachten auf großer Fahrt

Danksagung an meinen Vater, der mein seglerisches Vorbild war.

Kapitän Klaus R. G. Goetsch

Mit Yachten auf großer Fahrt

Als Skipper auf den Weltmeeren

STADLER

Verlag Stadler

Für den Inhalt des Buches zeichnet der Autor verantwortlich.

Verlag und Vertrieb:
Stadler Verlagsgesellschaft mbH, 2004
Max-Stromeyer-Straße 172
78467 Konstanz
Fax: 07531/898-101

E-Mail: info@verlag-stadler.de
www.verlag-stadler.de

Umschlaggestaltung: Visual Concept, Zürich
Satz: Hissek Satz & Litho, Konstanz
Gesamtherstellung: Konkordia, Bühl

ISBN 3-7977-0502-6

Vorwort

Klaus R.G. Goetsch, geboren in Friedrichshafen, verbrachte seine Jugend am Bodensee. Schon als Kind lernte er das Segeln, sein Vater lehrte es ihn, beinahe, bevor er laufen konnte. Sein Leben lang war Klaus R.G. Goetsch ein leidenschaftlicher Seemann.

Mit 19 Jahren diente er bei der Kriegsmarine. Anfang 1945 wurde er Fähnrich zur See und meldete sich freiwillig zu den „Seehunden", den Zwei-Mann-U-Booten. Das war ein riskantes Unterfangen, viele seiner Kameraden kehrten von ihren Fahrten nicht wieder zurück. In der Gefangenschaft bei den Kanadiern in Ijmuiden war er als Taucher zum Minenräumen eingesetzt. Als er sein Ziel von 2000 entschärften Minen erreichte, bekam er Ferien und kam nach Hause.

Aber er sehnte sich nach dem Meer. Seine Segelschule in Lindau, die er nach dem Krieg gegründet hatte, war ihm zu eng. Mit seinem Segelwissen und -können – die „brotlosen Künste", wie sie seine Mutter nannte, ging er ans Mittelmeer und begann seine Karriere als Skipper auf weltberühmten Yachten. Unter Segeln war er am glücklichsten – er hat den Atlantik dreizehn Mal unter Segeln überquert, kannte jede Ecke der Karibik und liebte die ursprüngliche Navigation nach den Sternen und der Sonne.

Anfang der 80-er Jahre legte er den Anker vor das Familienhaus in Friedrichshafen und genoss seinen Lebensabend, den er immer als sein größtes Abenteuer beschrieben hat. Er freute sich an seinem Garten, seinem Gitarrenspiel, dem Skifahren, dem Malen, an seinen Katzen und seinen Töchtern.

Sein erstes Buch „Zwischen Luxusyachten und VIP's" erschien 1999.

Seine Tochter Nicola

Kapitän Klaus R.G. Goetsch
© Courtesy of Ellen Graham, Beverly Hills

S.Y. „Etsi" 1952. Neapel – Hamburg

Beim Espresso im Sonnenschein an der Pier lernen sie sich kennen, der Skipper und der Filmproduzent Dr. Mauersberg. Vom Winterquartier im verträumten Kraterhafen Porto d'Ischia soll seine Ketsch „Etsi" zur Elbmetropole zurückgesegelt werden. Das Angebot zur Überführung wird angenommen. Handschlag, erledigt.

Die Jungs und Mädchen vom letzten Segelkurs der Winterschule rollen schon im Nachtexpress von Neapel gen Norden. Sie sind braungebrannt vom Abschlusstörn mit der Schulketsch „Dela" rund ums vergessene Eiland Ustica im Norden Siziliens.

Jetzt ein paar tausend Meilen segeln, durch's Mittelmeer auf dem Nordatlantik zum Kanal und in die Nordsee nach old Hamburg – herrlich. Wird gemacht, ganz klar. Kost und Logis, plus bei geglückter Ankunft 20 Pfennig pro Entfernungsmeile. Versicherungen, schriftliche Verträge? – Steckt den Quatsch doch an den Hut! Nur abenteuerliche ozeanische Freiheit zählt.

Heruntergekommen und geplündert liegt der 22-m-Zweimaster im „Friedhofsquartier" des Inselhafens. Ein trauriger Anblick der stolzen „Etsi" transatlantischer, Nord- und Ostseeregatten verflossener Zeiten. Vom Sieger nach überstandenen Kriegsläuften beschlagnahmt, darauf zurückerworben und wiederhergestellt, schippert das solide Seeschiff nach Nordafrika, dann Sizilien in die Inselwelt der hellenischen Antike. Mit einer Gruppe sportlicher Multitalente und gut ausgerüsteter Kameraleute.

Von Kapitän Mohr geführt, drehen alle zusammen Kulturfilme. Besonders die Streifen „Göttertempel in Kleinasien" und „Auf den Spuren von Odysseus" verzaubern das deutsche Publikum 1952, nach vielen Jahren quälender Enge und Entbehrung. Leider muss die brave „Etsi" geopfert werden. Einsam und zurückgelassen einem fraglichen Schicksal im fremden Hafen entgegenrosten, Mauern von Muscheln ansetzen. – Völlige Ebbe in der Kriegskasse. Dann aber greift der unvergessene Hamburger Senator, Henry Brütt, seinem Schwiegersohn Dr. Mauersberg unter die Arme und erwirbt die „Etsi" für dessen Filmvorhaben.

Seit einigen Tagen tut sich also was auf der verlassenen Ozean-Yacht. Ein Hamburger Bootsmann mit einem Berliner Schiffsjungen sind aufgetaucht, vom Boss im Norden fest angeheuert. 14 Stunden täglich klarieren und säubern beide das vergammelte Fahrzeug in sengender Sonnenhitze.

Werft-Ingenieur Gerhard Koch, unterstützt von seinem italienischen Mitarbeiter Signore Mimmo der Cantiere Navale an der Hafeneinfahrt, kümmert sich so nebenher um die deutsche „Etsi". Seines Zeichens ist Gerd ex-U-Boots-Ingenieuroffizier, jetzt Dipl.-Ing. in Maschinenbau. Zusammen mit dem Skipper verbrachte er lange Monate der Kriegsgefangenschaft hinter Stacheldraht. Beim Minenräumen werden alte Schlauchboote durch die Nordseebrandung geschoben, klitschnass hechten je vier Mann an Bord und paddeln zur 10-Meter-Tiefenlinie. Paarweise schleppen die Bootchen eine mit Steinen beschwerte Leine als Suchschlaufe über den Grund, vom Tidenstrom getrieben. Einmal festgehakt, jumpt der Taucher ins Wasser, holt sich an der steifen Leine runter zur friedlich schlummernden scharfen Mine im Betonkasten. Kälte-Schutzanzüge sind anfangs Verschwendung für deutsche Kriegsgefangene. Im Arbeitszeug, eingefettet mit Geschützschmiere, Draeger-U-Boots-Tauchretter um den Wanst, Mundstück vom Atemschlauch zwischen den Zähnen, Nasenklemme und Brille – so wird unten im Halbdunkel gearbeitet. Routine bald: Sprengstoff mit 9-Minuten-Verzögerungs-Zünder festdrahten, abziehen – schnell rauf, zurück ins Schlauchboot, loswerfen, wegtreiben – Minuten nur darauf – Rrrrrums – 20-30 m hohe Gischtfontäne – Steinbrocken und Dreck klatschen ins Wasser, dann und wann auch benommene Fische – zum Rösten über einem Strandfeuer.

Auffallend weit weg von der Gefahrenzone sind einige unserer Aufseher kriegerisch mutig. Endlich mal am Drücker lässt sich ungefährdet wüten. Natürlich, buchstabengetreu gemäß Genfer Konvention, ohne Schikanen und tätliche Angriffe auf vor Kälte und Nässe bibbernde Gefangene. Oder etwa nicht? – Na, dem jüngsten Gericht entkommt keiner der späten Helden.

Zurück im Lager verdient sich Lt. (Ing.) Koch mit seinen U-Boots-Technikern Lorbeeren. Ein Schrott-Generator wird zur Stromversorgung instandgesetzt mit Abwärme-gekoppelter Hochdusche für alle 400 Kameraden. Tempi passati.

Nun sind beide wieder mal zusammen, in ungeahnter sonniger Freiheit. Der Skipper, inzwischen auf der Insel Ischia heimisch geworden, vermittelt seinem Freund eine Anstellung als Betriebsingenieur bei der dortigen Lustspielwerft. Der Vorschlag, mit der alten „Etsi“ zurück in die Heimat zu segeln, für Gottes Lohn allein, magnetisiert den ex-Mariner. Mehr als seine „Capo Ingeniere“-Beschäftigung an Land. Beim Schweizer Werftbesitzer, Herrn Läuchli, kündigt Gerd in aller Freundschaft. Anderntags steht er mit Seesack an Deck.

Ohne Rast und Ruh' schuften nun vier braungebrannte Negerlein. Vom Bootsmannsstuhl hoch oben im Mast, an der Ruderanlage achtern, an total vergammelten Pumpen und den auf der Pier ausgebreiteten Segeln. Vom Hamburger Reeder für die Unternehmung angeheuert erscheinen zuletzt Smutje Helga Kuliß mit Steuermann Günther Ebenau.

Eine typische Nachkriegsmischung deutscher Einzelschicksale. Helga Kuliß hat halb verhungert den winterlichen Flüchtlingstreck vor der mordenden roten Soldateska in ihrer ostdeutschen Heimat gerade noch überlebt. Kurt Hirsch, „Kellerkind“ Berliner Terrorbombernächte, hat sowjetische Feuerwalze und Siegermordlust, Raub und Massenvergewaltigungen durch die Befreier hinter sich. Bootsmann Hans Albertz dagegen war einst strammer Hamburger Jung-Kommunist und Straßenschläger der ersten schlimmen 30er Jahre. Marschiert kurz nach der Machtübernahme in „Schutzhaft“ und dann ins Arbeitslager der „Moorsoldaten“, ab 1934 als „Politischer“ ins Konzentrationslager und überlebte bis zu seiner Befreiung im Frühjahr 1945 im KZ Mauthausen. Strmn. Günther Ebenau war junger Fähnrich z. See bei der „Kaiserlichen“, zuletzt Einmann-U-Boot-Fahrer. Gerd Koch, seinerzeit U-Boot-Ing. Offizier, wurde zuletzt im 2-Mann-U-Boot eingesetzt. Schließlich der Reserve-Leutnant z. See ohne Geschäftsbereich und jetzige Skipper.

Kraterhafen Porto d'Ischia.

„Etsi" vergammelt rostend beim Winterschlaf 1951/52.

Motoryacht „Starlena“, ex-ML der Royal Navy U-Boot-Abwehr. Ohne Vorschiff-Geschütz, Flak-Waffen achtern, Wasserbomben.

So sind alle Mann friedlich vereint, um ihre beschädigte „Etsi“ motorlos nach Hamburg zu segeln. Durch dick und dünn. Auf Sparflamme, mit Neptuns Segen. Gemeinsame Aufbruchstimmung und Arbeitsgeist schweißt das Häuflein zusammen.

Geheimnisvolle britische Motoryacht

Am 14. Mai 1952 läuft eine Motoryacht durch die enge Hafeneinfahrt ein. Ankert gekonnt im steifen Mittags-Westwind, kämpft aber mit Schwierigkeiten, über's Heck die Pier zu erreichen.

Im Nu sind alle „Etsi“-Männer zur Stelle, zwei Mann mit Wurfleinen auf der Pier, ein Mann im kleinen Boot, zwei Mann sind an Deck der Yacht hochgeentert. Nach einer Viertelstunde liegt das 32-Meter-Schiff sicher und fest. Schnell und diskret verschwinden die Helfer auf ihre benachbarte „Etsi“.

Seltsam, beim genauen Hinschauen erinnern Länge, Brücke und Aufbauten an britische U-Bootsjäger 1945 im Osteingang des Ärmel-Kanals. Zusammen mit Zerstörern und pausenlos patrouillierenden Kampfflugzeugen waren sie die Todesengel vieler „Seehundbesatzungen“ damals. Allerdings fehlen bei diesem Schiff leichte Flak-Waffen und die Wasserbomben beiderseits achtern auf den Schlitten.

Auffallend die weibliche Besatzung auf ex-RML „Starlena“. Die aparten jungen Wesen in praktischen Latzhosen arbeiten eifrig im Schatten der Sonnensegel. Um sie herum an Deck tollen vier Kinder von vielleicht drei bis fünf Jahren, sicher und geschickt. Das dunkelhaarige Mädchen lächelt scheu rüber zum Skipper. Spürt, dass der sie durchs Glas beobachtet. Und der Pfeil sitzt mittenmang in seinem bisher treulosen Seemannsherzen. Soll ja vorkommen. – Erste maritime Feindberührung nach dem blödsinnigen Krieg. Rein seelisch.

Vormittags überbringt „Starlena's“ portugiesischer Maschinist eine formelle Einladung: „Capitaine Marcel und Sonia bitten Kapitän, Offiziere und Besatzung der german Ketsch ‚Etsi‘ heute zum five o'clock tea an Bord der britischen M/Y ‚Starlena‘. Dress informal.“

Bald weht das Flaggensignal „Angenommen, danke“ nach dem internationalen Signalbuch vom Großmast. Gute alte Tradition. Jetzt wälzt nebenan auf seiner Brücke der Kapitän sein „International Code of Signals“, winkt endlich „Verstanden“, lächelnd mit erhobenem Finger. Mit den Jahren verliert jeder mal die Übung.

Großartig, höflich und bescheiden vertreten meine Gefährten ihre erste Yacht unter dem „Bundesotto“ schwarz-rot-gold in Mittelmeergefilden. Der Capitaine bringt einen Toast auf die hilfreiche „Etsi“-Besatzung aus, im amüsanten Englisch eines gebildeten Franzosen. Man schlürft köstlichen Tee, knabbert an Keksen und Gebäck, lacht mit den Kindern Guy, Miranda, Alain und Van, blickt heimlich in forschende Mädchenaugen – verneigt sich dankend und geht. Man bummelt durch menschenleere Gässchen während der Siesta. Über's Kopfsteinpflaster in der Mittagshitze,

Im Ruderhaus der „Etsi“.

hinauf ins kühle Gemäuer des Jahrtausende alten „Castello“, der befestigten Felseninsel. Pat und Colleen sprechen vom Schwager, Captain Marcel, und seinen Sorgen mit der M/Y „Starlena“. Die Weiterreise nach Südfrankreich ohne „deckhands“ (Seeleute) ist zu beschwerlich. Sonia, älteste Schwester und Frau vom Kapitän ist seit der letzten Unternehmung müde und überlastet. Mit vier Kleinkindern an Bord von Südfrankreich nach Tanger/Marokko, dann beladen mit 420 Kisten Zigaretten nach Süditalien. Wartende Fischerboote übernehmen die Konterbande, bei stockdusterer Nacht, Kiste für Kiste. Ganz nebenbei erwähnen die beiden bildhübschen Piratinnen lauernde Schnellboote der Guardia Finanza. Nicht dumm, beim Eindringen in italienische Gewässer tagsüber der Luftüberwachung ein Schnippchen zu schlagen. Unter der vornehmen „Blue Ensign“ (Blaue brit. Flagge) als Lustyacht getarnt, mit adretten Damen und spielenden Kindern an Deck – Piratenblut adliger Vorväter!

Noch abends beschließen Gerd und Klaus, für die 500 Seemeilen auf der „Starlena“ anzuheuern. Als Decksleute gegen Gottes Lohn, Koje und Verpflegung. Zur Abwechslung unter der Flagge der einstigen Gegner, mit einem ex-Oberleutnant z. See der französischen „Marine Nationale“ als Kapitän. Er war damals 1940 mit einem Torpedoboot über den Ärmelkanal zu den Tommies ausgebüxt, dann jahrelang mit der Royal Navy als Geleitzug-Bewacher eingesetzt. Vom Seekrieg hat Marcel die Nase voll.

Auf ihren Seewachen steuern Pat und Colleen „Starlena“ souverän genau auf Kurs. Halten scharfen Ausguck, melden nähernde Fahrzeuge, Leuchtfeuer und Ungewöhnliches durch's Sprachrohr runter in die Brücke. Jede Meldung reißt dann den Kapitän, zusammengekauert auf dem Ledersofa, aus seinen Träumen.

Für die „Etsi“-Kameraden heißt es höllisch aufpassen am Ruder. Ihr „Fairmile“ mit fast leeren Tanks leicht und rank, giert sonst ruck-zuck aus dem Kurs. Colleen steuert 2 Stunden mit Klaus als Ausgucksmann. Dann steht Klaus am „Paddel“, die betörende Colleen mit umgehängtem Nachtglas daneben. Die nächsten 4 Stunden wachen Pat und Gerd oben. Nach dem selben Strickmuster.

Eine Nacht vor Anker bei Porto Azurro. Landgang für die Jugend bis zur Geisterstunde. Gerd, Pat, Colleen und Klaus spazieren hinauf auf die duftenden Hügel über dem Hafenstädtchen der Elba-Insel. Vor der Trattoria am Hafen noch ein, zwei Glas Muscato d'Elba und eine Schale Oliven, dann geht es zurück ins wartende Boot. Vor Sonnenaufgang noch kurbeln die Germans am Ankerspill, für den letzten Törn nach Villefranche.

Zum ersten Mal wieder auf französischem Boden, verabschieden sich Gerd und Klaus von ihren neuen Freunden und danken für die herzliche Gastfreundschaft. Colleen flüstert: „We should see each other again.“ (Wir sollten uns wiedersehen) – Klaus: „Weather permitting ‚Etsi‘ will sail into Port within ten days.“ (Gutes Wetter vorausgesetzt, wird „Etsi“ innerhalb 10 Tagen in den Hafen einlaufen). Das Trockendock in Villefranche passt wunderbar in die Pläne des Wiedersehens. Dort können wir das Unterwasserschiff vom faustdicken Muschelbewuchs befreien, den Schiffsboden entrosten und malen und können dafür auf dem langen Törn heimwärts zwanzig Prozent schneller durch's Wasser segeln.

Abends sitzen beide Gefährten im Nachtzug nach Ventimiglia und Rom insgesamt 18 Stunden in der überfüllten Holzklasse bis Napoli Termini. Hungrig und durstig. Endlich mit dem „Traghetto“ (Fährdampfer) nach Porto d'Ischia. Zurück auf eigenen Planken.

Noch ruht die Hilfsmaschine arbeitslos im Maschinenraum. Das Kurbelwellenlager ist im Eimer. Ersatzteile hängen irgendwo fest, oder sind noch nicht unterwegs. Die neue Batterie liegt noch in Neapel. Nervtötender Formalitäten wegen darf sie nur dort in Transit an Bord gebracht werden. Also Segel setzen, nach 18 Seemeilen bei Mitternacht im winzigen Hafen von Santa Lucia ankern und festmachen. Beim schwierigen Manöver übertrifft die Besatzung kühnste Erwartungen, nach Stunden erster Erfahrung.

Zu allerletzt überbringt Capt. Heinrich Topp, Vertreter des Napoli-Agenten, „Etsi's“ Endabrechnung. Geldmittel, vom Hamburger Reeder überwiesen, reichen nicht aus. Auslaufstopp bis zur Bezahlung. Die Bordkasse ist leer. Gottseidank: Im Nachkriegs-Neapel gibt es keine Probleme. Mit Raffinesse und Grandezza werden sie gelöst. Undenkbar für uns Tedeschi (Deutsche) preußischer Lauterkeit ist die Rechnung binnen weniger Stunden beglichen: Mit der Ausreise nach Frankreich werden zwei Kisten „Chesterfield“-Zigaretten offiziell als zollfreier Proviant bestellt. In jeder Kiste sind 50 Kartons mit je 20 Päckchen der Glimmstengel. Ein Lieferwagen, begleitet von drei Zollbeamten, fährt vor. Beide Kisten kommen an Bord, der Skipper unterzeichnet die Empfangspapiere – und spaziert eine Stunde an Land. Später erzählt der Moses, dass die Kisten von den Zöllnern wieder in den Wagen gebracht und verschwunden sind. Im Ruderhaus liegt die Agentenrechnung, als „bezahlt“ quittiert, mit aufgeklebten „bolli“ (Steuermarken). Angeheftet dazu ein Umschlag mit einem 10 000-Lire-Lappen und „Mille Grazie“ auf einer Visitenkarte.

Alle sind zufrieden, der Rangordnung nach bedacht: Schiffsagent, Zollbeamte und Fahrer. Das schlechte Gewissen aber belastet die Skipper-Seele. Zumindest bis sein langsamer Segler außerhalb der Hoheitsgewässer weitertrödelt. Das Schiff aber darf nun auslaufen.

Gerd Koch im Beiboot dreht „Etsi“ geschickt im engen Hafen, zwischen einem Gewirr von Muschelnetzen und bugsiert uns durch die Einfahrt –

völlige Abendflaute. Von oben im Wachturm ein Morsespruch der Signalstelle: „A-A-A what ship?“ – „TR velero etsi. tedesca. da napoli per villefranca. AR“ (Auslaufmeldung Segler Etsi. Deutsch. Von Neapel nach Villefranche. Ende). Dann blinkt es von oben „R-R grazie. buon viaggio. AR“ (Verstanden. Danke. Gute Reise. Ende).

Neun Tage schleicht die dick bewachsene „Etsi“. Meist mit leichten Brisenstrichen, dann auf flacher Dünung dümpelnd. Nur 10 Stunden lang sind Windgötter gnädig. Mit frischem bis steifem Shirocco (Südwind) sind 57 Seemeilen am Log abgespult. Eines Morgens wird hinter der Hafenmole von Villefranche längsseits festgemacht. Weiter im Hafen die „Starlena“. An Deck winkend die versammelte Familie.

Vorkommnisse: Keine. Nur zwei mächtige Wale brechen, explosionsartig blasend, durch die gläserne Oberfläche. Hautnah an Steuerbord im mondhellen Nachtdunst. Aus ihren Träumen hochgeschreckt von der prustend schwarzen Masse, greifbar unter der Reling, schlägt die dösende Ruderwache Alarm. Unnötig – bei den bebenden, zitternden Masten über ihnen jumpen alle Freiwächter aus ihren Kojen. Krabbeln benommen aufs taufrische Deck. Klarer Fall: Die tonnenschweren Außenbordskameraden scheuern sich genüsslich lästige Parasiten vom Fell. Ideal für die Körperpflege ist „Etsi’s“ scharfer Muschelbelag unterm Schiff. Endlich verschwinden beide Ozeanwanderer, keuchend und blasend, in der silberhellen, verzaubernd weichen Nacht.

1952: Erste Deutsche Nachkriegs-Yacht

Acht Jahre nach den kriegerischen Ereignissen, der italienischen Besatzung bis 1943, dann einem Jahr durch die deutsche Wehrmacht bis zur alliierten Landung in Ste. Maxime im August 1944 – an der glücklichen Küste, der Côte d’Azur, geht das Leben wieder weiter, als wäre nichts geschehen. Nur überwucherte Betonbunker und große Mahnmale allerorten künden von vergangenen Jahren.

Außer Neugierigen auf Schiffen im Hafen und Spaziergängern auf der Pier kümmert sich niemand um den Fremdling aus Hamburg. Der alte Hafenmeister verzeichnet Einzelheiten der „Etsi“ in seinem Riesenwälzer. Kassiert dann die Hafengebühren gegen säuberlich handgeschriebene Quittung. Wünscht allen guten Aufenthalt.

Beim Einklarieren begrüßt mich Monsieur Luc, seines Zeichens Reçeveur de la Douane (Zolleinnehmer). Nur einen kurzen Blick wirft er in die Schiffsdokumente. In einer Büro-Ecke neben Urkunden verliehener Auszeichnungen hängt eine braun-grau gestreifte Zebra-Kutte. Er lächelt hintergründig: „Erinnerungen ans Dritte Reich.“ Es dauert etwas, bis bei dem Skipper der Groschen fällt: „Waren Sie Häftling, Monsieur?“ – „Und wo haben Sie sich Ihr gutes Französisch angeeignet, Capitaine? Bei der deutschen Besatzungsmacht?“ – „Non, Monsieur, neben Schulkenntnissen Erfahrungen in der französischen Besatzungszone.“

Später plaudern wir ungezwungen in der Morgensonne am Tisch vor dem kleinen Bistro. Nur Meter von uns entfernt bunte Boote im spiegelnden Wasser. Monsieur Luc, aufmerksam und gebildet, erkundigt sich nach Kriegs-Schicksalen der „Etsi“-Besatzung.

Er erfährt, dass unser Bootsmann Albertz, im Rotfrontmilieu der End-Zwanziger aufgewachsen, als Straßenschläger der Internationalen in Hamburg gefürchtet, dann als „Politischer“ jahrzehntelang ein Häftlingslos durchgemacht hat. Da horcht der Aktive der französischen Resistance auf: „Richten Sie bitte Monsieur Albertz aus, er möchte mich gelegentlich im Büro aufsuchen“.

„Certainement (Wahrhaftig), Ihre ‚Etsi‘ fährt mit einer brisanten Mischung. Haben Sie nicht mit Spannungen zu kämpfen?“ – „Monsieur, Ideologien vergisst man besser an Bord eines Segelschiffes. Ich denke, wir alle haben doch ein bisschen dazugelernt, bestimmt auch Sie …“

Die Frühsommerabende gehören Colleen und Klaus. Hand in Hand schlendern beide auf Uferpfaden zum Cap Ferrat, nach Beaulieu und hinauf zur Moyenne Corniche. Weit unter ihnen glitzert das subtropische Meer. Fließende Lichterketten auf der Küstenstraße. Warmes Leuchten aus Fenstern einsamer Häuser, versteckt zwischen Zypressen-Terrassen steiler Felsenhänge.

Manchmal reicht es für einen Schoppen Landwein irgendwo unter Pinien, nett versorgt von freundlichen Landmenschen. Viel Geld haben beide nicht. Dafür strömen überirdische Glücksgefühle durch die verzauberten Weggefährten der weichen Nacht. Die grünäugige Seejungfrau aus Cornwall und der magere blonde Seemann aus old Germany.

Im kleinen botanischen Garten der phönizischen Schutzburg hoch über'm Meer, Eze, setzt Klaus in der Finsternis über eine Steinmauer, sportlich elegant – und landet mitten im Kaktusgewucher darunter. Auf dem Allerwertesten – Zähne zusammenbeißen, Haltung bewahren. – Mit jedem Schritt den steilen Pfad bergab Höllenqualen, wahre Schweißbäche auf den letzten Küstenkilometern bis zum Hafen. Nur nichts anmerken lassen von der Peinlichkeit, German boy! Doch das nachdenkliche Mädchen, still in sich gekehrt und traurig, flüstert „goodbye" vor der Gangway ihrer „Starlena" und verschwindet hastig an Bord.

Wochen danach erkundigt sich Colleen nach Gründen des plötzlichen Schweigens seinerzeit nach dem fröhlichen Geplauder beim romantischen Spaziergang. „Would you in my place, with your bottom full of spikes, sing love songs?" (Würdest Du an meiner Stelle, mit Deinem Hinterteil voller Stacheln, Liebeslieder singen?)

Die Ersatzteile aus Hamburg bringt ein Zollbeamter vors Schiff, im putzigen Renault, ohne einen Wust von Papieren für Formalitäten. Sein Sohn dient als Rekrut der Besatzungsarmee in Friedrichshafen und ist von der Bodenseegegend angetan. Monsieur Voisin, der Werftbesitzer, vermittelt sein Trockendock für den nächsten Sonntag, kostenlos. Nur der Dockmeister möchte bitte mit angemessenem Trinkgeld bedacht werden. Er orakelt: „Une fois, Capitaine, vous serez notre bon client (Einmal werden Sie unser guter Kunde sein)".

Bootsmann Albertz schreibt in sein Dienstbuch: „15. Juni 1952, Sonntag. Wetter leicht bewölkt. Arbeitsbeginn 0500 Uhr. Verholen ins Trockendock unter Segeln. Alle Mann Schiffsboden schrapen, reinigen, entrosten und 2 x malen. 1700 Ausdocken. Mit Beiboot an Liegeplatz zurückbugsiert. 2000 Feierabend. Franzosen über Arbeitstempo erstaunt. Massenhaft Zuschauer. Bei unseren Manövern stehen auf allen Yachten Besatzungen und beobachten. Sonst nichts. gez. Albertz."

Mit dem verbliebenen Material wird eifrig lackiert und gemalt. Rein kosmetisch, für den guten Eindruck. Täglich erscheint Colleen mehr bedrückt, denn der Abschied naht. „Why don't you join for the voyage to Hamburg, under canvas for a change? I would look after you." (Warum kommst Du nicht mit auf die Reise nach Hamburg, unter Segeln zur Abwechslung? Ich würde für Dich sorgen.) – „Do you seriously mean it, Klaus?" (Im Ernst, Klaus?) – „Of course, my darling." Blitzschnell saust sie rüber auf ihre „Starlena". Bespricht sich mit den älteren Schwestern.

Ganz feierlich erscheint auch Bootsmann Albertz. Erbittet Abmusterung und Dienstzeugnis, auch für seinen Schützling Kurt. Aus persönlichen Gründen möchte er doch lieber nicht nach Hamburg zurückkehren. Außerdem könnten beide auf der „Starlena" anmustern, bei unseren neuen Freunden. Für eine Charterreise zur Suche nach dem mysteriösen Rommelschatz im Süden Korsikas. – „Albertz, glauben Sie ernsthaft, dass unser Wüstenmarschall Rommel in Nordafrika auf Beute und Plünderschätze aus war?" – „Nee, eigentlich nicht, aber die Gerüchte." – „Na, denn viel Glück Euch beiden mit der ‚Starlena'." Ohne eine süß-saure Beigabe wäre es nicht der ideologisch versteinerte Albertz: „Dass junge Nazi-Offiziere derart hart zupacken und ihr Heimatland im gegnerischen Ausland würdevoll vertreten, hätte ich mir nie träumen lassen."

Ein letzter Tee auf „Starlena", herzlicher Abschied. Der neue Leichtmatrose Colleen A. Crumbie geht mit der „Etsi"-Crew rüber auf das neue Zuhause. Segelsetzen im Dämmerlicht, Albertz und Kurt auf der Pier werfen die Leinen los. Ein letzer Ehrendienst – three cheers von der „Starlena", Sirenengeheul aller Schiffe. Wir pumpen drei lange Töne aus dem vorsintflutlichen Nebelhorn: „Danke, auf Wiedersehen ..."

Südwestwärts in die Nacht, Kurs Gibraltar

Wenig später zieht „Etsi“ am Kap Ferrat vorbei. Zum guten Gelingen der nächsten Etappe gibt’s köstlichen Eintopf und Rotwein. Smutje Helga Kuliß kennt hungrige Mägen. Man schmaust unterm Sternenzelt aus großen Näpfen, lacht und klönt. Bis Gibraltar sollten die Vorräte ausreichen, trotz der geschwächten Schiffskasse. Heuern für zwei abgemusterte Leute knabbern an der Substanz. Colleen empfiehlt sich bald in ihre Kammer. Schräglagen, Schlingern und Stampfen unter Segeln sind Neuland, vermiesen dem Mädchen den Appetit.

15 Tage und Nächte sollen vergehen, bis der südlichste Zipfel Europas unterm Affenfelsen geschafft ist. Tagelange Flauten unter erbarmungsloser Hitzeglocke, dann wieder frische Winde platt von achtern. Höchstbelastung für Rudergänger. Mal beigedreht im Südsturm und 60 Seemeilen zurückversetzt – viermal Segel gerissen und von Ebenau geduldig geflickt. Mit dickem Balken bremst Gerd die wildgewordene Propellerwelle. Motor und Getriebe sind ja ausgebaut – Rauchschwaden im Motorenraum, Reibungswärme. Derweil spaltet Colleen auf dem Vordeck gefischtes Treibholz für den Kombüsenherd, putzt und trimmt alle Petroleumlampen vor Sonnenuntergang. „Etsi“ unter Deck ist dunkel. Batteriestrom gibt’s nur für Notempfänger, Kompasslicht und Morselampe. Eisern sparen, die See verzeiht nichts.

An einem Tag rauscht unsere Ketsch mit günstigen Winden 179 Seemeilen auf Generalkurs nach der Meerenge zwischen Europa und Nordafrika. Gleich rechnen die Optimisten mit sechs Tagen bis zum Ziel. Aber, au Backe! Tags drauf schafft man nur 26 Meilen. Man geht in sich und wird bescheiden. Flauten oder widrige Gegenwinde scheinen der „Etsi“ von den Göttern der Meere auferlegt.

Im Morgengrauen schiebt sich ein schwerbeladener Schoner, prächtig unter Vollzeug, Meter für Meter an uns vorbei. Über zwei Meter hohe achterliche Seen lassen den spanischen Zweimaster ruhig Kurs halten. In Rufweite daneben kurbeln „Etsi’s“ Rudergänger vier Stunden lang bis zur Ablösung am Ruderrad, damit ihr Johnny nicht querschlägt. Steile kurze

Südostküste Spanien. Schulschiff „Amerigo Vespucci" mitlaufend. Colleen beim Skipper am Ruder.

Seen bekommen dem Yachtrumpf überhaupt nicht. Dann kommt, 5 Strich Steuerbord voraus, eine Dreimastbark in Sicht. Mitlaufend, Abstand 3–4 Seemeilen. Diesmal läuft „Etsi" schneller, schließt mit neuem Kurs langsam auf. Gegen Mittag endlich passieren wir das italienische Schulschiff „Amerigo Vespucci", eine Kabellänge hinter dessen Heck. Dippen die Bundesflagge zum Gruß. Nach alter Tradition grüßt „Amerigo Vespucci" zurück, setzt Flaggensignal „W-A-Y" (Wünsche eine gute Reise) – Der Skipper blinkt hinüber: „Grazie egalmente".

Zwei Tage folgt der „ewige Segler" der kleinen Hamburger Schwester. Am 3. Tag steht er wieder 8 Seemeilen querab. Verschwindet bei Windstille voraus im Dunst. Unser spartanischer Untersatz hat eben keine Hilfsmaschine. Ersatzweise kommen immer wieder angerissene Segel von oben. Wieder mal gibt das Yachtlog seinen Geist auf. Tüftler Koch repariert mit einfachem Werkzeug. Mit knurrenden Eingeweiden übt sich Gerd auch in der Kunst, Fische zu fangen. Kein Schwanz hat offensichtlich Lust, in der großen Pfanne über offenem Feuer zu schmoren.

Helga leistet Unglaubliches. Alle kennen Freund Schmalhans, auch Colleen, unser britisches Kriegsmädchen. Mit geschlossenen Augen mundet sogar Reis mit Käfereinlage, stillt nagenden Schmacht. Dafür, oft nur ein bis zwei Seemeilen unter der noch unverbauten spanischen Küste, erleben wir altspanisches Leben im kühlen Abendschatten der Sierra de Gata. Buntbemalte Fischerboote, hochgeholt am Strand, Fischerfrauen im Sande hockend emsig beim Netzeflicken für die Fangreisen nach Mitternacht. Hochrädrige Eselskarren, spielende Kinder, weithin schallende Abendglocken … Kein Automobil, weit und breit.

Vormittags bei spiegelglatter See hält ein typisch spanischer Frachtschoner Kurs auf „Etsi". Seine Segel sind geborgen und festgemacht, dafür ist der dröhnende Glühkopf-Diesel schon meilenweit zu hören. Bald liegen wir Bord an Bord. Offene Seemannsgesichter gucken neugierig vom soliden hölzernen Schanzkleid runter auf's „Etsi"-Deck. Die fünf Mann Besatzung des tief abgeladenen Windjammers „Berta Costa" aus Ibiza. Mit unserem Italienisch kommen die Balearen-Insulaner zurecht. Spuren der Genueser Handelsmacht im Mittelalter: „Venite a bordo, signores!" (Kommt doch an Bord).

Colleen zaubert ein Flasche Whiskey aus ihrem Gepäck. Eigentlich gedacht für Seenotfälle. Ein seltener Genuss für die spanischen Kameraden. Sind sie doch seit Jahren von allen alliierten Siegermächten boykottiert. Zur Strafe, weil ihr Land strikte Neutralität wahrt. – Verstohlen beäugen die sittsamen Iberer unsere Mädchen in Bordhosen, können es kaum fassen. Ja, seinerzeit im roten Valenzia während des Bürgerkrieges sind Uniformhosen, Patronengürtel, Flinten und Käppis weibliches Attribut der revolutionären Schau. Aber jetzt herrscht Sitte und Ordnung.

Fachmännisch wird unsere alte „Etsi" begutachtet, man staunt über erstklassige Seekarten und die gute nautische Ausrüstung. Gottversucht scheint es den ausgebufften Seeleuten allerdings, dass wir mit morschen

Segeln, ohne Hilfsmaschine, old Hamburg erreichen wollen. Unvergessen auch die Stunde unterm Sonnensegel der „Berta Costa“. Blitzsauber ist der hölzerne Frachtsegler, bullenstark und seemännisch praktisch zu handhaben. Viño tinto trinken wir aus aus bauchigen irdenen Flaschen, schmausen gebratene Sardinen und Oliven von der heimatlichen Insel. Der bärenstarke Bootsmann begleitet alte spanische Seemannsweisen fast zärtlich mit seiner Gitarre. Singen und Summen, Lachen und Träumen – Colleen bringt noch zwei Flaschen „Red Label“ und eine Hamburger Flagge als Gastgeschenk. Errötet beim Klatschen und Gitarren-Tusch, dann erklingt vielstimmig aus allen Kehlen: „Viva la linda señorita Collina …“

Letztes Händeschütteln von Bord zu Bord. Leinen los, Fender rein an Deck. Der unverwüstliche Glühkopfmotor der „Berta Costa“ faucht wieder los, schiebt den Segler auf Nordostkurs davon. Winken – bald trennen uns Meilen der spiegelnden See.

Viele Jahre darauf hört der Skipper die Seenotwelle von Malta Radio. Kopiert betroffen die Suchmeldung nach Überlebenden eines im Sturm gesunkenen Seglers „Berta Costa“. Hunderte von Seemeilen entfernt auf dem Atlantik wird auf seinem 3-Mast-Schoner „Rara Avis“ die belgische Flagge auf Halbmast gesetzt, bis Sonnenuntergang.

Steuermann Ebenau entdeckt bei Wachwechsel einen geflochtenen Marktkorb, übervoll mit neuen Kartoffeln, Gemüse und Karotten, fünf schwere Melonen daneben. Klammheimlich von einem Seemann der „Berta Costa“ an Bord gebracht! Auf Anweisung seines Kapitäns als Gastgeschenk und Morgengabe von guten einfachen Menschen eines stolzen Volkes in Not. Smutje Helga kocht gleich für die hungrigen Mägen. Am 3. Juli abends gibt’s Bratkartoffeln mit Gemüse und Zwiebelsoße. Dick angerostet sind die alten Schmalzdosen aus Hamburg, ihr Inhalt aber voll genießbar.

Freitag, 4. Juli 1952, 0230 Uhr. Alle Mann an Deck. Zum zweiten Mal Großsegel bergen bei Waschbordlage. West 7, aufbrisend 8. Lange Gischtfahnen fetzen silbern im Mondlicht nach Lee. Koch wird vom Großfallkurbel an Deck geschlagen, lebt aber noch. Ebenau hängt bäuchlings über dem Baum, birgt das knallhart schlagende Tuch. Ab und zu wetzt Goetsch vom Ruder weg nach vorn, packt mit zu – Männerarbeit.

Klüver in Fetzen, geborgen. West 9–10. Es rauscht im Karton. Brecher mit hochfliegendem Schaum. Auch Stagfock gerissen, Reste festgezurrt. Koch am Ruder, Ebenau und Goetsch an Deck Zusatzwache. Wind dreht auf Südwest, volle 9 Beaufort. Beidrehen. Als letztes Segel wird Besan noch heil geborgen. Mit 180 Metern Manila-Trosse stabilisierend im Schlepp treibt „Etsi“ vor Topp und Takel. Colleen fliegt aus ihrer Oberkoje, kracht durch die Spindtür gegenüber. Verletzt, aber brav lächelnd. Erbmasse ihrer angelsächsischen Seefahrerfamilie.

Helga, festgebunden hinter dem glühenden Herd unterm Großmast, wärmt den Pott voller Eintopf auf, schafft ihn tatsächlich zum Niedergang an Deck. Krauchend durch die Gänge unten im wie toll arbeitenden Schiff. Für drei unrasierte Wachgänger im triefenden Ölzeug ist Helga eine Fata Morgana. Löffel angelt die tapfere Hamburger Deern aus ihrem Hosenbund.

Zum zweiten Mal nach vier Tagen schleicht „Etsi“ wieder vor Malaga westwärts. 96 Stunden Plackerei in Hitze und dann mit Schwerwetter von vorn waren für die Katz’. Doch einstimmig wird der Weitermarsch nach Gibraltar angenommen, trotz neuer Notlage mit letzten Vorräten, trotz des nahen Malaga-Hafens. Neues Schiffgeld gibt’s nur bei Barclay’s Bank der britischen Felsenfestung – No money, no honey.

Endlich, backbord voraus die blauen Berge Afrikas, rechts voraus Gibraltar. Luftspiegelungen über dem schwarzen Kontinent, ganze Landschaften, Berge und weiße Siedlungen. Dicht unter der andalusischen Küste setzen günstige Neer-Stöme „Etsi“ westwärts durch die Windstille.

Tief unter dem eindrucksvollen Gibraltarfelsen im fahlen Mondlicht umrundet „Etsi“ am 9. Juli 1952 kurz nach Mitternacht den südlichsten Punkt Europas. Im Vorbeigleiten durch den roten Sektor des Leuchtfeuers blinkt der Skipper seine Schiffsmeldung hinauf zur Signalstelle. Einzelheiten über Schiff, Besatzung und Reiseziel. Antwort: „welcome etsi. you germans sure are experts in signalling“ (Willkommen „Etsi“. Ihr Deutsche seid vorbildliche Signäler). Ein seltenes Lob auf nüchternen Magen.

0430 Uhr. Fallen Anker auf der Nordwest-Reede des Kriegshafens, hinter der hohen Hafenmauer. Dicht an dicht dahinter ein Mastenwald von Zerstörern und Kreuzern, Aufbauten von Flugzeugträgern. Derzeit sind die meisten arbeitslos oder auf friedlicher Kurzarbeit. Besser so.

Hafenpolizei klettert aus der altehrwürdigen Motor-Launch längsseits an Bord. Die Beamten vom Nachtdienst sind überwältigend freundlich und hilfsbereit, erledigen alle Formalitäten im Nu. Ein Glas Whiskey, zusammen mit jedem der versammelten Crew. Für den Bootssteuerer in der wartenden Launch gibt's einen Doppeldecker, of course. Colleen und Klaus selig an Deck unter dem Schicksalsfelsen im ersten Morgenlicht. Die anderen schlafen traumlos unten.

Gegner werden Freunde. Gibraltar 1952

Helga muss an Land. Seit Tagen klagt sie über Schmerzen im rechten Nierenbecken, über Übelkeit und leichtes Fieber. Der Hafenarzt muss sie gründlich untersuchen. Ebenau und Agent Charles Rodriguez helfen der Patientin ins 21-Fuß lange Boot am Fallreep. Ein muskulöser Matrose an klobigen langen Riemen pullt landwärts, mit ausholenden Schlägen. Viel Glück, brave Gefährtin!

Diskret im Schatten an der kleinen Innenpier steht der allmächtige Queen's Harbourmaster. Im Dienstanzug: Weiße Bermuda-Shorts, weiße Kniestrümpfe, weißes kurzärmeliges Hemd mit breiten Epauletten, Offiziers-Schirmmütze. Fraglos, um zu sehen, ob die „Nachkriegs-Fritzen" ihren alten Kahn ohne Hilfsmaschine an die Pier bringen können. Plötzlich, aus seiner stoischen Ruhe gerissen, gestikuliert und ruft der aufgeregte Mann. Denn „Etsi", mit Stagfock und Besan vor der frischen Morgenbrise, steuert bolzengerade auf die Kopfpier des engen Hafenschlauchs.

Doch Gerd wirft vom Steuerbord-Vorschiff unseren Waschzuber über Bord, bremst die auslaufende Leine am Poller. Ebenau birgt Vorsegel, schleudert gekonnt die Wurfleine die 25 Meter rüber zur Pier, während der Skipper mit Hartruder sein Schiff fast auf der Stelle nach Steuerbord aufdrehen lässt. Wie abgemessen treibt „Etsi" gemächlich quer auf die

Steinpier. Colleen hilft mit Fendern und Festmachern. Lautlos das ganze Schauspiel, ohne jedes Kommando, wie wahrscheinlich von den „Fritzen“ erwartet.

Zuschauer klatschen, vielleicht den ersten Applaus für einen Gast vom atlantischen Gegner. Spät abends überbringt ein Sailor der Royal Navy die formelle Einladung für die „Etsi“-Crew zum „welcome drink im Royal Gibraltar Yacht Club, dress casual“ (normale Kleidung). Zweifellos hat sich das Club-Komitee etwas dabei gedacht. Dinner jackets gehören mal nicht zu „Etsi’s“ Bordstandard.

Drei Wochen ankert „Etsi“ auf Reede. Helga Kuliß liegt im Hospital. Mediziner bezweifeln, dass ihre Patientin in absehbarer Zeit wieder seediensttauglich wird. Der US-Konsul, Mr. Lane, setzt alle Hebel in Bewegung, um der Kranken einen schnellen Heimtransport auf dem Landwege zu ermöglichen. Seit dem Empfang im Royal Yacht Club gehört Mr. Lane zu unseren Beschützern. Selbst der Gouverneur versucht, den französischen Konsul zu einem Not-Visum durch Frankreich zu bewegen. Alle Kosten sind von der Schiffskasse hinterlegt. Trotzdem verschanzt sich der offizielle Vertreter Frankreichs hinter einem Verhau von Paragraphen. „Bedauert“, die Durchreise durch Frankreich nicht bewilligen zu können. Damit also keine Rückführung eines erkrankten Besatzungsmitgliedes mit Fahrausweis und gültigem Reisepass. Ob ärztlich empfohlen oder nicht.

Der Skipper aber hat die Nase voll vom menschenverachtenden Affentheater eines Nachkriegs-Revanchisten. Sein Schiff muss auslaufen, um nicht von Herbstturbulenzen in der Biscaya und im Kanal gebeutelt zu werden. „Etsi“ ist nur bedingt seeklar. Wohl ist während der Wartezeit Dringendstes repariert und in der Takelage erneuert worden. Letztlich ist das aber nur ein Tropfen auf den heißen Stein. Atlantische Schwerst-Wetterlagen während der Aequinoktien wären fatal und endgültig kuddeldaddeldu.

Im US-Konsulat verloben sich Colleen Alice Crumbie, Tochter eines Offiziers der Royal Navy und Klaus R. G. Goetsch, ex-U-Boot-Offizier der unterlegenen Feldpostnummer. Die Handlung ist einfach, ergreifend.

Darauf, bei flimmernder Wüstenhitze, Abschiedsbesuch unserer liebgewonnenen Freunde. Fröhlich segeln wir in der Gibraltarbucht, machen einen Schlag rüber nach Afrika. Letzter Umtrunk an Deck, ausnahmsweise eisgekühlt. Ankern für letzte Formalitäten vor der Ausreise. Händeschütteln, Winken von der Hafenbarkasse – Farewell.

Patientin Helga lebt wieder an Bord für die beschwerliche Etappe zum englischen Kanal. Frische Vorräte, Trinkwasser, Petroleum für die Laternen, Material und die frisch aufgeladene Batterie sollen geschätzte 14 Seetage für 1000 Meilen nach England ermöglichen, auch Medizin für die Kranke. Doch: „Der Mensch denkt und Gott lenkt."

Schön fängt's gleich an: 20 Stunden lang kreuzt „Etsi" in der Meerenge, 8 mal nach Nordafrika und zurück, gegen frischen Schönwetter-West und 2–3 Knoten Strom vom Atlantik ins Mittelmeer. Völlig umsonst die Schinderei. Wieder steht das Schiff am Europa-Point. Dazu mit Notbesegelung, denn Großsegel und Klüver sind gerissen.

Von der Signalstelle oben im Fels ein Blinkspruch: „german yacht etsi. windwechsel auf ost 3–4 erwartet". Gleich darauf pottendicker Nebel und Windstille. Dann tatsächlich der günstige Wind. Drei Stunden später passiert „Etsi" die Festung Tarifa. Nach kitzligen Kursen haarscharf auf der 10-Meter-Tiefenlinie unter der spanischen Küste. Über Klippen und Steine, geschoben vom Neerstrom (Gegenstrom). Hinaus in den weiten Atlantik, auf nordwestlichen Kursen.

29 Tage und Nächte sollen vergehen, bis die „Etsi"-Besatzung in Plymouth die Seebeine vertreten darf. 41 Mal kommen gerissene Segel von oben. Werden wieder kunstvoll genäht. Das Tuch ist völlig morsch. Ebenau und Koch überbieten sich an Geduld und Hingabe während spärlicher Freiwachen. Gerd Koch hat in Gibraltar die Hilfsmaschine an Deck gehievt und festgelascht. Jetzt schabt er Lagerschalen mit alten Kolbenringen. Jede freie Tagesstunde. Fürs Anpassen der Gleitflächen bedient er sich der Barographen-Tinte vom Kartentisch.

Helga klagt über zunehmende Schmerzen. Abendfieber erreicht schon 39 °C. Unsere bedrückende Sorge. Ärztliche Hilfe, zumindest hinhaltende Arzneimittel, muss von anderen Schiffen erbeten werden. Frische Winde gegenan, allerdings mit weicheren Atlantikseen, wechseln mit Windstillen auf weiter Dünung. Drückende Hitze, tagsüber unter Deck, belastet die Leidende.

Norwegischer Fahrgastdampfer „Triton"/Tonsby, in 2 Kabel Entfernung, ignoriert am 1. August um 1445 Uhr unser Flaggensignal D-X und Morseanruf um ärztliche Hilfe für die Kranke. Gedanken sind zollfrei …

Zum Trost sichtet Gerd Koch Treibholz auf den Kämmen der Dünung. Man ändert Kurs, hält drauf zu. Die Dry-Gin-Kiste und ein Holzgerüst trocknen bald auf dem Vordeck. Und Ersatz-Smutje Colleen freut sich über Brennmaterial. Kleinigkeiten, doch lebenswichtig.

2. August 1952, 1330 Uhr: Spanischer Dampfer Christina/Bilbao stoppt augenblicklich auf „Etsi's" Signale. Übergibt unserer tanzenden Nussschale von Beiboot Penicillin für Helga und Segelgarn für Reparaturen. Der Kapitän lehnt jede Bezahlung in Pfund Sterling ab. Spanische Hilfsbereitschaft auf See von Menschen des damals bitterarmen Landes.

Gerd Koch hat in kürzester Zeit den Dreh raus für astronomische Standort-Berechnungen. Sicher beobachtet der studierte Ingenieur Sonne, Mond und Gestirne. Berechnet den Schiffsort mit Hilfe des nautischen Almanachs und nautischer Tafeln wie ein ausgefuchster Steuermann. Chronometer kontrollieren wir mit dem Zeitzeichen von BBC-London, bis der praktische „Eddystone"-Empfänger seinen Geist aufgibt. Beschwerlich, bei schlingerndem Schiff vom Ruderhausdach ins Ruderhaus zu klettern, in einer Hand schützend den kostbaren Sextanten. Man zählt derweil die Sekunden bis zum Chronometer, und berichtigt die Ablesezeit.

Frühmorgens sichtet der kleine Dampfer „Rio Nansa"/Santander „Etsi's" Signal. Verlangsamt und morst rüber: „What can I help you?" (Was kann ich Ihnen helfen?) – „medical help for lady 22 stop probably kidney infection stop possible takeover for german or dutch port" – (Ärztliche Hilfe für Dame 22, wahrscheinlich Nierenentzündung. Möglichst Übernahme nach deutschem oder holländischen Hafen). – Der Kapitän des kleinen Frachters hat nur einfache Ausrüstung für Erste Hilfe. Verspricht, spanische Fahrzeuge in der Nähe zu unterrichten. Ungefragt übermittelt er optisch ein Zeitzeichen. Die Beobachtungsuhr geht 22 sec. nach.

Bescheiden fallen Tages-Etmale aus. Zwischen 32 und 48 Seemeilen. Flautenschieberei gegen Dünung von Nordwest. Zusatzunterhaltung sind jetzt täglich 20 Minuten Lenzen mit der schweren Handpumpe. Das Schiff macht sachte Wasser, auf Backbord-Bug etwas schneller. Suche nach

Ex-U-Boot-Lt. (Ing.) Gerhard Koch, abgemagert, näht Segelfetzen zusammen. Atlantik, August 1952.

Lecks durch alle Unterräume und Bilgen bleibt erfolglos. Die gute Nachricht dabei: Wir pumpen kein kostbares Trinkwasser aus leckem Tank zu den Fischen. Nur echt salzige Atlantikbrühe.

Stolz rauscht das holländische Motorschiff „Radja“/Amsterdam 200 m an Backbord vorbei, auf Heimatkurs nach Norden. Drei Mann mit Gläsern in der Brückennock „übersehen“ nicht nur „Etsi's“ Signale, sie drehen sich ostentativ um. Wie könnte es auch anders sein – „Petit pays, petits gens“ (Kleines Land, kleine Leute).

Helgas Lendenpartie ist aufgedunsen, schmerzt, zusammen mit hohem Fieber. Periodisch verabreichte Penicillin-Injektionen helfen nicht. Lindern vielleicht, so Gott will, psychisch. Dazu arbeitet „Etsi“ hart in grober See des aufkommenden „Portugiesischen Norders“. Abwechselnd bemühen sich Ebenau und Colleen um die Kranke, jede freie Minute. Colleen verteilt „Cadbury“-Schokolade aus ihrer kleinen Habe. Pro Nase ein halbes Pfund. „Kriegs-Kinder“ unter sich …

Langeweile ist ein Fremdwort. Ruderwachen, gerissene Segel bergen, Notsegel setzen, pumpen, kochen, Standort bestimmen, Schimmelbrot freibürsten, Lagerschalen schaben, Laternen trimmen, Spleißen, Segelnähen – es hört nie auf. Auf einsamen Nachtwachen zwischen Sternenhimmel und glitzernden Wassern drängen längst vergessene Lieder in die Welt der Gedanken. Melodien begleiten den Rudergänger, mutterseelenallein unter wiegenden Masten und Segeln. Manchmal gesellt sich Colleen zum Skipper im zarten Widerschein des Kompasslichts. Singt die zweite Stimme zu seinen Shanties aus längst vergangenen Zeiten. Dann erzählt das zauberhafte Wesen von ihrer Heimat in Cornwall, von der Cottage am Fluss, ihren älteren Schwestern bei der Army und dem frühen Tod ihrer heißgeliebten Mutter.

Kollision mit MS „Seacliff"/New York

6. August 1952. Dampfer Backbord querab steuert auf „Etsi" zu. Beim Kanonenschlag stoppt das „Liberty"-Schiff und dreht in Rufabstand bei.

Flaggensignal von „Etsi": „Haben Sie einen Arzt an Bord, ich habe einen Kranken?"

„Seacliff": Antwortwimpel vor, dann Signal „Nein."

„Etsi": Antwortwimpel, dann Signal „Medizin?"

„Seacliff": „Nach Ihrer Meldung benötigen Sie Hilfe?"

„Etsi": „Ja."

Von „Seacliff" Anruf durch's Megaphon, sogar in Deutsch, um was es sich handelt.

„Etsi" gibt Auskunft in Englisch per Flüstertüte. Setzt Flaggen-Signal: „Welchen Hafen laufen Sie an?"

„Seacliff": „Genoa Italy."

1734 Uhr: „Etsi" kriecht auf Backbord Bug, Abstand 3/4 Kabel (135 Meter). „Seacliff" manövriert mit kleiner Fahrt achteraus. Der Schraubenstrom erfasst „Etsi", sie gehorcht ihrem Ruder nicht mehr zur Wende weg vom Motorschiff. Auch mit Not-Segelmanöver dreht „Etsi“ nicht ab. Kollision ist unvermeidlich. Die hilfeleistende „Seacliff“ treibt auf „Etsi“. Ebenau springt auf den Klüverbaum, um abzudrücken. Koch hilft mit starker Spiere (Rundholz). Umsonst…

1741 Uhr. Dampferbesatzung und Passagiere an der Reling schauen gebannt auf die Yacht unter ihnen. Filmen und fotografieren, sonst nichts. Unter Ebenaus Beinen knickt der 35 cm dicke Klüverbaum weg, wie ein Streichholz. Die Vorstag hängt schlaff zur Seite, Groß-Mast verbeugt sich ringsherum in der Dünung, kommt Gottseidank nicht von oben. „Etsi's“ Großwant schrapt längs der hohen Bordwand, Steuerbord Saling knickt ab.

Jetzt läuft „Seacliff“ vorsichtig zum zweiten Mal heran. Schleudert zwei Wurfleinen mit wasserdicht verpacktem US-Army-Penicillin, wirft Brennholz über die Kante, für den Kombüsenherd. Unser kleines Beiboot geht zu Wasser. Ebenau und Koch bringen „Seacliff's“ Wurfleinen zurück, werden herangerufen. Von oben kommen Frischbrot-Pakete, Stangen von Zigaretten, geschickt gefangen vom tanzenden Boot. Herzlich dankt die kleine „Etsi“-Schar. Man winkt sich zu, bis das „Liberty“-Schiff im Südosten verschwindet. Alsbald sind Beiboot und Treibholzstapel seefest an Deck gelascht. Colleen bringt duftenden Tee und dicke Schmalzstullen. Durchatmen, nachdenken.

Noch vor Sonnenuntergang ist der außenbords taumelnde Klüverbaum klariert und an Deck gehievt. Eine Geduldsprobe und Schwerarbeit mit improvisierten Taljen (Flaschenzügen). Gerd Koch gelingt es, die lose Vorstag über's Ankerspill knalldicht zu holen. Der gefährlich schwankende Stahlmast sitzt nun einigermaßen fest.

Jetzt segelt „Etsi“ ohne Klüversegel. Übriggeblieben sind nur Stagfock, Sturm-Try und Besan. Wie ein gerupfter Schwan zieht sie langsam durch die ruhige Nacht, über weite Atlantikdünung mit Brisenstrichen aus der nördlichen Rose. Ebenau und Colleen kümmern sich um die geduldige Schwerkranke, verabreichen den nächsten massiven Schub Penicillin.

Wink des Schicksals! Im Frühlicht sichtet die Ruderwache den einsam treibenden Baumstamm. Alle Mann an Deck! Bald ist der dicke schwere Johnny mitschwimmend gesichert, mit Taljen Stück für Stück hochgehievt, binnenbords an Deck – unser Behelfsklüverbaum!

Zwischen den Mahlzeiten geht jetzt Colleen Ruderwache. Die Mannsbilder sägen Äste und behauen das Treibgut auf Passform, zwei lange Tage. Colleen notiert gewissenhaft Uhrzeiten, Kompasskurse, Geschwindigkeit, Barometerstand, Wetterbeobachtungen und Sonnenuntergänge in die Log-Kladde. Das Patentlog hat längst den Geist aufgegeben. Wie schon die Phönizier, weiß das Mädchen die Fahrt durch's Wasser ganz einfach zu bestimmen.

Endlich sitzen Beschläge und Stagen vom alten Klüverbaum auf dem kunstvoll behauenen Behelfsstück. Das zentnerschwere, vier Meter lange Rundholz ist durch's Gatt (Öffnung) im Vorsteven aufs Vordeck eingeschoben und verkeilt. Ein hochgefährliches Glücksspiel auf schlingerndem Schiff – Stunden später sitzen Vorstag, Wasserstag und Seitenstagen bombenfest. Der Großmast ist gerettet. Doch Helga erleidet schwerere Schmerzen...

S. S. „Ramon Oller"/Cadiz, Rufzeichen EHUU. Capitan de Lauda y Unceta. Ein Caballero!

8. August 1952, 2220 Uhr. Fahrtlichter eines Dampfers aufkommend von achteraus. „Etsi's" Morse-Anruf wird sofort beantwortet. Unglaublich! Der Kapitän ist bereit, zu helfen und die Schwerkranke zum Zielhafen mitzunehmen. Mitten in der Nacht!

Skipper und Ebenau pullen im Beiboot luvwärts zum gestoppten Schiff, entern die Jakobsleiter hoch. Capitan Nicolas de Lauda y Unceta, freundlich und ruhig, lässt sich das Problem erklären. Will gestoppt warten, bis wir in der mondlosen Nacht zur „Etsi" zurückgerudert sind und die Patientin mit Gepäck ins schwankende Boot gepackt und gegen Wind und See zu seinem Frachtschiff gebracht haben. Brav schöpft die dick vermummte Kranke dabei übergeschwapptes Wasser aus dem abgeladenen Dingi, während „Ramon Oller" seinen Suchscheinwerfer auf das tanzende Bootchen richtet.

Friedliche Biscaya unter Notbesegelung nach Schwerwetter.

Um 0115 Uhr endlich wird Helga mit vereinten Kräften über die Jakobsleiter an Deck geschafft, mit einer Sicherheitsleine unter den Achseln. Liebevoll ist eine Kammer für sie vorbereitet. Der Kapitän verwahrt Personalpapiere, lässt den Etsi-Skipper seinen Eintrag ins Schiffs-Tagebuch unterzeichnen und seinen Steuermann als Zeuge beglaubigen. Ein kräftiger Händedruck, Aug' in Aug' – „muchissamas gracias" – „de nada amigo aleman".

Beide „Etsi"-Leute klettern über's hohe Schanzkleid, die Lotsenleiter an der Bordwand abwärts ins Boot. Übermannt vom neuen Glauben an eine gute Menschheit.

Noch 20 Tage bis merry old England

Die letzten Mohikaner der havarierten „Etsi“: Colleen, Gerd Koch, Günther Ebenau und Goetsch, geben nicht auf. Allen Widrigkeiten zum Trotz. Ob der Großmast schwingt wie eine Gerte bei Windstille mit Dünung und das Schiff erzittern lässt – ob alle 4 Stunden der abgelöste Rudergänger 20 Minuten lang Bilgen pumpt – ob Segel gerissen von oben kommen, mühselig tagsüber zusammengenäht werden und dasselbe Affentheater nach zwei Tagen wieder von vorn losgeht – ob Reis mit Maden, in Seewasser gegart, zur Speisefolge gehört – wir kriegen unseren braven Segler zurück in seine Heimat an der Elbe.

Oft mitten durch Schwärme von Sardinen, dicht an dicht im Mondlicht glitzernd. Endlose Fisch-Versuche, mit dem Einkaufsnetz als Catcher. Die flinken Außenbordskameraden sind einfach zu gerissen. Mag sein, dass sie sich in portugiesischen Netzen mehr zu Hause fühlen.

Beim Großsegelbergen abends schnappt die schwere Fallkurbel aus. Schlägt Ebenau aufs linke Hangelenk. Dicker Bluterguss – doch seine Gräten scheinen heil. Notverband, Unterarm in Schlinge. Außer für Ruderwachen ist der beste Segelmacher ausgefallen.

Dann schlägt Colleen's keltisches Bluterbe durch. Voraus, auf Wogenbuckeln treibt eine rote Rettungsboje. Drei fette Atlantikmöwen schaukeln drauf in der Nachmittagssonne. Dreimal salutiert unsere Kameradin, ernsthaft mit angelegter Hand. Ist es reiner Aberglaube, oder erstes Anzeichen von Koller? Eigentlich verständlich nach allem, was das Mädchen auf „Etsi's“ Planken schon mitmachte. Ob man will oder nicht, man wird nachdenklich. Soll doch mit jeder Möwe die Seele eines ertrunkenen Seemannes fliegen. Später längsseits aufgepickt, ist der Name auf der Boje kaum zu entziffern. „Mago“/Sevilla? Fundort 39° 15' Nord, 10° West. Der Bewuchs lässt auf zirka 3 Wochen Treiben schließen.

Höllisch aufpassen heißt es im belebten Dampfertreck. Kleine Fahrzeuge in tiefen Wellentälern werden in diesigen Mondnächten allzuleicht überrannt. Morselampe und Blaufeuer liegen griffbereit beim Rudergänger. Beigebändselt, sonst fliegt der Kram an Deck, oder gar in hohem Bogen außenbords.

Beim Dümpeln über die leblose Dünung hört man zuweilen lautes Rauschen der Stromkabbelungen an der Oberfläche. Das einzige Geräusch in der Einsamkeit, neben Rucken der Bäume und Beben des Großmasts. Tüftler Gerd verkeilt den Klüverbaum erneut, setzt die Vorstag weicher. Es lohnt sich augenblicklich: Schwingungen und ruckartiges Schlagen des Masts sind kaum noch spürbar.

Ein andermal schrilles Pfeifen an Backbord und zischender Einschlag, 80 Meter vom Schiff, Dampfwölkchen steigen auf. Dann wieder Grabesruhe. Ein Meteorit? Stück eines Flugzeuges?? Colleen klettert neugierig an Deck. Koch und Ebenau pennen selig weiter.

Steuermann Ebenau erscheint zunehmend einsilbiger, beinahe verschlossen seit dem nächtlichen Abschied von seiner schwerkranken Freundin Helga. Wie es ihr wohl ergeht? Gedanken und Wünsche aller kreisen um die tapfere Gefährtin auf „Ramon Oller“, wahrscheinlich jetzt im Hospital zu Gijon. Doch „Etsi“ kann sich endlich seewärts absetzen, heraus aus dem vielbefahrenen Schiffahrtsweg längs der iberischen Atlantikküste.

Der letzte Glaszylinder für Seitenlaternen und Hecklicht ist verbraucht. 24 Stück waren es beim Auslaufen von Gibraltar. Von Sonnenuntergang bis Aufgang brennt allein das Hecklicht und je eine der beiden Seitenlaternen. Baumwolldochte sind auch schon knapp, Petroleum reicht für Monate. Nicht gesichtet werden bei Nacht, dazu oft ruderlos treiben, verlangt Nerven wie breite Nudeln. Nur wenige Schiffe sind mit Radargeräten ausgerüstet. Aufpassen heißt es, zuerst das andere Fahrzeug entdecken, mit Morselampe und Blaulicht Aufmerksamkeit erregen. Scharfer Ausguck in den dunkeln Vorhang ringsum ermüdet. Nach dem Dienst am heißen Herd opfert Colleen ihren Schlaf. Urplötzlich steht sie achtern, mit einer großen Tasse Tee für den Steurer. Mit dem schweren Nachtglas sucht sie Lichter oder Schatten nahender Fahrzeuge, stundenlang.

Zum ersten Mal nach Abreise von Neapel Nieselregen. Willkommene Kühle und frischer Westwind! Mit 4–5 Knoten Fahrt auf Nordkurs. Meeresleuchten meilenweit.

Spanischer Dampfer „Mar Roja“/Bilbao stoppt 100 m neben uns auf Parallelkurs, unerwartet. „Etsi“ dreht bei, neugierig. Vielleicht will der

Nordspanier Nachrichten von Helga übermitteln? Der hagere Wachoffizier mit Baskenmütze aber ruft durch seine Flüstertüte rüber: „You need anything?“ (Brauchen Sie was?). Scheinbar weckt „Etsi“ unter zusammengeflickter Notbesegelung Mitgefühl.

„Vielleicht Trinkwasser und Frischbrot, wenn Sie fragen.“ – „Bueno, come with your boat.“ – (Gut, kommen Sie mit Ihrem Boot). Mit 4 „jerrycans“ (20-Liter-Kanister) und 8 langen Weißbroten beladen pullt Ebenau das Beiboot zurück. Wir danken, dippen unsere Flagge, winken.

Der letzte Lampenzylinder ist im Eimer. Allein das weiße Hecklicht schützt vor Überranntwerden von achtern. In Nieselregen-Schleiern ist die Sicht verdammt schlecht. Aber endlich bläst ein frischer Wind aus West-Süd-West, der günstigsten Richtung. Da – bricht ein großer Schatten von Steuerbord aus dem Nebel. Alle Mann an Deck! Schwimmwesten! „Etsi's“ Morsespruch „attention sailship course north“ (Achtung, Segler auf Nordkurs) wird von der schemenhaften hohen Brücke quittiert: „Verstanden.“ Trotzdem rammt uns der Riese um Haaresbreite nicht, mit hoher Fahrt. Obwohl „Etsi“ im gleißenden Blaulichtfeuer minutenlang taghell leuchtet. Laut stampft seine Maschine unter der hohen schwarzen Bordwand. Keine 50 m achteraus auf Querkurs, gleich wieder vom Nebel verschluckt. Der liebe Gott hat mal wieder seinen Daumen dazwischen gehalten. Jeder fühlt's – keiner spricht.

Beim Kap Finisterre wird das Wetter dick. Die Biscaya lässt grüßen – mit Sturmböen bis Stärke 10 aus der besten Richtung. Berg- und Talfahrt zwischen Mauern von See mit hellgrünen Brecherköpfen. Atlantikveteranin „Etsi“ beweist ihre Hochseequalität, liegt gut im Ruder unter Sturmsegeln, mit immerhin 8 Knoten Fahrt. Meeresleuchten von Häuptern der 12 Meter hohen donnernden „Dobasse“, horizontal fliegender Schaum.

Tage später, bei günstigen Winden und friedlicher See, scheint die Stimmung an Bord gespannt. Nach monatelangem Schwitzen kriecht die erste Kälte durch die Knochen. Streng rationiertes Trinkwasser, Brotmangel, Hunger – dazu tun hoffnungslos zerreißende Segel ihr Übriges.

Colleen, fröhlich ausgelassen wie eh und je, spinnt schönstes Seemannsgarn: Von Riesenplatten Spaghetti, mit Meeresfrüchten und sizilianischer Kräutersoße, und Korbflaschen feurigen Rotweins. Erzählt vom

„English stew“ mit allen Zutaten nach frischem Proviant aus England. Mit je zwei Runden „Sherry“ zum Angewöhnen, aus der Kellerei ihres Großonkels in Plymouth. Lacht diebisch, wenn ihr Publikum sichtbar mitschluckt.

Geradezu felsenfest orakelt Colleen, dass alle Mann morgen wunderbar speisen werden und satte Bäuche haben. In der Neumondnacht geträumt. Verlegen blicken wir uns an: Hat die Kleine vielleicht nicht mehr alle Tassen im Spind? – Sind es Hungerphantasien des Mädchens im zu großen Ölzeug? – Wunschträume, meilenweit vom Heimatland? – Oder gar keltischer Aberglaube, Spurenelemente jahrtausende alter Druiden-Symbolik im jungen Blut? – Rätselhaft.

8000-Tonnen-Tanker „British Respect“

Tanker voraus, hoch im Ballast, hält Kurs auf „Etsi“. Dort steigt Flaggensignal V/YJ am Großmast hoch. Das britische Schiff stoppt, fordert „Etsi“ mit Blinkspruch auf, mit Boot längsseits zu kommen. Skipper und Gerd pullen rüber, entern die Lotsenleiter rauf aufs Hauptdeck. Ein Offizier geleitet beide nach oben zur großen Brücke. Liebenswürdig empfängt der Kapitän die bärtigen jungen Männer der beigedrehten Ketsch. Rührend lässt er sofort Kartoffeln, Lebensmittel, Wasser und Brot in „Etsi’s“ Boot schaffen. Vorsichtig, damit keine Welle ins überladene Dingi schwappt, pullt Koch seine wertvolle Ladung rüber zur „Etsi“.

Ein Glas Gin-Tonic in seiner Rechten, beobachtet der Skipper das Manöver von hoch oben. Wachfreie Offiziere und der drahtige Kapitän nehmen auch einen zur Brust. Mit gebührender Haltung – Sonnenstrahlen über friedlichem Meer, Plaudern und Lachen.

Mit Colleen im Boot erscheint Gerd längsseits am Tankschiff. Die steifen Briten sind nun wahrlich aus dem Häuschen! Eine junge Engländerin, gebildet und magisch attraktiv – dazu auf einer heruntergekommenen Hamburger Ketsch unter „jury rigg“ (Notbesegelung) mitten in der westlichen Biscaya, zusammen mit drei bärtigen Männern, *Germans.* – Umringt von der Brücken-Besatzung ist Colleen strahlender Mittelpunkt – „What is your first wish, Colleen?“ (Ihr größter Wunsch, Colleen?) – „If you are asking, Sir, it's a hot shower in fact.“ (Wenn Sie mich fragen, Sir: Tatsächlich ein heißes Duschbad). Im Handumdrehen kann sich Colleen in der Reeder-Suite im heißen Frischwasser schrubben, in einer echten Badewanne, bis an die Halskrause. Feinseifen, Badesalze, vorgewärmte blütenweiße Badetücher – lang entbehrter Luxus! Gerd und Klaus genießen ihre heiße Dusche in Offiziersbädern, waschen salzverklebte Haare. Wie im Schlaraffenland.

Heizer Schulte, einziger deutscher Seemann auf dem britischen Schiff, dazu Ur-Hamburger, meldet sich auf der Brücke. Scheinbar drückt die allmächtige Seemannsgewerkschaft ein Auge zu – wenn ein britisches Schiff im Pendelverkehr zwischen Hamburg und Abadan einen „German stoker“ der unteren Ränge beschäftigt. Der gute Schulte schleppt 50 Zigaretten „Players“ an, lässt sich nicht davon abbringen, sie für die Heimreise seiner Hamburger „Etsi“ zu spendieren.

Steward Davies, Jahre im Lager Sandbostel interniert und jüdischer Abstammung, lobt die gute Behandlung dort und auf dem „German raider“ (Hilfskreuzer) „Pinguin“ seinerzeit. Sein britischer Frachter, Einzelfahrer auf der Reise von Perth (Australien) via Kapstadt nach Liverpool, war im Indischen Ozean versenkt. Die übernommene Besatzung um den halben Erdball nach Hamburg verbracht.

Tanker „British Respect“ schippert wieder nach Abadan. Vor 9 Tagen, auf der Route Persien – Hamburg, morste der 2. Offizier ein unbekanntes kleines Fahrzeug an. Grund: Fehlende Seitenlichter. Ausgerechnet „Etsi“ war der Sündenbock. Ungewollt. Im Nu überrreicht der storekeeper (Lagerhalter) ein Dutzend „funnels“ (Glaszylinder für Petroleumlampen). Den Erhalt quittiert der Skipper. Ordnung muss sein.

Beim gemütlichen Tee in der Offiziersmesse muss Colleen erzählen, viele Fragen ihrer Landsleute beantworten. Happy und wundervoll erfrischt plappert sie ungezwungen los, von der britischen „Starlena“ ihrer Schwester, vom Zusammentreffen und unserer nicht gerade unbeschwerlichen Reise. Mit einem lukullischen „supper“ im fröhlichen Kreis geht's weiter. Captain und Offiziere schlagen vor, eine Biscayaparty bis Mitternacht zu veranstalten. Der grauhaarige Chief Engineer aus Glasgow, Geleitzugfahrer während der Schlacht im Atlantik, würde schon einen Maschinenschaden „erfinden". Doch drüben dümpelt „Etsi" in der Dämmerung. Beigedreht, alleine mit Steuermann Ebenau. Wir müssen ablehnen, herzlich dankend, überwältigt von grenzenloser Kameradschaft unter Seeleuten. Leicht angesäuselt krabbeln wir drei ins Boot. Im Scheinwerferlicht von hoch über der Bordwand.

Letzte fünf Tage auf nordöstlichen Kursen bei leichten Winden und weicher See. Alle sind rundum satt und bester Dinge. „Etsi" läuft ohne Rudergänger genau auf Kurs, 40 Stunden lang. Sonntag spielt man Skat auf sonnigem Deck, lässt den lieben Gott 'nen guten Mann sein. Colleen bruzzelt lang entbehrte Herrlichkeiten. Riesenportionen Stew mit Lammfleisch, Pudding auf Himbeergrütze. Nach Sonnenuntergang kredenzt unsere Wahrsagerin einen doppelten Gin-Tonic pro Nase, den „sundowner". So geht die Uhr richtig! Auf langen Wachen können die Männer wieder qualmen, aber nur an Deck – drunten gibt's einen Rüffel vom Smutje. Auch oben verzieht sie ihr Näslein im Qualm, lässt sich nicht überzeugen, dass wir rein dienstlich rauchen – von wegen der Windrichtung. „Immer so sagen Mannen", Colleens erste deutsche Worte.

Ein paar dicke Musikdampfer auf Ostkurs tauchen voraus auf und entschwinden dann im Dunst der Kimm mit großer Fahrt. Erste Insel-Umrisse querab: Die Scilly's. Dann Bishop Rock – Lizard Head – Eddystone. Mit allen Schrubbern und letzter Schmierseife veranstalten wir Großreinschiff vor „Etsi's" erstem Auftritt auf der Insel geadelter Seeräuber und kühner Eroberer. Selig schaut Colleen rüber zur frischgrünen Küste Cornwalls, der Heimat ihrer Kindheit – im Vorbeigleiten, an der Reling stehend. Vor dem Royal Western Yacht Club zu Plymouth ein eleganter „Aufschießer" mit gedippten Flaggen, Segelbergen, Ankern…

Jetzt schleppt Colleen den Skipper zu Tanten und Verwandten. Setzt ihren bärtigen Künftigen prüfenden Blicken beim Tee aus hauchdünnem chinesischen Porzellan aus. Unterhaltungen schweifen vom Wetter bis zur heimatlichen Familie, vom Kriegsdienst und Gefangenschaft, bis zur Segelschule am Bodensee und auf Ischia. Von seiner Verwandtschaft mit

Sir Charles Trevelyan und engsten Familienfreunden wie Rolf Gardiner spricht nur Colleen. Wahrscheinlich, um den unbekannten jungen Mann im Borddress etwas aufzuwerten.

Jedenfalls scheint Colleens Vater, Commander R. N. E. Crumbie, West Mersey/Essex, von Neuigkeiten über seine jüngste Tochter unterrichtet. „News travels fast.“ (Neuigkeiten reisen schnell.) Per Ferngespräch zunächst bittet ihn Klaus um die Hand seiner Lieblingstochter. Kurzes Plaudern, dann „Welcome to our family, Klaus.“ (Willkommen in unserer Familie). Wir werden uns bald treffen. Seinen Segen haben wir. In Deutschland wird geheiratet.

Der Commander kennt Deutschland, vor allem Berlin. Beim Naval Attachée der Britischen Botschaft bis Kriegsanfang 1939 lernt er auch Deutsch, schwärmt von Berlins „Aschinger“ und paddelt im „Leukoplastkreuzer“ (Faltboot) von der Havel durch Kanäle und Flussläufe über die Altmühl bis zur Donau. Von 1911 bis 1936 dient Cdr. Crumbie meist auf Kreuzern seiner Majestät, von einer Ecke zur anderen des Weltreiches.

Filmproduzent Dr. Mauersberg, von Hamburg eingetrudelt, bringt neuen Zaster für die Bordkasse. Erzählt von Filmvorhaben nach dem Winter auf einer grundüberholten „Etsi“. Die Hamburger Yachtwerft Porath steht schon Gewehr bei Fuß, um sofort mit der Arbeiten loszulegen.

Unglaublich, anno 1952, sieben Jahre nach dem großen Krieg, sind Lebensmittel und Material im Vereinigten Königreich meist noch rationiert, im Gegensatz zur jungen Bundesrepublik auf Trümmern und vertrocknenden Tränen. Ausrüstung und Proviant besorgt der Schiffshändler mit behördlichen Bezugscheinen. Beste Ware und erstaunlich preiswert. Mit frisch aufgeladener Batterie, repariertem Marine-Empfänger, 50 Blaulichtern und Signalraketen kann „Etsi“ zur letzten Etappe auslaufen. Bettzeug und Klamotten sind an Land gewaschen, Segel noch einmal zusammengeflickt mit neuem Segeltuch – man ist wieder seeklar, sosolala.

Letzter Törn: Plymouth – Ijmuiden – Cuxhaven – Hamburg

Anker hieven mit Armschmalz. Vorbeisegeln am Royal South Western Yacht Club, mit gedippter Flagge und niedergeholtem Clubstander, nach guter Etikette. Drüben eilt eine Gestalt zum Flaggenmast, dippt die Union Jack von der Gaffel. Clubmitglieder eilen auf die Terrasse, winken zurück. Bei Kanalwetter, Nieselregen und abflauendem Nordwest passiert „Etsi" den Signalturm am Kopf der Barre.

Mit frischen Kräften packen alle Mann zu. Segelmanöver und Wachen sind sowieso Routine. Bald brechen zwei Blitze Steuerbord voraus durch die Kimm: Pointe de Barfleur der französischen Kanalküste. Später, achteraus, das Feuer Cap Hague. Starker Mitstrom schiebt in Richtung Heimat. Mit Ebbstrom gegenan rauscht „Etsi" mit vier Knoten durch's Wasser, aber die Küste der Halbinsel Cotentin versinkt wieder voraus unter der Kimm.

Bis zur Dover-Enge wiederholt sich das Spielchen. Einmal werden Meilen geradezu verschluckt, Landfeuer entschwinden achteraus, kehren nach Gezeitenwechsel wieder zurück.

Widrige Winde gegenan, dann Flauten mit kabbeliger See, Gewitterböen, Blitzschlag ins Schiff, sintflutartiger Regen, Salven von Blitzen, tagelang. Dunkelheit um die Mittagszeit, blaues Elmsfeuer längs der Wanten. Flinke Kanaldampfer zwischen Le Havre und Southampton tauchen genau so schnell vor dem Bug auf, wie sie gleich in Regenvorhängen verschwinden.

Meile für Meile hat die kleine Mannschaft zu erkämpfen. Götter des Meeres lehren jungen Fahrensleuten Bescheidenheit. Warme Mahlzeiten von Colleen, Tee, Kaffee und dicke Stullen für die Ruderwache, lassen Kälte und triefnasses Zeug vergessen. Im „Flaschenhals" Calais–Dover drängen sich Überholer und Kanalfähren, sündhaft nahe oft am kleinen Wegerechtschiff unter Segeln – die Nordsee ist geschafft.

11 Tage nach Plymouth tauchen die Hochöfen Ijmuidens aus der Kimm. Dann, das erste deutsche Schiff seit Neapel: Die sauber gepflegte „Weißsee"/Bremen. Von der Brücke winkt der Wachoffizier. Einlaufen durch

altbekannte Molenköpfe: Ijmuiden, am niederländischen Nordseekanal. Längsseits fest im Heringshafen hinter Fischkuttern… Diesmal als freie Menschen!

In Ijmuiden – gestern und heute

Sechs Jahre zuvor kauern 41 kriegsgefangene Marinesoldaten im leeren, fahl beleuchteten Laderaum des holländischen Küstenmotorschiffes „Mira“. Eingeschlossen, während die 250-BRT-Nussschale ablegt und auslaufend Mole und Ansteuerungstonne Ijmuidens am Nordzee-Kanal passiert. Zum Trümmerfeld Hamburg geht die Reise, zur amtlichen Entlassung nach Hause. Oft nur zu ausgebrannten, menschenleeren Ruinen.

Hinter den Männern in sauberen, aber abgewetzten Mänteln und Uniformteilen liegen Gefangenenlager, patrouillierende Wachen, schwerbewaffnet – Fahrten im Lastwagen zur Küste unter Dünenbergen und Geschützbunkern – Minensuch- und Räumdienst, Sprengen von Rommelsperren und zusammengetragener Munition aller Kaliber, Tauchen auf gefundene Minen von defekten Schlauchbooten aus, märchenhaft alleine gelassen am menschenleeren Strand. Begleitmannschaften weit weg von der Gefahrenzone, auf der Rollbahn hinter schützenden Dünen. Heldentod nach Ladenschluss ziert keine Wunschliste, ob bei Freund oder Feind.

Gerade zwei Wochen vor der Kapitulation 1945 melden sich Gerd Koch und der Skipper auf ihren 2-Mann-U-Booten beim Stützpunkt-Kommando Ijmuiden. Von ihren Stützpunkten in der Nordsee sind beide in Marsch gesetzt, unterm Bauch je ein scharfer Gefechtstorpedo und ein „Buto“ (Buttertorpedo) zur Versorgung hungriger Kameraden in der eingeschlossenen Festung Dünkirchen. Dabei das Übliche: Bristol-Beaufighter aus den Wolken, Bordwaffenbeschuss, Bomben, Wegtauchen. Die kleinen „Seehunde“ sind Weltmeister im Einkassieren.

Später erscheinen Einheiten der 1st Canadian Redstripe Division, vom italienischen Kriegsschauplatz nach Belgien abgezogen. Echt soldatisch, kameradschaftlich, lässig geradezu. Alle warten sehnsüchtig auf ihre Heimkehr in die Weiten Kanadas. Man hockt zusammen in deutschen Unterkünften, unterhält sich – meist mit Händen und Füßen – zeigt Fotos von zuhause und tauscht begehrtes Kommissbrot gegen Zigaretten. Waffen sind abgeliefert, Offiziere jedoch behalten ihre Pistolen und Munition. Auf ausdrücklichen Befehl des kanadischen Generalleutnant Foulkes, beeindruckt von Disziplin und Auftreten der jungen Elite-Einheit unter dem erfolgreichen U-Boots-Kommanten, Fregattenkapitän Albrecht Brandi.

Wahrscheinlich sind Gerd Koch und Klaus die ersten Seehund-Veteranen der Minenräumkommandos, die nach dem „Orlog" (Krieg) den Schauplatz ihrer Gefangenschaft besuchen. Mit einer deutschen Segelyacht auf Heimreise nach Hamburg! Bei der Abfertigung erkundigt sich die Hafenpolizei, ob jemand der Crew während des Krieges als Soldat in Holland diente. Sichtlich gelöster verlaufen Formalitäten nach der präzisen Antwort. Dass wir viele Monate lang mit dem „Mijnen-Opruimingsdienst" vom Lager Ijmuiden aus eingesetzt waren, weckt Anerkennung.

Unauslöschlich verbittert ist das kleine fleißige Völkchen nach fünf Jahren bitterer Kriegsläufte unter dem Joch der Besatzung, der Zerstörung bei schweren Kämpfen im eigenen Land – Hunger und Entbehrung. Auf Schritt und Tritt für uns Deutsche en gros spürbar gemacht. Der Hass scheint noch grenzenlos, ohne Unterbrechung geschürt von der eindeutigen Presse.

In der verrauchten Kneipe bei der Schleuse werden Colleen, Gerd und Klaus freundlich bedient. Nach dem Woher und Wohin ausgefragt, verblüfft die Auskunft alle braven Bürger beim Sonnabend-Pils. Ausgerechnet eine Engländerin inmitten der fröhlichen Runde von „Moffen" (Deutschen) am Nebentisch.

Beim Sonntagmorgen-Bummel über's Ziegelpflaster der Kompass-Straat und Havenstraat quellen Erinnerungen an Jahre hinter Stacheldraht hoch. An die verschiedenen Wachbataillone nach Abzug der Kanadier. Zuerst eine britische Flak-Abteilung, dann das jüdische Palästina-Regiment – Ausschreitungen übelster Art gegen Arbeitskommandos in den Quartieren zu Bloemendal. Razzien und Übergriffe im Marinelager Ijmuiden, Verhaftungen auf Nimmerwiedersehen. Auf höchsten britischen

Befehl alsbald abgezogen, rückt das holländische Kolonialregiment „Prinzess Irene“ nach. Am Sonntagmorgen, 13. Juli 1945, 0745 Uhr, schießt einer der „Helden“ den blutjungen Kaffeeholer, Masch. Gefreiten Erich Beimborn, gezielt aus nächster Nähe in den Rücken, tödlich nieder. Durch den Stacheldraht, ohne Anruf. Der fröhliche Junge aus Hesshausen ist auf gewohntem Weg zur Lagerküche innerhalb des hohen Stacheldrahtverhaus. Augenzeuge aus nur Metern Entfernung ist der Skipper. Er schleppt den röchelnden Kameraden in den nächsten Hausgang, wird dabei selbst von einer Kugel knapp verfehlt. Bevor ein Sanitäter mit dem alten Stabsarzt aus Celle herbeigeeilt ist, stirbt der junge Soldat in seinen Armen.

Draußen, umringt von herbeigeeilten, lachenden Kameraden, kerbt der stolze „Schützenkönig“ mit dem Klappmesser den Abschuss in seinen Gewehrkolben. – Eine Tapferkeitsmedaille ist ihm sicher.

Letztendlich lösen die „Koninglijken Marineers“ die Kolonialwilden ab. Tadellos soldatisch, auf den Ruf ihrer Traditionstruppe, den Maasbrukken-Verteidigern vom Mai 1940, bedacht.

Colleen besorgt einen Strauß Tulpen, legt im Beisein von Klaus die bunten Blüten genau an der Stelle am Bürgersteig nieder, wo Erich Beimborn vom Meuchelmörder tödlich getroffen, zusammenbrach. Hand in Hand verharren wir andächtig, minutenlang. Hinter Fenstergardinen lugen verwundert kleine Blondschöpfe.

Noch 280 Seemeilen bis Hamburg

Kaum eine Stunde auf Heimatkurs bei frischem Nordost gegen raue See, passiert uns das zweite deutsche Schiff der langen Reise. Wieder winken Passagiere und Brückenbesatzung vom schnellen Frachter „Poseidon“/ Hamburg. Auch unter Notsegeln läuft „Etsi“ ungewöhnlich schnell. Vielleicht wittert sie ihren Stall.

Tagsdrauf Nordwest 6, Böen 8. Nur auf Wellenkämmen auszumachen treibt 60 Meter an Backbord eine Ankertau-Mine mit den bekannten Zünderfingern. Nach Genfer Konvention nicht mehr scharf. Tief abgeladene Heringslogger, heimkehrend von der Doggerbank, wühlen sich durch die hohe achterliche See. Nordseewetter unter schnell dahinziehenden Schauerwolken, helle Sonnenflecke, Geruch von Seetang. – Wir nähern uns der Haustüre. Ein gerissenes Segel kommt von oben, zum letzten Mal. Feuerschiff „Elbe 1" in Sicht, auflaufend Wasser, Regenschauer von West, dann Flaute. Ankern im Ebbstrom bis zur Flut. Weiter im Fahrwasser, vorbei an Masten gesunkener Wracks. Kugelbake – Cuxhaven. Ein kleiner Schlepper packt „Etsi" längsseits zum Schwimmkran im Amerikahafen. Zollkreuzer zur Abfertigung. Freundliche Beamten verstehen. Das Schiff ist leer, die Besatzung rechtschaffen müde.

Beim Hamburger Büro schrillt der Fernsprecher: „Etsi" ist wohlbehalten in Cuxhaven. Schnell noch ein Hamburger Bier, lang entbehrte Bratwürste mit Kartoffelsalat im Lokal hinterm Deich. Im Saal daneben Tanzmusik, Remmi-Demmi, Hochstimmung. Fischermatrosen verjubeln ihre Heuer mit leichtsinnigen Deerns, das Orchester auf der Empore über der Tanzfläche hinter Drahtgeflecht – Kommentar überflüssig. Arme Colleen, ihr allererstes Lokal in Germany, ausgerechnet von dieser wilden Sorte. Sie möchte gleich gehen. Zurück zur träumenden braven „Etsi" im großen Hafen.

Senator Henry Brütt lässt sich nicht nehmen, seine vier „Etsi"-Musketiere schon in Cuxhaven persönlich zu empfangen. Alle Mann lädt der Reeder zum zünftigen Labskaus ins vornehme Cuxhavener „Dölle". Colleen, zur Rechten des silberhaarigen Gentleman, ist bester Dinge. Lacht Tränen bei den witzigen „Döntjes" (Erzählungen) des echt Hamburger Weltmannes.

Wie beim ersten Schulausflug segelt die erprobte Crew elbaufwärts durch's herbstliche Land, vorbei an friedlich weidenden Schafen an den Deichen. Mitschiebende Flut und frischer Westwind schaffen die gerupfte Ketsch von einer Fahrwassertonne zur nächsten. Mit vollen Mägen und vielen, lang entbehrten Köstlichkeiten herrscht Hochstimmung. Alle Mann waschen Farbe, schrubben Decks, klarieren Kammern und Gänge. So gut es eben geht.

Letzte Meile elbaufwärts vor Hamburg, SY „Etsi“ vor Hamburg.

Gurgelnder Ebbstrom gegenan. Fallen Anker am Fahrwasserrand. Tag- und Nachtsignale, Ankerwache an Deck im Regen, mit Morselampe und Blaulichtern. Nach Mitternacht kentert die Tide, Flutstrom elbaufwärts. Ankerhieven, Segelsetzen, miese Sicht, Regen. Dazu starker Schiffsverkehr mit kitzligen Situationen für den Segler in stockdusterer Nacht. Auch die allerletzten Meilen bleibt uns keine Anstrengung erspart. Harte Arbeit beim Kreuzen gegenan zwischen den Fahrtlichtern großer Fahrzeuge. Holebug – Wenden – Streckbug.

Erste Sonntagssegler in der Dämmerung passieren „Etsi“, raumschots stromabwärts. Winken dem Rost-Eimer unter prallen Notsegeln. Männer der Sonntagsschicht auf den Helligen und den Reparatur-Docks verhalten, legen das Arbeitsgeschirr beiseite. Eindrehen in den Yachthafen Waltershöft, mit letzter Fahrt im Schiff, festmachen am Schwimmsteg. Landregen

Daheim, 21. September 1952. SY „Etsi“ in Hamburg.

plattert. – Von den Yachten her Kaffeeduft. Unter den Persennings hervor betrachten schick in Yachtkluft gekleidete Menschen den großen Eindringling. Zerfetzte Flaggen, breite Roststreifen von der Reling, die letzten Segel notdürftig festgebändselt. – Wahrlich, nicht gerade passend zur gehobenen Etikette.

Drei bärtige müde Männer in mitgenommenem Ölzeug klettern auf den Steg, helfen einem Mädchen im weißen Duffle-Coat über die glitschnasse Reling auf den Schwimmsteg – nicht gerade landfein sehen sie aus, die vier Typen – was soll's auch? Nach Wochen draußen auf grauen Salzbuckeln verlieren Eitelkeiten jedweden Wert.

Der Käpt'n heiratet den Moses

3860 Seemeilen ohne Motor / Die „Etsi" aus dem Mittelmeer wieder zu Hause

Zwei Herren und eine Dame zogen gestern abend in den Dammtor-Gaststätten alle Blicke auf sich. Die beiden Herren, weil sie aussahen wie richtige Männer: mit Schiffermützen, dicken Pullovern und Vollbärten wie aus Robinson Crusoe. Die Dame hingegen, weil sie ein besonders bezauberndes junges Mädchen war: noch keine 22 Jahre alt, dunkellockig und strahlend grünäugig. Der Hamburger Filmkaufmann Dr. Hans Mauersberg stellte uns das Trio mit spürbarem Stolz vor: „Die Crew unserer Filmjacht ‚Etsi': der Käpt'n, der Ingenieur und der Moses!"

Über den bezaubernden Moses trug Käpt'n Klaus Götsch einmal ins Logbuch ein: „Bewährte sich wieder hervorragend, stand mit wunderbarstem Make-up im dicksten Sturm am Herd und kochte uns Kaffee." Das war, als die ketch-getakelte „Etsi", die schon öfters von sich reden machte, noch vor Spaniens Küste bei Windstärke 10 mit den Elementen kämpfte, und noch niemand an Hamburgs Heimatgestade zu denken wagte. Über vier Monate, davon 74 Tage auf See, war die „Etsi" von Ischia im Golf von Neapel rund um Europa zur Elbe unterwegs.

In Ischia hatte sie überwintert, nachdem im vorigen Sommer der Kulturfilmregisseur F. K. Doerner mit ihr kreuz und quer durchs Mittelmeer geschippert war. Die sieben Kulturfilme, die Doerner und seine Leute damals in Griechenland, Kleinasien und anderswo drehten, laufen inzwischen bereits mit gutem Erfolg. Die „Etsi" blieb zurück, bis ihr Eigner Dr. Mauersberg eines Maitages in Ischia auf Klaus Götsch stieß. Der hatte gerade für die Segelschule Bodensee einen Segelkurs im Mittelmeer geleitet und war schnell bereit, die „Etsi" nach Hamburg zu überführen.

An Ort und Stelle taten die beiden den Karlsruher Ingenieurstudenten Gerhard Koch auf, der dort unten auf einer Werft für die Filmfirma Warner Brothers stilechte Piratenschiffe baute. Aus Hamburg schickte Dr. Mauersberg später Helga Kuliß und Günter Ebenau, zwei begeisterte Segler von der Sportkameradschaft „Hansa", nach Ischia. Und damit war die Crew vollzählig.

Der grünäugige Moses stieg erst in Villefranche bei Nizza zu, wo die „Etsi" sich ihren 8 cm starken Muschelbart vom Kiel schaben ließ. Mit Namen heißt der Moses übrigens Colleen Crumbi, stammt aus Cornwall und ist die seebefahrene Tochter eines Offiziers der Royal Navy. Ihr Deutsch beschränkt sich bislang noch auf „Alter Handfeger" und „Auf Wiedersehen". Ersteres wurde ihr bei Flaute vom Kapitän beigebracht.

Gerhard Koch nennt sich „Ingenieur ohne Geschäftsbereich", denn der Motor der „Etsi" litt an chronischem Kurbelwellenbruch. Was

Die „Etsi" unter vollen Segeln

Schiff und Mannschaft auf dem 3860 Seemeilen weiten Seeweg nach Hamburg ohne Motor an seglerischer Glanzleistung vollbrachten, davon spricht man in Gibraltar, Ijmuiden und Plymouth heute noch. Dem Hafenmeister von Gibraltar kullerten die Augen, als er das Anlegemanöver der „Esi" sah, und seinem Kollegen in Ijmuiden wurde das alte Seemannsherz dabei weich. In Gibraltar zog gleich jemand den Klaus beiseite: „Mensch, steig' um! Ich hab' acht Schmuggeldampfer laufen, da brauche ich Leute wie dich!" Enrico Gazee hieß der Ehrenmann, und sein Heuerangebot belief sich auf kühle 120 englische Pfund (1400 DM) die Woche — noch dazu steuerfrei. Aber Klaus fuhr lieber nach Hamburg.

Am aufregendsten war der Törn von Gibraltar nach Plymouth. Immer gegen den Wind und außerdem mit einer Kranken, der bedauernswerten Helga Kuliß, an Bord. Mit einem Kanonenschlag stoppte die „Etsi" einen Amerikaner, der bereitwillig einiges Penicillin für Helga abgab. Aber eines Nachts um 2 Uhr mußte Helga dann doch an Bord eines Spaniers gehievt werden, der sie nach Gijon mitnahm und dort einem Schiff nach Hamburg anvertraute.

Ausgesprochen ungemütlich wurde es, als im dicksten Nebel plötzlich die Bordwand eines unbekannten Schiffes vor der „Etsi" auftauchte. Die Crew stand bereits in Schwimmwesten parat. Gerhard wedelte verzweifelt mit dem Blaulicht, und eben noch rechtzeitig drehte der Kahn denn auch ab. Als Proviant und Wasser so ziemlich am Ende waren, setzte Klaus die Flagge „Victor": Wir brauchen Hilfe. Von dem Engländer, der daraufhin prompt beidrehte, spricht die Crew in Tönen höchsten Lobes.

Jetzt ist das Abenteuer bestanden und die Filmjacht „Etsi" wieder zu Hause. Rostfleckig und mitgenommen liegt sie vor der Bootswerft von J. Porath in Waltershof am Steg und soll dort für neue Taten instandgesetzt werden. Günter Ebenau, von Beruf Werbefachmann, sitzt schon wieder in seinem Büro. Helga liegt leider im Krankenhaus. Gerhard will zurück nach Karlsruhe und dort sein Diplom machen. Und Moses Colleen wollte eigentlich in Plymouth aussteigen und ihre Tante in Cornwall besuchen. Aber sie hat es sich überlegt; sie will jetzt in Deutschland bleiben und heiraten. Wen? Natürlich den „alten Handfeger" von Kapitän. In Gibraltar haben sie sich bereits verlobt.

Ludwig Schubert

Hamburger Morgenpost, 22. September 1952.

Filmsternchen „Etsi" 1953

Wahre Wunder bewirkt die Generalüberholung in der Yachtwerft J. Porath, Hamburg-Köhlfleet. Wie aus dem Ei gepellt erstrahlt der Blauwasser-Segler nach 6 Monaten. Einst unter Notbesegelung, ohne Hilfsmaschine und bös mitgenommen eingelaufen, ist „Etsi" wieder voll seetüchtig. Gehabte Leiden und Schnee von gestern sind morsche Segelfetzen, Schinderei an der Lenzpumpe, Behelfsklüverbaum und nicht aufhören wollende Ausfälle.

Keine Einzelheit ist übersehen. Vom Rumpf bis zum frisch kalfaterten Deck, zu Masten, Bäumen, stehendem und laufendem Gut. Eingebaut ist die grundüberholte Hilfsmaschine. Meister Schattauer aus Stade mit seinen Segelmachern liefert ein ganzes Stell handgenähter Segel aus erstklassigem Tuch. Restlos alles ist von Grund auf repariert oder erneuert.

Beim ersten Probeschlag auf der Elbe glaubt der Skipper zu träumen. Seine alte „Etsi" läuft unter Vollzeug wie ein Rennpferd. Hafenmanöver mit Hilfsmaschine sind kinderleicht. Gekocht wird mit Gas, nicht mehr mit Holz und Kohlen. Kammern und Kojen sind frisch lackiert, urgemütlich, mit weißen Decken und praktischen Läufern. Moderne hygienische Einrichtung erleichtert das Zusammenleben. Einfach himmlisch im Vergleich zum erlebnisreichen Gestern.

Reeder Henry Brütt mit Schwiegersohn und Filmproduzenten Dr. Mauersberg wollen ihr Schiff für Filmszenen auf der sommerlichen Nordsee einsetzen. Nach dem Drehbuch von Otto Linnekogel und Gregor von Rezzori. Vorläufiger Arbeitstitel: „Fünf Mädchen hart am Wind". Die „Etsi-Film-GmbH" fungiert unter der Dachorganisation Arthur Ranks Corporation London.

Für den jungen Skipper eine heikle neue Aufgabe. Mit Seefahrtsbuch gemustert und bei der See-Berufsgenossenschaft voll versichert fahren an Bord: Meister Porath jun. als Bootsmann/Maschinist, Wigand von Salmuth als Bestmann/Elektriker, Dr. med. Horst Winkelmann als Bordarzt/Steuermann, Manfred Dittrich als Segelmacher/Matrose und Matrose Fritz Eggers versorgt die Mannschaft als Smutje. Sein Vater, Kutterkapitän Kurt E., rettet im Lauf der Jahre 19 Menschenleben vor dem sicheren Ertrinken. Mutig, selbstlos und bescheiden. Auf seinem Fischkutter „Ilse" lernt Fritz das Seemannshandwerk, von Kindesbeinen an.

Eine junge Mannschaft von begabten Idealisten, geschaffen für kommende Aufgaben. Arbeitseifer und Korpsgeist der fröhlichen Truppe verblüffen von Anfang an. Nach Trimmfahrten mit Manöverdrill rund um die Uhr ist die wiedererstandene „Etsi“ seeklar, voll einsatzbereit.

Vor den Dreharbeiten möchte der 80-jährige Senator Henry Brütt die Insel vieler Jugendferien, Helgoland, auf eigenem Kiel anlaufen. Sein Herzenswunsch. Erschüttert steht der würdige Hanseat an der Reling. Den Tränen nahe im Anblick des abgeflachten öden Schutthaufens. Von der Royal Airforce auch viele Jahre nach Kriegsende als Bombenziel rollender Einsätze geschändet. Tag und Nacht. Wohl beleben erste Fertighäuschen inmitten riesiger Schuttberge und Bombentrichtern den traurigen Eindruck. Seit einem Jahr dürfen die braven Helgoländer zurückkehren, gnädigst von der britischen Militärregierung genehmigt. Auch sind einige Hafenmolen notdürftig instandgesetzt. Der alte Herr aber wünscht, umgehend zurückzusegeln.

Ein Wochenende längsseits in Glückstadt an der Elbe. Hochstimmung im „Singenden Seemann“. Logger-Besatzungen dicht an dicht längs der Theke, gerammelt voll die Tanzfläche. Mitten drin das „Etsi“-Volk. Anfangs abwartend beäugt von breitschultrigen Fischermatrosen mit schwielig-schrundigen Händen. Locker sitzt die Heuer in ihren Taschen, ebenso lockere Deerns schwirren durch’s Gelände. Als der kleine rundliche Horst Winkelmann, Lungenchirurg seines Zeichens, eine Schöne auf ihrem Barhocker vierkant anluvt – schleicht stille Spannung ins Lokal. Wie Eisnebel. Eine Herausforderung für den blonden friesischen Fischermann neben der lustvoll kichernden Dame im urweiblichen Vorgefühl des Kampfes um ihre Gunst. Schon hat er unsern Doktor mit der Goldbrille am Kragen – Winkelmännchen darauf laut vernehmlich: „Kein Aufsehen im Lokal, mein Junge, gehen wir beide doch raus“ – Bis zum bitteren Ende ein Gentleman.

Umringt von der neugierigen Menge geht’s draußen los. Manch einer denkt schon an den Krankenwagen mit heulender Sirene. Angesichts des todesmutigen Kleinen vor dem Muskelbündel mit hochgekrempelten Hemdsärmeln. Dann ein Ruf aus dem zweiten Glied: Ring frei zur ersten und letzten Runde!

Provozierend tänzelt unser Medizinmann vor seinem Gegner, gerade außer Reichweite seiner Fäuste. Der schießt eine linke Gerade nach vorn, mächtig,

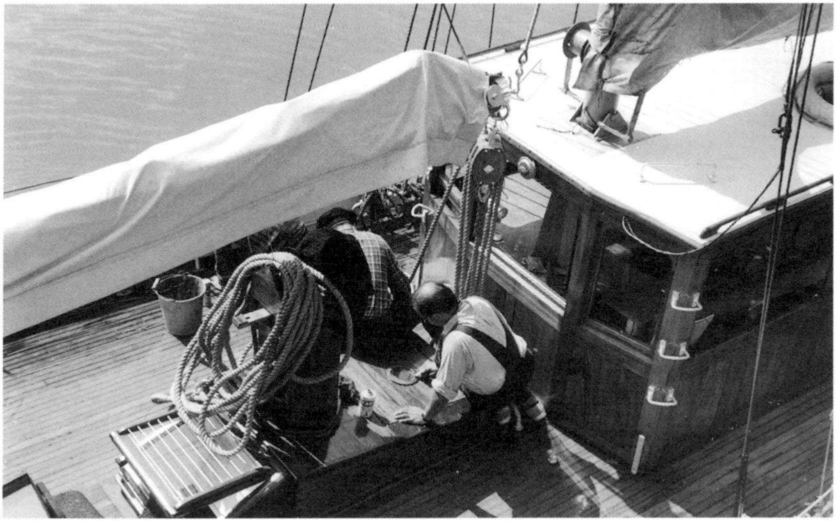

Letzte Kosmetik vor Filmeinsatz.

gut gezielt – aber haarscharf am Akademikerkopf vorbei ins Leere. Blitzschnell war der Kleine abgetaucht, nach rechts gewichen. Spielerisch fast, als Zugabe, knallt er aus der Drehung heraus seine Linke auf die kurzen Rippen des keuchenden Bullen. Setzt mit einem Herzhaken nach und tanzt zurück auf Abstand. Keine schlechte Ouvertüre! Die alkoholisierte Menge staunt, einige klatschen. Zuviel für den sieggewohnten Hünen, vor seinen weiblichen Bewunderinnen besonders. Unvorsichtig, ohne Deckung setzt er zum vernichtenden Schlag an – kassiert dafür eine stilechte Links-rechts-Folge schweren Kalibers auf seinen Solar Plexus und die Kinnspitze – taumelt, geht in die Knie wie vor dem Allerheiligsten, liegt im Kies. Winkelmännchen rückt seine Club-Krawatte zurecht, lässt sich die Brille reichen, trinkt, zurück am Tresen, sein Bier aus. Als wäre nichts gewesen.

Jetzt erst wissen alle, dass der flotte Doktor als Ringarzt bei vielen Profi-Kämpfen dazugelernt hat. Bis zur Sperrstunde sitzen beide Kämpen friedlich nebeneinander, singend, zechend.

Beim ersten Drehtag in Cuxhaven spielen Ruth Leuwerik und Karl Raddatz auf „Etsi“ zwei Szenen zum Film „Geliebtes Leben“. Bei Bilderbuchwetter

„Voll und bei“ Nordsee 1953, Besatzungsdrill.

mit nordöstlicher Vollzeugbrise geht’s dann nach der Emsmündung gen Borkum, zu den Dreharbeiten für „Fünf Mädchen hart am Wind“. Immer sachte längs dem minenfreien Zwangsweg – Wangerooge – Spiekeroog – Langeoog – Baltrum – Juist – Borkum. Nach der altbekannten Inselregel: **W**elcher **S**eemann **L**iegt **B**ei **N**anni **I**m **B**ett. Fest am Schwimmsteg wird auf kommende Ereignisse gewartet. Eine Hälfte der Männer schrubbt Decks, wäscht Farbe, wienert Messing auf Hochglanz, malt und lackiert. Die anderen vergnügen sich im Städtchen oder am Inselstrand. Herrliche Ruhe vor dem Ansturm der Filmleute.

Wie ein Zugvogelschwarm sind sie alle da, urplötzlich. Produzent, Regisseure, Schauspieler, Kameraleute und Drehbuchautoren bevölkern das erste Hotel am Platz. Das „niedere" Volk der Elektriker, Beleuchter, Standfotografen, Figaros, Maskenbildner und Garderobedamen wohnt preiswerter. Abgestuft nach Rangordung. Zusammen mit ihnen aber geht die Post ab in den paar Kneipen der Insel. Jubel, Trubel, Heiterkeit – ohne Hemmungen. Bis zum langen Fußmarsch zum Südhafen. Kein Taxigeld verplempern! Lieber feiern.

Erste Regieanweisungen auf „Melusine" alias „Etsi" für Darsteller Hans Leibelt (als Kapitän), Karin Andersen, Wera Frydtberg, Hanna Rucker und Eva Pflug, fest am Steg. Techniker und Kamera planen die Aufstellung ihrer Geräte und eines schweren Stromgenerators an Deck. Kammern unter Deck sind für die Maske und Garderobe vorgesehen. Was für ein Gedränge auf dem kleinen Schiff!

Bei Aufnahmen draußen in der Emsmündung sollen alle Segel durch die Besatzung, unsichtbar von unter Deck (!!) bedient werden, während der Skipper, verborgen im kleinen Ruderhaus, die Film-„Melusine" zu steuern hat. Selbstverständlich sind Segelschoten und Achterholer zur Bedienung unter Deck zu führen. Oben am ausgeklinkten Ruderrad muss der Filmkapitän Hans Leibelt kurbeln und mimen. Angestrahlt von Scheinwerfern und Sonnenspiegeln. Szenen mit den Matrosenmädchen an Deck sind schwieriger. Noch im „Trockenen" üben sie geduldig Handgriffe, Segelbergen, Deck schrubben. Phantasien seefremder Regisseure – Regie-Anweisungen für den Skipper von draußen, der wieder gibt seinen Leuten unter Deck Anweisungen durch die Flüstertüte.

Fraglos ein dicker „rabenschwarzer Peter" für die kleine Stammbesatzung. Die Letzten beißen eben die Hunde. Nur nach massivem Auftreten werden 20 zusätzliche Schwimmwesten gewährt. Das angeforderte Sicherheitsboot für Szenen auf See passt nicht zum vorgesehenen Budget. Wird gestrichen. Eiskalt. Pinke-Pinke zuerst, Sicherheit für Leib und Leben später.

Ein kleines Wunder, dass diese Segelszenen im engen Fahrwasser der Ems bei 4 bis 6 Windstärken sicher im Kasten sind. Ohne Verluste und Schäden. Zu verdanken einer hochmotivierten Mannschaft, ihrem Zupacken mit gesundem

Drehtag auf See. Außen-Ems Borkum.

Filmsternchen mit blassen Nasen.

Menschenverstand und gelebter Seemannschaft. Nach den Gesetzen der Seefahrt darf sich ein verantwortlicher Skipper nicht auf solche Zicken einlassen – aber…

Die folgenden Szenen um Borkum sind wieder kinderleicht. Reine Routine und erholsame ruhige Kugel für die Crew. Manchmal bringt Burgschauspielerin Hanna Matz unten in der Messe etwas Leben in die Bude. Ein Wiener Schauspielerkollege hat das fünfte Mädchen an Bord zu spielen. Laut Drehbuch als eingeschlichener Reporter in Frauenkleidern. Seine Maske ist echt, überraschend. Bevor sie nach London fliegt, passt Hannerl ein bisschen auf, dass ihr Freund nicht völlig umpolt. Denn, unter Beifall der Besatzung bei der Teepause – „Wissen's, ich glaub', er fühlt sich pudelwohl in seiner Frauenrolle. Schaut dauernd in den Spiegel, will sich garnicht mehr umziehen." – Dann Doktor Winkelmann: „Mein kleines Operationsbesteck fürs Wichtigste liegt bereit, Frau Matz…"

Später liegt die zurückverwandelte „Etsi" im Yachthafen von „Cuxendorf", hinter der Seebäderbrücke. Die Männer setzen ihr Schiff wieder instand, in aller Ruhe. Denn der Skipper ist nach Neapel gereist. Für neue Szenen um Capri, auf der dort gecharterten Segelyacht. Auch als Mädchen für Alles. Denn keiner der 40-köpfigen Filmcrew versteht oder spricht einigermaßen italienisch.

Eingeborene Capresen am Hafen und oben auf der Piazza staunen, ihren „capitano tedesco" auf dem Touristenfelsen wieder zu entdecken. Ausgerechnet mit einer deutschen Filmgesellschaft. Kaum anderthalb Jahre her, lief er zweimal im Monat die Marina Grande an. Auf Rundreisen mit den Schulyachten „Dela" und „Clavileño" vom Stützpunkt Porto d'Ischia. Im subtropischen Winter, der verschlafenen „Saure Gurken"-Saison. Die frohgemuten Mitsegler bringen jedesmal willkommene Unterhaltung abends auf die Piazza. Für Dauergäste wie einheimische Insulaner. Auch so nebenbei ein bisschen Geschäft. Jedermann kennt die beiden einzigen Yachten im Hafen. Man gehört irgendwie zum „Club".

Wieder langweilen sich Persönlichkeiten der höheren Ebene im stinkfeinen „Quisisana", andere Mitarbeiter hausen preiswerter. Für die weniger Anspruchsvollen bleibt die Hälfte der täglichen Diäten übrig. Dafür wird ausgiebiger gefeiert und getanzt nach vielen Stunden Wühlerei in lähmender

Klüver und Stagfock bergen.

Sommerhitze. Schlau kommt der Skipper über die Runden. Schläft kostenlos in üppigen Eigner-Gemächern der Charteryacht, vor Anker tief unter den senkrechten Tiberius-Felsen.

Frühmorgens pocht die feurige Stewardess Guadaloupe zaghaft an die Tür. Reicht das Tablett mit Kaffee, gerösteten Bananen auf Toast und eisgekühlten frischen Feigen an die Koje. Dabei spart sie nicht an bissigen Bemerkungen

Drehpause: Links Kapitän Klaus R.G. Goetsch, in der Mitte die Schauspielerin Hanna Rucker und rechts der Erste Steuermann, Wigand Freiherr von Salmuth, A. B.

von wegen dickem Kopf, an Bord zu kommen, wenn anständige Leute schon arbeiten in der Morgenkühle. Von leichtsinnigen Italienerinnen und vergessenem Morgengebet. – Genau genommen ist's kindliche Eifersucht, ähnlich wie bei ihrem Bruder und Bootsmann, Ramon. Nie lässt er seine Schwester aus den Augen, der lebhafte Kubaner. Wohlwissend, dass marinaio (Matrose) Luigi aus Posilippo bei Neapel der klassischen Habanera schöne Augen macht, hilflos in ihrem Netz zappelt. In der labend kühlen Abendbrise spielt Luigi auf dem Vordeck Gitarre, singt schmelzende „Canzone" in den Sternenhimmel.

Aber segeln können meine drei Südländer, behende und lautlos, wie Katzen. Endlos geduldig ist der exotische Verein bei Wiederholungen schwieriger Szenen, vorbildlich und frohgemut. Große Standfotos auf Hochglanzpapier inmitten unserer blonden Darstellerinnen sind Heiligtümer für Ramon und

Luigi. Guadaloupe dagegen ist restlos in den Hamburger Kameramann verknallt, möchte ihm heimlich nachreisen. Bruder Ramon hat die Raubkatze tropischer Breiten aber fest im Griff.

Jetzt soll der Streifen mit dem Titel: „Unter den Sternen von Capri“, vor's Publikum gelangen. Anscheinend ist der Arbeitstitel nicht mehr aktuell, aus kaufmännischen Gründen. Quasi über Nacht baut unser Filmzirkus die Capri-Zelte ab. Außenaufnahmen sind alle im „Kasten“ und letzte Szenen werden im Göttinger Atelier abgedreht.

Dem Skipper wird die ehrenvolle Aufgabe zugedacht, zwei Kisten voller Filmspulen bei einem Beamten des Innenministeriums in Rom zeitsparend durchzuölen. Nach seiner napolitanischer Grundschule kein Problem. Dogana-Beamte am Brenner müssen zähneknirschend passieren lassen, ohne „regalo“ von 100 000 Lire, über den Daumen gepeilt. Transit durch Österreich und Einfuhr in die BRD gehen reibungslos. Nach zwei Tagen in ratternden Waggons mit schweren Kisten und Gepäck kann das Filmlabor zu Göttingen loslegen, viel früher als erwartet.

Nach Zollkontrollen ohne Ende, Stempel, Fragen – kreuz und quer durch die heilige Stadt, von Tür zu Tür im Ministerium bis zum Allgewaltigen für Spielfilmfragen – Hitze, Schweiß und Staub – ein todmüder Skipper endlich in Cuxhaven auf seiner „Etsi“. Letzter Segeltörn elbaufwärts nach Hamburg. Alle Mann mustern ab, Richtung Heimat.

Doktor Winkelmann operiert wieder fleißig mit Skalpell, Rippenzange, Nadel und Katzendarmfäden. Schäkert so nebenbei mit seinen orientalisch maskierten Karbolmäuschen im OP. Oder segelt auf der schnellen „Germania V“ mit Berthold Beitz und Eigner v. Bohlen-Halbach, Funker und Bootsmann.

Bootsmann Porath jun. träumt beim grauen Alltag in der väterlichen Werft am Köhlfleet von verflossenen Monaten bester Kameradschaft an Bord der Filmyacht.

Smutje Fritz Eggers, zurück auf Vaters Kutter „Ilse“, spart seinen Part vom Fischfang für den Steuermannslehrgang an der Seefahrtschule Cuxhaven.

Segelmacher Manfred Dittrich stößt zum Zirkus „Krone“ auf dem Hamburger Heiliggeistfeld. Avanciert zum Zeltmacher, Raubtierpfleger und „handy man“ in der Manege. Und ab geht's zum Wintertournee durch Italien.

Bestmann (und Elektriker mit Gesellenbrief) Wigand v. Salmuth büffelt im dritten Semester Maschinenbau an der heimatlichen Hochschule.

Ja, zuletzt der Skipper? Fliegt nach England zu seiner Colleen in West Mersea/Essex. Schafft die Hochschwangere in die Klinik nach Maldon. Ein paar Tage drauf blinzelt Klein-Nicola neugierig ins Licht der Welt. Der vervielfachte Großvater kreuzt mit dem frischgebackenen Vater auf seiner Sloop den Black Water River aufwärts von West Mersey nach Maldon: „Comme il faut." (Wie sich's gehört). In der kleinen Kajüte feiern beide Seebären abends gemütlich den Familienzuwachs.

Der Einzelgänger von San Angelo

Ein sonniger Februartag auf der gemächlich dahinträumenden Insel Ischia. Vor den sommerlichen Urlauberschwärmen der „stagione" (Saison) sammelt Alt und Jung Kraft für kommendes Gedränge. Zwischen zwei Segelkursen auch ein Ruhetag für den Skipper. Vom Hafen wandert er über die Hügel, zum meilenlangen Südstrand bei San Angelo. Im umgehängten Marktkorb ein paar Eier, vorgekochte Minestrone im Töpfchen, Blutorangen und eine Kinderschaufel.

Auf dem vulkanisch warmen Strandflecken neben dem Handtuch buddelt er das Kochtöpfchen in den schwefelriechenden feinen Sand, zwei Handbreit tief, die Eier daneben. Dazu noch zwei Hand voll Esskastanien, aufgelesen unterwegs. Fertig die Naturküche.

Keine Menschenseele ringsum. Nur drei arbeitslose Esel knabbern Laub von Feigenbäumen über den altrömischen Höhlen der Radium-Heilbäder. Ein paar Schwimmzüge im kalten salzigen Element, dösen in der Sonne auf warmen Sänden. Himmlische Stille, untermalt nur vom zärtlichen Rieseln müder Wellen über treibende Sände. Unsichtbar, jenseits des gleißenden Horizonts – Vulkankegel der Liparischen Inseln – Gestade Siziliens und Nordafrikas. Man träumt – vergisst beinahe die garenden Köstlichkeiten nebenan im Sand.

Vom Felsenkap tuckert ein Fischerboot längs der Küste. Setzt, weiter entfernt, eine Gestalt ab auf den Strand. Einen Sonnenanbeter wahrscheinlich, seine Mittagsruhe suchend. Was soll's… Man löffelt weiter an der dampfenden Minestone, schreckt im kalten Meer die hartgekochten Eier ab, schält die dampfenden Maronen. Es schmeckt besser als im feinsten Restaurant.

Das seltsame Gefühl des Beobachtetwerdens lässt den Speisenden innehalten und sich umdrehen. Da steht die Gestalt aus dem Fischerboot. Ein breitschultriger großer Mann um die Fünfzig. Barfuß, seine Schuhe an den Schnürsenkeln zusammengebunden um den Nacken. Offenes Hemd, bejahrtes Tweed-Jackett, Golfhosen. Freundlich lacht der Fremde: „Do you speak english?"

Aus seiner US-Navy-Tasche angelt er eine Flasche Wein, ein Zahnglas und einen mächtigen Korkenzieher. Lässt sich neben meiner Strandküche nieder. Unverkennbar ein Amerikaner, mit dem wohlklingenden, breiten Akzent der Süd-Staatler. Sichtlich angetan vom Mittagsmahl seines Gegenübers nimmt er gerne ein paar gepellte Esskastanien, mampft ein Ei, lobt die wohlschmeckende Suppe Marke beachcomber-Eigenbau. Verbrennt sich nebenbei die Finger in der Kochgrube. Ein gemütlicher Typ, unaufdringlich und gesellig. Das bis an den Rand gefüllte Glas reicht der Exot zuerst dem Skipper. Donnerwetter – ein „Epomeo Bianco" Jahrgang 1949, lieblich und passend! „Cheers, Mister Beachcomber" – „Cheers, Mister Beachcook" – man grinst sich an, plaudert vom schönen Wetter, über die wohltuende Atmosphäre der natürlichen stillen Insel.

„How could I get a taxi to the Port? For the evening ferry to Naples?" (Wie kann ich ein Taxi zum Hafen kriegen? Für das Abendschiff nach Neapel?) – „Unmöglich hier, guter Mann, nur zu Fuß in etwa 50 Minuten." Gelassen schluckt der Ami die harte Wahrheit, möchte gleich aufbrechen. Da blitzt mir die rettende Idee: „Are you fit to ride a donkey?" (Kannst Du einen Esel reiten?)

Bald sitzt er auf dem kräftigsten der drei Esel vom Feigengarten. Seine langen Beine fast am Boden. Wie Jesus am Ölberg. Zu Fuß daneben der Skipper als Eseltreiber. Eine Gaudi! Unterwegs erfährt der Eselreiter, dass sein Treiber gewissermaßen Strandgut der unterlegenen deutschen Marine ist. Gerade seine Brötchen mit Segelkursen von Ischia aus verdient.

Lachend über die Geschichte will er nun wissen, welcher Beruf ihm wohl zugeordnet wird? – Beim abwägenden Hinschauen könnte er ja ein Offizier der vor Neapel ankernden sechsten US-Flotte sein? Einen Tag weg von der Alltags-Mühle? – „Not bad, bis Ende 1945 diente ich auf einem Kreuzer der 7. Flotte im Pazifik." – „Vielleicht bist Du ein Steuerinspektor auf Italienurlaub?" – Grinsend: „Perhaps yes." (vielleicht ja).

Am Hafen beim Bagno Communale angekommen, kriegt das Grautier ein paar Karotten und Zuckerstückchen von der Yachtkombüse. Dann einen 1000-Lire-Schein mit der Wäscheklammer kunstvoll ins rechte Ohr geklemmt, als Leihgebühr. Mit einem Klaps aufs Hinterteil entlassen, zottelt er alleine durch die Pflastergässchen heimwärts. Althergebrachte Inselsitte, kein Insulaner klaut. Nur die Gaukler von Napoli versuchen's manchmal. Noch eine gute Stunde bleibt dem neuen Gefährten bis zum Auslaufen des Neapel-Dampfers von der anderen Hafenecke. Inzwischen kennen wir seinen Namen: „Dick". Wir, in der heimeligen Messe auf der „Clavileño": Pedro Ardoy aus Cadiz. Eigner der seetüchtigen Sloop und Schriftsteller, Carmen Ardoy, seine Schwester, Manolo, der Bootsmann aus Galizien und der Skipper vom Nebenschiff. Die drei singen spanische Volkslieder zur Gitarre, Carmen verzaubert mit Castagnetten-Zugaben. Dick, begeistert von der unerwarteten Atmosphäre, etwas abgehoben vom schweren Rotwein, summt und klatscht.

Bevor wir unseren exotischen Gast zum Neapel-Schiff begleiten, kritzelt er sorgsam Namen und Heimatanschriften in sein elegantes Notizbuch – „Thank you, thank you all, my friends, you were great, really." (Danke, dank Euch allen, meine Freunde, Ihr wart großartig, wirklich).

Eine der vielen Episoden aus unbeschwertem Inselalltag für den bunten Fächer von Erinnerungen – oder nicht?

Zwei Jahre darauf – Treffpunkt Hamburg

„Ein Telegramm für Dich, Klaus“. Neugierig liest Colleen über meine Schulter mit: „„...kindly meet me atlantic hotel hamburg stop possibly tomorrow Tuesday 6 stop all expenses on me stop regards r.j. reynolds“ (Treffen Sie mich gütigst Atlantik-Hotel. Hamburg stop möglichst morgen Dienstag 6 stop übernehme alle Auslagen stop Grüße R.J. Reynolds).

Seltsam, Name sagt nichts. Colleen, seit Wochen unserer Wanderreise in die Dolomiten entgegenfiebernd, meint klipp und klar: „Auf alle Fälle musst Du noch heute Nacht nach Hamburg reisen – ich spüre, es lohnt sich für uns drei.“ Südtirol hin oder her, meine Keltin bleibt dabei. Überrascht mich wieder mit ihrem angeborenen siebten Sinn. Rätselhaft.

Mit kleinem Gepäck klettert der Skipper frühmorgens aus dem Nachtexpress Hamburg-Hbf. Nach 11 Stunden im vollen Abteil der Holzklasse erfrischt ihn der Fußmarsch durch Hamburgs Straßen zum feinen ehrwürdigen Hotel Atlantik.

In der menschenleeren Hotelhalle bestellt er ein Tasse Kaffee. Wartet der Dinge, die da kommen. Noch viel zu früh, den nebulösen Mister Reynolds zu verlangen.

Nach über einer Stunde fällt der einsame junge Mann mit seinem Hab’ und Gut unterm Tisch dem Oberkellner der Frühschicht auf. Nicht gerade koscher – so scheint’s. Dem gewandten Auftreten nach ein früherer HAPAG-Steward, erkundigt er sich nach weiteren Wünschen. Kassiert die Tasse Kaffee. Fragt, ob er vielleicht helfen könnte. Im Klartext: „Jetzt ist aber Zeit zum Verschwinden.“

Wie verwandelt, mit dem Telegramm unter der Nase, ein vollendeter Diener, erscheint der Saalchef: „Ach ja, natürlich, ich hatte ganz vergessen. Bitte entschuldigen Sie mein Versehen.“

„Nichts für ungut, Onkel. Sagen Sie bitte Mister Reynolds, dass ich draußen auf ihn warte.“ – Und raus durch die Drehtür in frische Luft und Sonnenschein.

Kaum ein paar Schritte auf dem Gehsteig, erscheint der silberhaarige Saalchef, korrekt im Gehrock. Bittet höflich um Verzeihung, im Namen des Hauses. Mit ihm der Liftboy. Flink schnappt er das bisschen Gepäck und verschwindet in die Lobby. Peinlich für den Skipper. Hat er doch eine bordübliche dicke Lippe riskiert, völlig unbeabsichtigt. Der alte Herr könnte sein Vater sein.

Kellner decken einen großen Tisch in der Halle. Blendend weiße Tischwäsche, stocksteif gestärkt, gelbe Rosen, Servietten, Silberbesteck. Im Eiskübel eine Pulle „Veuve Cliquot", eisgekühlte Kelche. Herrlichkeiten, vom gebratenen Stör bis zum Frühstücksei unterm Häubchen, Toast, Pumpernickel, Brötchen. Sogar Weintrauben und Ananas – einfach zuviel des Guten nach Colleens liebevoll gepackten Käsestullen im Nacht-Express.

Die kräftige Gestalt auf der Treppe winkt dem verdatterten Ankömmling von oben zu – verdammt – das ist doch – bestimmt, er ist's – der gemütliche Ami von San Angelo. Bald zwei Jahre ist es her – wie nannte er sich doch? – Dick – seinerzeit ein beachcomber auf dem entliehenen Esel! Kaum erhoben, die Serviette weggelegt, steht Mister Reynolds neben mir. „Hey, Klaus, had a pleasant trip? How are you? Thanks for coming – Let's have a sip of Champagne first." (Hallo, Klaus, gute Reise gehabt? Danke fürs Kommen. Zuerst mal ein Schlückchen Champagner.) Mein Gott, so früh am Tag schon! Haltung bewahren, Seemann! Mit dem soliden Frühstück im Trakt kann man's ja wagen.

Mister Richard Joshua Reynolds, lässig mit offenem Hemd, ist gleich bei der Sache: „Wir fahren jetzt zum Flugplatz. Rod Stevens landet mit der New Yorker Maschine. Anschließend geht's zusammen zur Kröger-Werft nach Rendsburg. Meine ‚Scarlet O'Hara' ist dort fertiggestellt zur Probefahrt übermorgen. Später verladen wir die ‚Scarlet' in Hamburg auf einen Frachter nach Florida. Als Deckslast – ist ja Atlantiksommer. Meine ‚Aries' hat nach ihrer Reise von drüben in Gosport festgemacht. Für Garantiearbeiten bei der Bauwerft ‚Camper & Nicholson's'. In zehn Tagen macht ‚Aries' in Rendsburg fest. Dort gehen wir an Bord für die Ostsee-Reise…"

Ein dicker Brocken, alles auf einmal! Für Dick Reynolds ist Klaus fest eingeplant, ab sofort – keine weiteren Fragen. Nicht der perlende Schampus macht schwindlig. Aber das vorgelegte Tempo des Yachtmannes. Alles ist eben selbstverständlich, ohne den verblüfften jungen Seemann überhaupt zu hören.

„Nur ausgerüstet für 3 Tage? – Why worry? – Hier," Dick angelt ein Bündel Dollarnoten im Hotelcouvert aus der Seitentasche, „für Reise und Ausgaben. Wenn's nicht reicht, bei mir nachfassen…"

Zwanzig Hundert-Dollar-Noten! Wechselkurs DM 4,22 – so beiläufig in die Hand gedrückt! 14 Monate Brutto-Heuer für einen Steuermann auf großer Fahrt bei der „Christlichen". Über den Daumen gepeilt, genügen 250,– US-Dollar für Reise nebst Ausrüstung – dicke.

Zehn Minuten drauf, immer Tempo-Tempo, sitzen wir im Taxi zum Flughafen Fuhlsbüttel. Dick Reynolds lacht über sein Ischia-Abenteuer, sein geschundenes Hinterteil vom Eselritt, unsere spontane Party auf der „Clavileño", die echt spanische Allegria – sein deutscher Freund „Hein Mück" aus Hamburg hätte Klaus für seine Yachten empfohlen. Unabhängig von unserer Bekanntschaft: „A perfect coincidence." (Vollkommener Zufall).

„Hein Mück" alias Christian Nissen! – Der Yachtmann von Schrot und Korn. Herbst 1914 wird sein Windjammer „Melpomene" in Süd-Irland von den Briten aufgebracht, da er auf der langen Reise von Chile um Kap Hoorn ohne Funkanlage ahnungslos über den Kriegsausbruch war. Fünf lange Jahre sitzt Seemann Hein Mück in britischen Gefängnissen und Lagern. Geht 1920 als Steuermann auf Große Fahrt. Dann Heirat, Landjob beim US-Generalkonsulat Hamburg. Großzügig beurlaubt für Atlantikregatten und Fastnet-Races. 1940 segelt Nissen Agenten von der Bretagne nach Irland, zuerst auf Ketsch „Soizic", dann mit Fischkutter „Anni Braz Bihem". 1941 endlich mit Kutteryacht „Kyloe" von Brest nach Südwest-Afrika, setzt den Saboteur Leibbrandt an Land, erreicht, unentdeckt von „Britannia rules the waves", Spanisch Marokko und fliegt nach Berlin für weitere Dienste unter Admiral Canaris und dessen Nachfolgern.

Schiffbauer Hein Garbers, Hein Mücks Freund, segelt von Kindesbeinen an. Mit offenen Jollen wintertags durch die Nordsee nach Helgoland. Beladen mit zollfreier Ware heimlich zurück nach Hamburg. Im Elend nach dem Wallstreet-Zusammenbruch muss Hein die Seinen durchfüttern, egal wie. 1935 räumt Garbers mit seiner selbstgebauten „Windspiel III“ bei vielen Nordsee-Regatten das Silber ab. Im Donnergrollen des nahenden Kriegs 1938 segelt Hein auf eigenem Kiel einhand über den Teich. Nach 52 Tagen Schinderei erreicht er New York.

Solche Wagehälse passen so recht in die Pläne des deutschen Kriegsherren und seinem Abwehr-Chef, Admiral Canaris: Unbemerkt Agenten und Saboteure an Stränden der Feindstaaten absetzen, andere nach erfülltem Auftrag wieder heim ins Reich zu holen.

Von Arcachon und Bayonne segelt Hein Garbers 1942 bis 1944 seelenruhig einmal nach Südwest-Afrika. Setzt dort drei Agenten an Land. Mit seinem Thunfischfänger „Passim“ segelt Garbers noch zweimal von Arcachon auf Rundreise nach Südamerika, setzt am Cap Frio zwei Agenten ab, zuletzt weitere zwei Agenten südlich des La Plata im Austausch gegen drei Heimkehrer bis zum neutralen Hafen Vigo. Zehntausende Seemeilen spult Hein mit seiner schweren Hulk „Passim“ ab. Sechsmal durch die äquatorialen Kalmen. Mitten durch britische Geleitzüge. Mit einem amerikanischen Passagierfrachter wechselt er Flaggengrüße. Nach guter Seemannssitte, jedoch mit jeweils passender Nationalflagge. Ein kaltblütiger Meister des Tarnen und Täuschens. Nicht-Soldat Garbers, unpolitisch bis zum „Geht nicht mehr“, wird als einziger deutscher Zivilist mit dem Ritterkreuz zum Eisernen Kreuz ausgezeichnet. Ausgerechnet über das Reichs-Sicherheits-Hauptamt – Geheime Kommandosache…

Jetzt ist Christian Nissen, alias „Hein Mück“, Vertrauensmann von Dick Reynolds für Yacht-Angelegenheiten. Die alten Freunde finden sich wieder nach den jahrelangen Kriegswirren, den gemeinsamen Atlantikregatten und feuchten Feiern in Newport drüben. Dann beim exclusiven Royal Ocean Racing Club zu Cowes.

Hein Garbers hingegen baut wieder seine Hochsee-Yachten, eine nach der anderen. Zusammen mit Paul Wolters, einem renommierten Profi-Skipper der US-Ozeansegler späterer Jahre. Wie Hein Garbers seine Hamburger Werft eigenhändig inmitten Ruinen und Schrott aufbaut, hungernd und frierend, ist ein Hohelied des deutschen Wirtschaftswunders.

Schnellboot „Scarlet O'Hara"

Camel-Zigarettenkönig Richard J. Reynolds braucht ein schnelles Tagesboot für sein Haus in Palm Beach, seine Insel Sapelo Island vor der Küste Georgias und die Inlandkanäle zwischen den Haupthäfen der US-Atlantikküste. Christan Nissen vermittelt den Bauauftrag der Rendsburger Kröger-Werft und beaufsichtigt die Arbeiten. Seit Jahrzehnten ist Kröger ein Wohlbekannter der Branche.

Mit schnellen seetüchtigen Fahrzeugen in Leichtbauweise macht sich die Werft einen Namen. Manch eine über der Nordsee oder dem Kanal abgeschossene Flugzeugbesatzung verdankt ihre Rettung aus oft eisigen Fluten den Krögerschen Flugsicherungsbooten – Freund oder Feind – ohne Unterschied.

Nach Zerstörung durch alliierte Bombenteppiche und der sinnlos wütenden Roten Armee schafft es der „Alte Kröger", sich mit ein paar seiner übriggebliebenen Leute über die grüne Grenze in die britische Besatzungszone abzusetzen. In Jahren bitterer Entbehrung und Kohldampf baut er mit seinen Getreuen einen Werftbetrieb am Nord-Ostsee-Kanal.

„Scarlet O'Hara" ist einer der ersten US-Aufträge. Mühsam, auf Krücken gestützt, kümmert sich der Chef täglich um „seine Yacht". Fürwahr ein sorgsam gebautes, schnittiges Fahrzeug! 54 Fuß über alles, angetrieben durch zwei 500-pferdige Benzinmotoren. Noch legen Elektriker letzte Hand an für die Probefahrt, wird Inventar, Rettungsgerät und letzte Ausrüstung an Bord gemannt.

Dick Reynolds, begleitet von Hein Mück und Rod Stephens, begutachtet jeden Winkel von vorn bis achtern, oben und unten. Rod Stephens, bekannter Ozean-Rennsegler und Yachtkonstukteur seiner New Yorker Firma, Sparkmann & Stevens, prüft ruhig besonders „unscheinbare Kleinigkeiten". Dinge, die im Notfall zum Totalverlust führen können, sollten sie nicht funktionieren. Eine unbezahlbare Lehrstunde bei alten erfahrenen Hasen der internationalen Yacht-Elite! – Skipper Klaus passt auf…

Durch den Kaiser-Wilhelm-Kanal anderntags, mit Werftkapitän und Technikern bis zur förmlichen Übernahme. Für den Skipper eine Erholungsreise durch die Holsteinische Landschaft. Erst an der Schleuse zur Elbe in Brunsbüttel steigt R.J. Reynolds mit Gefolge zu. Dann verschwinden Fahrwassertonnen und feste Seezeichen im Handumdrehen achteraus. Flutstrom der Neumondtide schieben den 22 Knoten Marschfahrt elbaufwärts noch 3 Knoten gratis zu.

Eine Halbflottille Schnellboote kommt voraus in Sicht, auf Gegenkurs schnell annähernd. Von den Gaffeln flattert die „White Ensign" der britischen Royal Navy. Bevor auf „Scarlet O'Hara" die Flagge gedippt werden kann, drehen die „Roastbeefs" mit Sirenengeheul auf Parallelkurs. Exakt, wie auf einem Exerzierplatz. Unter der Saling des Führerbootes flattert Signalflagge „K" hoch.

Dick: „Was wollen die denn von uns, Klaus?" – „Sir, Flaggensignal ‚Kilo' ist ein Befehl – Stoppen Sie sofort" – Vorbei ist Dick's Bierruhe – „They should have their heads examined, arrogant bastards!" (Sie sollten ihr Gehirn untersuchen lassen, arrogante Bastarde) – „Die haben nichts mehr zu pfeifen in Germany. Erst recht nicht bei unserer US-Flagge, mit mir, einem Offizier der US-Navy an Bord!"…

„Auf meine volle Verantwortung: Beide Maschinen äußerste Kraft voraus!" – Der Werft-Ingenieur, entsetzt wegen nicht eingefahrener Motoren, macht Augen wie Spiegeleier – „Wenn uns die Motoren um die Ohren fliegen – peanuts – wir besorgen neue."

Ein fetter Auftrag für die Kröger-Werft!

„Volle Pulle voraus!" – „Scarlet O'Hara" hebt sich stolz, gleitet über den Elbstrom wie gestochen. Ein befreiendes Hochgefühl mit der irrsinnigen Ladung Adrenalin bis ins letzte kapillare Gefüge – legal – illegal – sch…egal! Der britischen Patrouille geht die Puste aus, immer mehr sacken sie achteraus, drehen schließlich ab.

Wie Lausbuben nach einem gelungenen Streich knackt die illustre Runde eine Pulle „Scotch". Auch Klaus am Ruder muss sein Zahnglas

Ozean-Ketsch „Aries“ mit Costa-Rica-Flagge und Stander vom New York Yacht Club.

„ex“ lenzen – umwerfend viel bei der Verantwortung. „Wenn sie Dich als Bootsführer einlochen, gibt’s für Deine Colleen 1000 Dollar pro Tag, Einverstanden?“ – „In Ewigkeit, Amen, Sir.“ Neue Sitten.

Auf einem deutschen Frachter als Deckslast, hoch und trocken, schaukelt „Scarlet O’Hara“ über den großen Teich gen Westen. Dafür macht Dick’s Interkontinental-Yacht „Aries“ beim Kröger-Kai fest. Fahrplanmäßig. Unter ihrem baltisch-amerikanischen Skipper Rosing zusammen mit englischer Beatzung und einem deutsch-amerikanischen Koch ist der letzte Stremel von Gosport zur Elbe eine Damenreise. Besonders nach der ersten Etappe über den stürmischen Nord-Atlantik von Newport bis zum Kanal. Für den abgebrühten Ozean-Rennsegler Dick nichts Besonderes, sein täglich Brot fast. Mrs. Muriel dagegen hat die Nase gestrichen voll. Möchte am liebsten dankbar englischen Boden küssen bei der Ankunft. Mit dem üblichem Kadavergehorsam hat der Ami-Gatte mit ihr zusammen nach Hamburg zu fliegen – Punkt!

Der seetüchtige Zweimaster beeindruckt mit seinen eleganten Linien. Längsseits an der Spundwand des Nord-Ostsee-Kanals liegt das robuste Schiff mit seinen auffällig grau gemalten Aufbauten und der weißgescheuerten Teak-Reling. Nüchtern, ohne unnötige Kinkerlitzchen. Außer Masten, Bäumen und Boot ist nichts über Deck lackiert. Ganz klar, solche Eigner wollen nicht in Yachthäfen bestaunt werden oder eine Schau abziehen, wie die große Mehrzahl. Nur weit weg draußen fühlt sich Blauwassermann Reynolds in seinem Element. Kein Wunder. Schon mit 17 Jahren büxt er aus dem wohlbehüteten Elternhaus aus, pfeift auf Luxus und Taschengeld. Auf einem Lloyds-Frachter im Hafen von Baltimore heuert er als Backschafter/Tellerwäscher der Mannschaftsmesse an. Gondelt unter falschem Namen „Kid Carolina“ zweimal nach Bremen und zurück.

Mit nur einem Jahr auf dem Buckel hat „Aries“ schon 9800 Seemeilen im Kielwasser. Von Camper & Nicholson’s in Gosport 1953 fertiggestellt mit 28,5 Metern Länge über alles, 5,9 Metern Breite und einem Tiefgang von 3,70 Metern misst der Segler 97 Brutto-Registertonnen, unter 574 m^2 handgenähten Segeln aus schwerem, rotbraun gelohten Tuch. Von der Baumfock zum Gaffel-Großsegel, Großtopp-Segel, Besan, Breitfock und Passat-Raffees darüber. Ein Genuss fürs Seemannsherz!

Durch die Ostsee segeln Hein Mück mit Frau und der US-Botschafter etappenweise mit. Für Klaus wird die Lage schwieriger: Niemand der englischen Besatzung soll Lunte riechen von seinen alten Beziehungen mit dem großen Boss und dessen Gast. So meldet sich eine Stunde später ein neuer Bootsmann zum Dienst beim Kapitän. Der stellt ihn sogleich dem Eigner vor. Zum ersten Augenschein. Der bisherige boatswain muss sofort ersetzt werden. Im letzten englischen Hafen versumpft und „achteraus gesegelt“ (Abreise verpasst) hat der Durstige den einmaligen Job verloren. Der unbekannte Neue aus Germany fällt also nicht auf.

Zusammen mit 8 Mannschaften und Dienstgraden haust er im geräumigen Logis vor dem Mast, ordnet seine Klamotten in den winzigen Spind, bezieht Matratze, Decke und Kissen. Kurz erklärt der Mate (Steuermann) die allgemeine Schiffsordnung, Seewachen und Hafendienst, Allgemeines über Besegelung und Manöver. Nach einer „mug of tea“ (schwere Teetasse) schiebt der Ankömmling schon seine erste Deckswache im warmen „duffle coat“ (Wachmantel). Prägt sich, auf und ab schlendernd, die Anordnung der Segelfallen auf den schweren Nagelbänken ein. Einmal erscheint der Boss mit Freund Hein Mück an Deck. Zwinkert im Vorbeigehen: „Alles klar, Bootsmann?“ – „Yes, Sir.“

Anscheinend haben beide einige Doppeldecker hinter der Binde. Zwar schreiten sie kerzengerade die taufrischen Decksplanken auf und ab. Die Whiskey-Fahne im Gefolge zeugt jedoch von einer feuchten Runde unten im grünen Salon. Wohl zur Feier der Abreise um Mitternacht.

Mrs. Muriel Reynolds, geborene Marston, klettert erst bei Tag an Deck. Im Deckstuhl achtern genießt sie die ruhig sonnige Ostsee. Seit einem Jahr Dick’s Ehefrau Nummer drei, hat sie ein für alle Mal genug von schwerem Wetter und atlantischen Sturzseen, Tag und Nacht, wochenlang.

Der neue Bootsmann spleißt eine neue Pikfall. Verbindet Drahtseil mit Manilatau kunstvoll im Langspleiß. Typisch, ein hochnäsiger Steuermann Britanniens möchte dem German auf den seemännischen Zahn fühlen. Vom Hintergrund schaut der baltische Kapitän zu. Auf ihren legendären Handels-Schonern der Nord-Ostseefahrt sind Esten und Letten Meister seemännischer Handarbeiten geworden. „Now, the main halyard will be yours, Mister Mate!“ (Jetzt gehört die Groß-Klaufall Ihnen, Herr Steuermann) – Der wird puterrot. – „Aye, Aye, Sir.“ Offensichtlich ahnt der alte Seebär, dass sein Steuermann aus „Britannia rules the waves“ manchmal fehlende Kenntnisse durch stramme Haltung ersetzt.

Bestechend läuft „Aries“ unter vollem Tuch. Segelsetzen ist wohl eine Schinderei. Doch viele Stunden, Tage und Nächte fast lautlosen Gleitens belohnen alle Mühen. Dick und Hein Mück lösen gelegentlich den Mann am Ruder ab, steuern den Kahn souverän und schnell. Echte Könner! Nach dem ersten Segelmanöver des Tages gibt's einen Navy-Becher voll Jamaica-Rum für alle Mann. Nach alter Seemannssitte gehört der erste dem Rudergänger.

Nur ein, zwei Häfen in Dänemark und Schweden werden angelaufen. Für Frischkost, Überseegespräche via Kabel und Telegramme am Postschalter. Dick Reynolds will nicht, dass Hans und Franz seine Funkgespräche mithören. Die hochmoderne mobile Station mit dem Rufzeichen TIBW und Costa Rica Funk-Lizenzen ist meist arbeitslos.

Im neuen Yachthafen Kopenhagen steigt Mrs. Muriel Reynolds aus. Ihr graut vor dem nächsten Törn um Skagen nach der Weser. Ausgerechnet den neuen Bootsmann wünscht sie sich als Eskorte im Mietwagen zum Flugplatz. Drei schwere Lederkoffer, Taschen und Kartons sind ihr kleines Reisegepäck. Die vier Nerzmäntel in Klarsichtsäcken sind dem Bootsmann anvertraut. Man staune, mitten im Hochsommer.

Seltsam, vorher winkt ihn Dick Reynolds zu sich. Außer Hörweite vom Schiff auf dem Holzsteg: „Klaus, hör' zu: Setze Mrs. Reynolds am Flughafen ab. Unser dänischer Schiffsagent mit Träger nimmt sie dort in Empfang. Gib dem Fahrer 100 Kronen Trinkgeld, die Fahrtkosten regelt mein Agent. Jetzt aufgepasst: Komm nicht anschließend zurück. Verdrück' Dich ungesehen in eine stille Ecke unter die Menschen der Halle. Hinter einer Tageszeitung beobachtest Du meine Frau, ob sie wirklich die SAS-Maschine nach Paris besteigt, vorher ihr Gepäck aufgibt und die Passkontrolle passiert. Erst, wenn sie mit dem Flugzeug startet, komm zurück mit dem Taxi.“

Unerklärlich, doch Befehl ist Befehl. Dick Reynolds ist der Boss. Alles verläuft planmäßig. Mit galantem Handkuss verabschiedet sich der Bootsmann, wünscht der Eignerin guten Flug. Übersieht geflissentlich das dargereichte Trinkgeld, verbeugt sich und geht. Tatsächlich! Kaum vom Agenten am SAS-Schalter abgeliefert, winkt Muriel einen neuen Träger heran, verlässt mit ihm die Schalterhalle zum Taxistand draußen. Steigt ein und braust davon. Gerade noch ihre Taxi-Nummer in die Handfläche notiert, schlüpft Klaus in den nächsten Wagen. „Kennen Sie Ihren Kollegen im Taxi vorne?" – „Natürlich, ist mein Schwager, soll ich nachfahren?" – „Nein, lieber nicht. Fahren Sie mich schnell zum neuen Yachthafen draußen. Sie können sich aber ein dickes Trinkgeld verdienen, wenn Sie rauskriegen, wo Ihr Schwager die Dame abgesetzt hat. 20 Dollar liegen drin." – „Gerne, mein Herr." – Sowas wirkt belebend.

Als hätte er Ähnliches geahnt, nimmt Dick Reynolds den Bericht gelassen auf. Hein Mück neben ihm pfeift grinsend : „Oh, wie so trügerisch sind Weiberherzen." – „Well accomplished, (gut gemacht) Klaus." Der Tabak-Tycoon angelt ein Bündel aus der Hosentasche. „Wir legen um 0200 Uhr morgen ab. Mach' Dir inzwischen 'nen schönen Abend in Kopenhagen. Dienstlich, auf meine Anordnung."

Flanieren durch Kopenhagens Straßen in der Abendsonne. Geschenke kaufen für die kleine Nicola und Colleen daheim, in einer urgemütlichen Gaststätte gepflegt speisen. So geht die Uhr richtig!

Mit den übrigen 161 Dollar in der Tasche geht's vergnügt an Bord. Etwas ausschlafen vor dem Auslaufmanöver. Diesmal schiebt der Mate Deckswache, zusammen mit dem schottischen AB (able bodied seaman = Vollmatrose). „Have a good watch, Mister Mate." (gute Wache, Herr Steuermann).

Ungewöhnlich leise purrt der Steuermann die Mannschaft aus dem Tiefschlaf. Noch ungewöhnlicher seine Anweisung an alle: „Vom Captain: Kein lautes Wort, kein Lärm beim Manöver, nur flüstern. Kein Licht an Deck. Maschine wird nicht gestartet, Chief. Nur ‚stand-by'. Wir verholen den Eimer per Hand längs am Steg, bis zur Hafenausfahrt."

Milchig-mondheller Nebel draußen. Der Boss und Hein Mück warten schon, besprechen sich mit Skipper Rosing. „Let's move!" (Auf geht's). Skipper mit Steuermann bleiben an Deck, holen losgeworfene Festmacher an Bord, unterstützt vom Maschinisten. Alle anderen, voran der Eigner mit seinem Freund, schieben und ziehen „Aries" über den Achtersteven 50

Meter zur Einfahrt. Boss mit Freund klettern an Bord, helfen beim kniffligen Drehen des Schiffs über die Achterspring. Die Letzten vom Steg turnen wie die Affen über die Heckreling. Gespenstisch und lautlos. Dann erst brennen Fahrtlichter. Leichter ablandiger Wind füllt das Vorsegel, schiebt den geheimnisvollen Segler hinaus hinter den Nebelvorhang.

Draußen im Fahrwasser faucht die Hilfsmaschine los. Nach Plan und Routine ziehen Deckswachen auf. Keiner der Stammbesatzung stellt Fragen, wundert sich oder macht Bemerkungen – seltsam. Ob die Jungs solche Mätzchen gewohnt sind? Jeder verschweigt was, komisch. Nur AB Jock Stevenson scheint erleichtert, dass „this spooky gipsy Muriel“ (die verwunschene Zigeunerin Muriel) nicht mehr an Bord rumgeistert. – „Die bringt nur Unglück“, meint Jock felsenfest.

Tage drauf, auf Kursen vom Kap Skagen zur Wesermündung bei frischer Vollzeugbrise aus Ost-Nord-Ost, raucht Zigarettenmogul RJR seine Hausmarke „Camel“. Am Ruderrad daneben sein Bootsmann, der Quereinsteiger. – „How do you like it on board, Klaus?“ (Wie gefällt es Dir an Bord?) – „Thank you, Sir, it’s a pleasure to work on your beautiful vessel.“ (Danke, ein Vergnügen, auf Ihrem wunderschönen Schiff zu arbeiten). – „And?“ – „Of course also amusing and a kind of funny from time to time.“ (Natürlich auch erheiternd und manchmal eine Art seltsam.) Lachend kommt der Boss auf das Kopenhagener Intermezzo zurück: „Alles hat geklappt, dank Deiner Hilfe – sei froh, dass Du in Deiner Colleen eine echte Kameradin hast. Mrs. Reynolds hat andere Aspirationen. By the way, Colleen wird in 14 Tagen zu uns stoßen. Ihr Fahrschein, 1. Klasse Schlafwagen, ist vom dänischen Agenten bereits zugesandt. ‚Aries‘ liegt 3–4 Wochen auf der Lemwerder Werft. Dann fahren wir drei nach Paris. Dort wartet Wichtiges auf mich. Ihr beide aber genießt derweil Euer Leben ein bisschen. Vor der langen Trennung – Okay?“

Ein Dankeschön kann man nur herausstottern – völlig überrascht. Ausgerechnet am meilenlangen und menschenleeren Sandstrand San Angelos begegnet man einem derartig außergewöhnlichen Menschen. Nichts ahnend und leichten Sinnes…

Am Weserstrand bei Abeking & Rasmussen

Von Hein Mück bis ins Kleinste vorbereitet, übernimmt die weltberühmte Yachtwerft die Generalüberholung vor der Rückreise in die Vereinigten Staaten. Kaum nach Mitternacht vor dem hell erleuchteten Werft-Ponton im Weserstrom aufgetaucht, warten dort 5 Rigger. Fangen Wurfleinen, holen unsere Festmacher an Land. Nur eine Stunde später findet sich die Crew mit persönlichem Gepäck in Landquartieren beim Weser-Yacht-Club ein. Die britischen Kameraden staunen über fertige Namensschilder an den Zimmertüren – „German organisation“…

Vormittags schon liegt das gesamte Schiffsinventar wohlversorgt im sicheren Lagerraum, jedes Stück peinlich genau aufgelistet. Nachmittags pickt ein Kran der Vulkan-Werft über dem Strom den mächtigen Großmast aus dem Rumpf, nimmt den schweren Großbaum in eine Schute. Zuletzt schwebt der elektrische Schaltschrank durch das abmontierte Maschinenluk.

Captain Rosing mit Ehefrau mustern ab. Seine böse Hautkrankheit im Genick wird täglich schlimmer. Drüben, in der neuen US-Heimat, geht’s umgehend in die Klinik. „Good luck, Skipper!“ – ein fester Händedruck. Christian Nissen erklärt sich bereit, kommissarisch Kapitänspflichten zu übernehmen. Das Generalkonsulat zu Hamburg eröffnet eine neue Besatzungs-Musterrolle.

Diese Neuigkeit beunruhigt die englische Stammbesatzung: „First a bloody hard headed Russian is put in as our master! Now it’s a German one even! This is enough!“ (Zuerst wird uns ein brutaler Dickschädel von Russe vor die Nase gesetzt, jetzt ist es sogar ein Deutscher. Genug!).

Tags zuvor brüstet sich AB Stevenson beim Tee: „Stcllt Euch vor, meine Heuer bei Dick ist höher als die des Captains der ‚Queen Mary‘“. Eine alte Wahrheit der ersten Nachkriegsjahre. Und demütigende Erfahrung tapferer britischer Geleitzugfahrer vom grausamen Nord-Atlantik. Yankee-Blaujacken sind Herren aller Bars von Halifax bis Liverpool. Mit Packen von Dollars, Zigaretten gleich stangenweise, lang entbehrter Schokolade, Tee, Kaffee, Lebensmitteln, Nylonstrümpfen und Kleidern sind Amis das gleißende Licht, das die Motten der Damenwelt taumeln macht. In die Röhre peilen dabei britische Patrioten, bescheiden mit ihren paar lausigen Shilling und streng zugeteilten Rationen.

Bockbeinig wie sie ist, lässt sich die britische Besatzung nicht von ihrer Forderung abbringen: „If we do not get a british Skipper, we are going to pay off.“ (Wenn wir keinen britischen Skipper bekommen, heuern wir ab). Auch sachliche Einwände des deutschen Bootsmannes hinsichtlich der einmalig guten Heuer und Bedingungen bringt keinen ab. Tatsächlich, tagsdrauf verabschieden sich alle herzlich, trinken „a tot of rum“ (ein Gläschen Rum) auf das Wohl ihres „jolly good german fellow“ und reisen zurück nach merry old England.

„Aries“ liegt hoch und trocken auf der Werft. Aber alleine ist Bootsmann Klaus nicht lange. Hein Mück stellt eine neue Mannschaft zusammen. Gerd Koch, mittlerweile Diplom-Ingenieur des Maschinenbaus, heuert als Chief-Engineer. Zwei junge Segelmachergesellen aus Lübeck als Leichtmatrosen. Aus der Grönlandfischerei meldet sich ein neuer Bootsmann. Zwei Goldmedaillenträger der Hansestadt Hamburg, fertig ausgebildet im Atlantik-Hotel, mustern als Koch und Steward an. Letztlich wird der Bootsmann zum Chief Mate befördert. Mit saftiger Gehaltserhöhung nach verbindlichem US-Tarif. Beim Generalkonsulat werden Musterrolle und „Articles“ (Heuerverträge) unterzeichnet.

Vorbei die ruhige Kugel als Bootsmann und „sailing master“ (Decks-Offizier). Die neue Mannschaft, nur zum Teil der Bordsprache mächtig, muss von Grund auf eingewiesen werden. In die Bordroutine allgemein, in Sicherheitsdienst, Feuerlöschdrill, Boots- und Ankermanöver, Segelsetzen und -bergen.

Hein Mück kümmert sich in Hamburg um neue Ausrüstung und Proviant. Alle Schreibarbeiten für Personal, Verwaltung und Versicherungen obliegen dem Arbeitsesel von Chief Mate. Alte Tradition.

Auf der „Aries“, unter dem Stander des ehrwürdigen N.Y. Yacht Club sind jeden Tag frische Khaki-Uniformen Vorschrift, während Deckswachen sogar streng mit „regulation tie“ (schwarzer Binder). Jedem Mann wird eine Monatsration von 30 Khaki-Hemden und Hosen angepasst. Denn Frischwasser auf See wird eisern gespart. Nur gesammeltes Regenwasser gibt's für die Zeugwäsche. Vorbildlich ist der Zigarettenkönig: Zur Rasur benutzt er selbst Kondenswasser aus seinem kleinen Kühlschrank.

Kleiderspinde im Logis quellen über mit zusätzlich je einem blauen Pullover, erstklassigen „windbreakers" (Bordjacken), den zwei Paar Schuhen, Mützen und Unterzeug. Für Hamburgs Kellerkinder nach Feuerstürmen und Bombenruinen eine wahre Fata Morgana!

Indessen wickelt die Abeking & Rasmussen-Werft die große Überholung schnell und gewissenhaft ab. Vom Chef bis zum letzten Mitarbeiter sind alle voll dabei, handwerklich unübertroffen. Herbstliches Sauwetter mit Regenwinden – egal. Die Ablieferungsfrist wird eingehalten.

Planmäßig liefert der Londoner „Jaguar"-Vertreter die neue Limousine für RJR in Bremen ab. Zwei Tage drauf fährt er mit Klaus als Beifahrer und der angereisten Colleen im Fond gen Paris. Prächtig gelaunt, erzählt Dick aus seinem Leben, während er über die dicht befahrenen, regennassen Landstraßen brettert. Von seiner Jugendzeit in Winston-Salem, der Fliegerei und seinem „Buddy" damals in New York, Charles Lindbergh. Das Flugfeld der R.J. Reynolds Aviation Co. auf Long Island ist Treffpunkt begeisterter Flieger. Über seine Reisen nach Bremen als Tellerwäscher „Kid Carolina" in den frühen Zwanzigern. Erst 1929 kehrt Dick nach Winston-Salem zurück. Übernimmt die Reynolds Tobacco Company und gründet nebenher ein Möbelwerk. 1931 heiratet er Elizabeth McCaw Dillard, legt 4 Söhne auf Stapel. Als Navigationsoffizier auf einem Flugzeugträger der 7. US-Flotte im Pazifik erlebt er Kamikaze-Angriffe der Japaner, Feuersbrünste und schwere Verluste. Wird mit dem „Purple Heart" ausgezeichnet.

Unterwegs Halt an einem bescheidenen Gasthaus für Dicks Lieblingsgericht: Bratwurst und Kartoffelsalat. Der müde Oberkellner kassiert die Zeche. Als Letzter beim Rausgehen muss Klaus ihm einen 100,– DM-Schein zustecken, Dick ist zu schüchtern. Verblüfft stammelt der Beschenkte ein „Dankeschön, mein Herr", hält aber die Banknote prüfend gegen das Licht. Wer weiß, vielleicht nur eine Blüte?

In Köln übernachten wir in einem edlen Schuppen der ersten Kategorie. Eigentlich ist das „Excelsior" zu schade für nur ein paar Stunden Schlaf. Aber Colleen ist entzückt von den gelben Rosen auf dem Mitteltisch, von

Naschereien und verwöhnendem Luxus. Kaum hat sie die Siebensachen ausgepackt, klingelt das Telefon: „Colleen, ich habe eine bessere Suite oben. Macht es Euch Umstände, dafür in meine Räume zu ziehen? Das Zimmermädchen ist in 5 Minuten bei Euch, nimmt Euren Schlüssel und bringt Euch in mein Appartment. – Bis morgen, have a good night!"

Riesengroße Räume, Blumen überall, auch im Badezimmer. Sekt im Eiskübel, Konfekt. – Zuviel für ein bescheidenes junges Paar.

Morgens verlangt Klaus die Suite von Mister Reynolds: „Aber sie sprechen doch von seiner Suite, Sir". Beim Frühstück lacht Dick lausbübisch: „Did you enjoy the night?" (Hat Euch die Nacht Spaß gemacht?) Es eilt. Der Boss muss pünktlich am Flughafen Paris Le Bourget sein. Ausgerechnet dann, 20 Minuten jenseits der Grenze, ruft Colleen: „Ich habe meinen Reisepass im Zollhaus vergessen!"

Garnicht gentlemanlike platzt Klaus der Kragen. Dick hält am Chaussee-Streifen, tupft Colleens Tränen von den Wangen, wendet in aller Ruhe und fährt die ganze Strecke zurück zur Douane Française: „Peanuts, my dear, don't listen to him." (Kleine Fische, meine Liebe, hör' nicht auf ihn). Eine Lektion in Sachen Benehmen gegenüber Damen! Dabei grinst der Frechdachs im tiefen Hintersitz noch unverschämt…

Vor dem Flughafen steigt der Boss eiligst aus: „It's your turn now." (Jetzt bist Du dran). Freitag abends, im Stoßverkehr von Le Bourget bis ins Herz der Seine-Metropole, ein Alptraum. Im ungewohnten Luxus-Schlitten mit Rechtssteuerung, Knöpfe und Schalter überall. Huperei von allen Seiten, Gedränge, Trillerpfeifen fuchtelnder Flics. – Klaus mit seinem neuen Führerschein und kaum 20 Stunden Fahrpraxis im Volkswagen durch eine gemächliche Kleinstadt. Dank der englischen Nummern hagelt es Flüche von Taxifahrern wie „Sal anglais!" (Drecks-Engländer) oder „Vas temps, roastbeef!" (Hau ab, Roastbeef), mit entsprechenden Gesten.

Ein Wunder! Ohne Beule oder Schramme erreicht er das „Hotel George V". Die Höllenmaschine von Jaguar übernimmt einer der grünbefrackten Portiers. Lustig sein hoher Zylinderhut mit der blau-weiß-roten Kokarde. Der Empfangschef weiß schon Bescheid, erbittet meinen Pass, lässt sich den Erhalt eines versiegelten Umschlags quittieren. Beim gemütlichen Tee im Foyer darf Colleen den mysteriösen Umschlag öffnen, brennend vor Neugier: Wieder ein Packen „Greenbacks“ (Banknoten), Hunderter, gerne zwei Volkswagen vom Typ Export wert. Dazu die Schreibmaschinennotiz: „Macht Euch ein paar schöne Tage. Erwarte Klaus kommenden Sonntag abend zurück an Bord. Gruß RJR.“

Die Nacht hindurch bis zum Morgen tanzen und schlemmen zwei selige Menschenkinder. Trinken einen „Café au lait“ beim Gare de l’Est, bevor sie im Abteil erster Klasse im Express nach Friedrichshafen ihrer allerliebsten kleinen Nicola zu Hause entgegen träumen.

„Aries“ zurück im Element. Blauwasser-Leben.

„All people on board.“ – Massiver kalter Regen mit böigem Südwest. Zuerst kleine Probefahrt unter Maschine, weseraufwärts bis zum Bremer Innenhafen, hinter das Schulschiff „Deutschland“. Die junge Mannschaft im 24-Stunden-Turnus der kommenden Seewachen. Kurzurlaub an Land nur für Wachfreie. Letzte Kisten und Kartons mit Frischproviant und versiegeltem Zollgut sind im Schiff verstaut.

Zwei Tage später schwoit „Aries“ vor Anker auf der Reede von Bremerhaven. West-Süd-West 8–9, in Böen fegen dicke 10. Warten. Volle Seewachen im prasselnden horizontalen Regen. Ständiges Peilen der Leuchtfeuer und Tonnen, Loten. Maschine vorgewärmt und klar. Doch der Anker hält im Schlamm. Abends erst, bei steigendem Glas und West 6–7 geht’s wieder ankerauf. RJR kann erst in Gosport/Southampton für die lange Reise einsteigen, soll dort nicht auf sein Schiff warten.

Nur mit Maschine gegen die bullige Windsee anstampfend, läuft „Aries“ schlecht und recht ihre 6 Knoten. Die paar grünen Nasen halten eisern durch. Lassen sich nichts anmerken. Der Alte, Hein Mück, vertreibt seine Zeit im Salon mit Büchern bei klassischer Musik. Zweimal pro Tag vertieft er sich ins Logbuch, schaut in die Seekarte, schnuppert ins Wetter und verschwindet zufrieden. Frühmorgens beim obligaten Tee zur Zigarette, abends mit zwei soliden Martinis. Beim Ansteuern von Southampton und Einlaufen nach Gosport steht er seinen Mann. Stundenlang im triefenden Ölzeug.

Mit Dick Reynolds an Bord geht's wieder los. Novemberwetter an der englischen Riviera, mit endlosen Regenböen. Vor der Villa der Royal Yacht Squadron zu Cowes: Alle Flaggen dippen. Eine Gestalt im Südwester eilt zum Flaggenmast. Die „White Ensign" senkt sich für eine Minute von der Gaffel. Traditionen haben sie, die „limeys" (Engländer), das muss man ihnen lassen. Und Hein Mück gewinnt die Wette mit Dick, dass ein Ausguck der RYS wacht, bei Wind und Wetter. Beide sind ja Mitglieder des exclusiven RORC (Royal Ocean Racing Club), seit den Fastnet Races und Ozeanregatten vor dem Krieg.

Englischer Kanal, Biscaya bis zum internationalen Tanger. Teils unter Segeln, dann, bei leichten Winden, wieder mit Maschinenkraft. Leider. Die verflixte Sitzung in New York am 16. Dezember darf RJR auf keinen Fall versäumen.

In Tanger besorgt er sich einen Ledersack voller Theresientaler. Ein Araberjunge treibt den Lastesel mit dem Goldschatz zum Kai. Ganz einfach. Auf seinen Gängen begleitet ein geheimnisvoller Wüstensohn in weißem Burnus und seidenem Turban den großen typischen Amerikaner. Im Gedränge auf Straßen und Gassen treten Jung und Alt ehrfurchtsvoll zur Seite. Beugen ihre Häupter, wenn der ehrwürdige Scheich mit RJR durch die Kasbah schlendert.

Tanger – Puerto de la Luz, Gran Canaria. Leichte Brisenstriche nur und wieder mit der Hilfsmaschine. 40 Seemeilen pro Tag unter Segeln genügen nicht. Zum Verzweifeln. Zufrieden ist allein Gerd Koch, der „capo ingeniere". Obwohl ein ausgebuffter Seesegler, Flautenschieberei und Dümpeln im Schwell liegen unserem Chief nicht. Dafür läuft seine Maschine perfekt.

Im Fischerhafen von Puerto de la Luz, Stunden nur vor dem Auslaufen mit erstem Morgenlicht, meldet sich Deckswache Henry ziemlich aufgeregt: „Mister Mate, bitte kommen Sie an Deck – zwei splitternackte Damen sind an Bord gestiegen!" Hat der Kerl geträumt, oder heimlich gesoffen? Auch Chief Koch in unserer Achterkammer schlüpft in seine Khakis. Zwei lächelnde Evas im Adamskostüm, nass, mit triefenden blonden Haaren stehen vor uns. Einwandfrei Engländerinnen der gehobenen Kaste. Gerd und Klaus stellen sich vor, ein bisschen verdattert, aber keineswegs böse ob der Überraschung. „We are sailing on the british Ketch ‚Harbinger' over there on our way to Antigua. Could we please just have a glimpse over your beautiful ship?" (Wir segeln auf der britischen Ketch „Harbinger" da drüben, unterwegs nach Antigua. Könnten wir bitte nur einen Blick auf Ihr schönes Schiff werfen?) Wie edle Goldfischlein frisch aus dem Teich, unnahbar in ihrer Natürlichkeit. Inzwischen hat sie der errötende Steward in zwei weiße Badetücher gehüllt. Dick Reynolds, von der Unruhe an Deck aufgewacht, steht plötzlich an Deck, macht große Augen. Ganz Gentleman, zeigt er den beiden Nymphen das nächtliche Schiff. Im Salon gibt's Kaffee und Konfekt, Klaus muss dabei sein, als Tugendzeuge wahrscheinlich. Vor allen Mann an Deck gleiten die beiden attraktiven Schönheiten aus ihren Badetüchern, hechten elegant ins Hafenwasser und kraulen geschwind rüber zur „Harbinger"… Segelmacher Peter nachdenklich: „Jetzt kann ich träumen, jede Nacht."

Endlich singt der frische Nordost-Passat in den Wanten, bläst kräftig in die Breitfock und die beiden „Raffees" hoch drüber. Tages-Etmale von 235 Seemeilen sind Durchschnitt auf mitlaufendem Äquatorialstrom.

RJR steht oft viele Stunden an Deck in Sternennächten neben dem Rudergänger. Am Großbaumgalgen hält er sich fest auf seinem schlingernden Schiff. Schweigend beobachtet der Boss jede Einzelheit nächtlicher Segelmanöver, die seemännische Handhabung von Fallen, Schoten und Backstagen. Rauchen an Deck und während des Dienstes ist streng verpönt. Manch heimlicher Glimmstengel fliegt in hohem Bogen nach Lee über Bord, wenn seine Heiligkeit unerwartet auftaucht.

Dem Seesegler Reynolds liegt das skandinavische Wachsystem: Steuerbord- und Backbordwache wechseln alle 4 Stunden, jedoch täglich abends alle 2 Stunden, 1600–1800 und 1800–2000 Uhr. Die ungeliebte Hundewache nach Mitternacht verteilt sich jede Nacht redlich auf die andere Gruppe. Für den Allein-Nautiker sind astronomische Beobachtungen in der Abenddämmerung dadurch problemlos. Genau wie die Raubtierfütterung in zwei Schichten durch den Smutje. Bald kann der sonst erprobte Hein Mück lange nächtliche Stunden der Whiskey-Tränke nicht mehr durchhalten. Jetzt ist Chief Klaus jeden zweiten Tag dran. Eine Pulle „Schottischen“ pro Teilnehmer, pur natürlich, aus schweren Whiskey-Kristallgläsern. Wieder an Deck zur Nachtwache, werden vier Stunden Aufmerksamkeit zur Ewigkeit. Mit einem Becher voll Olivenöl im Verdauungstrakt und den Kräften der Jugend kann man noch einigermaßen längs Deck wandern. Beim Schlingern des Seglers vor dem Wind fällt der schwankende Gang des Steuermanns nicht besonders auf. Noch weitere 14 Tage mehr im selben Whiskey-Rhythmus, wäre der Arme vollreif für eine Entwöhnung.

Mittagsbeobachtungen sind nicht beeinflusst. Eigentlich genügen die Positionen vollauf. Astro-Fixe während der Abenddämmerung vor Dienstsuff gehen ebenso klar. Aber „Au-wei-oh-wei“ vor Sonnenaufgang! Die stille Venus tanzt dreifach im Okular, Sirius ist kaum einzufangen, der Mondoberrand will nicht unter die Kimm. Sinnlos einfach, das ganze tropische Himmelsgewölbe dreht sich in eleganten Kreisen.

Verkehrte Welt… Normalerweise versäuft der Seemann seine hart verdiente Heuer an Land. Auf „Aries“ wird mit hartem Suff an Bord dicke verdient. Auch mit der C6 H10 O5-Wirkung vertraute Mediziner würden beim Boss überhaupt kein geistiges Nachlassen erkennen, höchstens die typisch körperliche Schwerfälligkeit. Dick Reynolds ist immer der geborene, hochgebildete Unterhalter. Astreines Benehmen ist angesagt, Haltung, Aufmerksamkeit. Keine kumpelhafte Anbiederung.

Am 6. Dezember 1954, mittags, Position 21.4 Nord, 49.1 West: „Chief Mate, bitte in den Salon.“ Ungewöhnlich. Feierlich, Hein Mück im dunklen Jackett mit RORC-Krawatte, Dick Reynolds, sein Tropenjackett über weißem Hemd. Das „Chief Officer’s Logbook“ aufgeschlagen auf dem Tisch. Einer nach dem anderen gratuliert förmlich zum 30. Geburtstag. Henry, der Steward, gießt kalten Champagner in eisgekühlte Kelche.

Der Boss: „After your good services as Boatswain and Chief Mate, your splendid seamanship and navigation, my good ship ‚Aries‘ is entrusted to you as master from now on, Klaus.“ (Nach Deinen guten Diensten als Bootsmann und Steuermann, Deiner ausgezeichneten Seemannschaft und Navigation, ist mein gutes Schiff „Aries“ von jetzt ab Dir als Kapitän anvertraut). Hein Mück agiert von nun an als mein Supercargo, der Boots-

Alte Freunde: R. J. Reynolds mit „Hein Mück“.

mann verrichtet mittlerweile Steuermanns-Wachen. Feierlicher Eintrag ins Logbuch, Unterschriften und Schiffssiegel, Händeschütteln. Erst später der Gedanke, warum der neue Kapitän selbst vorher nicht gefragt wird. Sonnenklar. Wie könnte ein geistig intakter Seemann auch „Nein“ sagen.

Weiter geht der Dienst unter tropischer Sonne im frischen Nord-Ost-Passat, unverändert. Mit vollen Segeln durch die Sombrero-Passage, wie

Alte Kameraden: Gerhard Koch rechts und Klaus R.G. Goetsch.

tausende Windjammer, Karavellen, Kriegs- und Piratenschiffe fünf Jahrhunderte hindurch. Vom Atlantik in karibische Gewässer, durch die Virginischen Inseln, die Drake's Passage nach Charlotte Amalie unter dem Sternenbanner. Auf tausenden Atlantischen Meilen keine besonderen Ereignisse. Besser so.

R. J. Reynolds erreicht jedenfalls pünktlich die Jahres-Versammlung mit seinen Vorständen in New York und den Anwälten im heimatlichen Winston/Salem. Der frischgebackene Supercargo Christian Nissen lebt im „Virgin Israel Hotel", so der Volksmund der Calypso Welt, bis auf weiteres. Die wachfreien Jungs der Crew vergnügen sich in wahrgewordener Märchenwelt. Unter Palmen am weißen Sandstrand, mit neuen Freunden im „Higgin's Gate", der früheren dänischen Niederlassung. Oder im Tanzgewühl zur Steelband des heißen „Bambooshee"... Kellerkinder, Jahre zuvor dem Bombenhagel und Feuerorkanen brennender Hansestädte entkommen, möchten am liebsten im gelobten Land bleiben. Für immer...

Auf „Stinkpötten", zur Abwechslung

Im Jargon echter Ozeansegler und Salzbuckel sind es Motor-Yachten, hochpolierte Luxuseimer mit ihren „slipper crews" (Pantoffel-Besatzungen). Jahrelang festgesch... auf gekauften Liegeplätzen steriler Jet-Set-Marinas. Stimmt – Gott-sei-Dank aber nicht immer.

Playboy-Hafen St. Tropez, beinahe menschenleer in glühender Hochsommerhitze. Irgendwo im Schatten genießt jedermann seine Siesta. Auch die Tiere, Fische ausgenommen. Unter Sonnensegeln, eingepfercht zwischen der 12-Meter Internationalen „Wings" und einer amerikanischen Motoryacht, die weiße „Loraymo IV". Keine Wache auf dem Achterdeck, nur an der Gangway ein Schild „No Entry" (Kein Zutritt).

Gepäckabsetzen aufs Achterdeck unter den Booten, Straßenschuhe daneben, wie sich's gehört. Suchen... Vorn, unten im Logis endlich Schnarchgeräusche, dreistimmig... „Ahoi, Loraymo!"... keine Antwort.

Nochmal das Ganze. Schließlich klettert ein Mann hoch ins Luk, im Unterhemd, reibt verwundert die Augen. Der Bootsmann ist deutsch, Otto Graf, vom bekannten Verein der Eckernförder Bootsleute. Der Kapitänsablöser bezieht sein vorläufiges Quartier. Legt sich einstweilen aufs Ohr. Die Reise war anstrengend genug.

Abends im Salon Vorstellung beim Eigner: Raymond Loewy aus New York, mit seiner bildschönen Gattin Viola. Kleines Geplauder in Englisch, beim leichten Apéritif später auf französisch: „Soyez bien venu chez nous." (Willkommen bei uns). Darauf: „Könnten wir morgen auslaufen? Unser Reisegepäck wird später von der Villa gebracht." Knapp und freundlich. „Of course, Sir." (Natürlich, mein Herr). „By the way, wir könnten Cannes für ein, zwei Tage anlaufen und wenn nötig, Proviant und Brennstoff übernehmen. Monsieur Baud, mein Verwalter, kann Ihnen dort Bordkleidung besorgen. Auch den weißen leichten Gesellschaftsanzug für alle Fälle. Sie können sich in der Steuerbordkabine achtern bequem machen. Ihre eher kleine Kapitänskammer lassen Sie bitte unbelegt. Sie stören uns achtern nicht. Im Gegenteil: Wir fühlen uns sicherer."

Außerordentlich geschmackvoll sind Innenräume unter Deck. In lichthell aufeinander abgestimmten Farben, aetherisch anmutend, vermitteln Kabinen, Privaträume, die Salons, Gänge und Treppen wohlige Leichtigkeit. Keine Spur von Protzerei und überfrachtetem Nippes anderer Yachten. Hier und da ein Aquarell von Joan Miró, Raoul Dufy oder alter venezianischen Schule. Alle in weißen Rahmen mit einer Spur von Gold. Weiche Teppiche, perlmutterweiß oder nur leicht getönt. Nichts kann bei Seegang durch die Gegend fliegen. Türen, Schubladen, Stehlampen und Möbel sind gesichert. Offensichtlich hat jemand viel Lehrgeld hingeblättert, nach bösen Erfahrungen auf Yachten früherer Jahre.

Ein paar Stunden Prüfung aller Anlagen, nautischer Ausrüstung, Lichter, Signaleinrichtungen, Feuerlösch- und Rettungsgeräte.

Alles ist sorgsam gewartet und einsatzbereit. Wohl in englischer Einfachheit, dafür grundsolide. Noch ein kühles Bier mit der Mannschaft drüben im Café du Port, sich kennenlernen und beschnüffeln. Klar zum Auslaufen, morgen 1030 Uhr.

König der Formgestalter: Raymond Loewy

1919 betritt ein junger Franzose in Hauptmannsuniform den Boden der USA auf der Überseepier am Hudson-River. Ganze 40 Dollar in der Tasche, das Nötigste im eleganten Lederkoffer. Auf der „France" längsseits spricht man noch französisch. Kein Wörtchen Englisch versteht der hochdekorierte Frontoffizier vergangener Materialschlachten um Verdun und Arras. Wie seine beiden Brüder trägt Raymond die Purpur-Rosette der Ehrenlegion für Tapferkeit. Nach dem Tod seiner Eltern völlig verarmt, schenkt ihm Frankreich die Überreise von Le Havre nach New York auf der „France". Als letzten Dank des Vaterlandes.

Sein älterer Bruder Georges, Stipendiat und Chirurg der Rockefeller-Stiftung für Kriegsverletzte, hilft Greenhorn Raymond brüderlich bei den ersten Gehversuchen im fremden Großstadtgewühl. Verhilft zu einer primitiven Bleibe, zu ersten Freundschaften mit New Yorkern. Der hochbegabte Raymond kann und will eisern arbeiten, Tag und Nacht. Schon zur Bubenzeit erstaunt der geniale Bastler mit praktischen Erfindungen. Er weiß, dass man seinen Lebensunterhalt nur mit harter Arbeit verdienen kann.

Amerika nach dem Ersten Weltkrieg: Im Kaufrausch der Massen für erschwingliche Dinge zum modernen Lebensstandard produzieren neu erstandene Industrien rund um die Uhr. Schlote rauchen, Kassen klingeln. Der kleine Mann schuftet und verdient. Kauft sich Toaster, Haartrockner, Staubsauger, Radio, Waschmaschine und Kühlschrank. Später noch einen kleinen Ford T, bequem auf Raten. Riesige Kaufhäuser magnetisieren kauflustige Passanten.

Raymond Loewy aus dem „rückständigen" Europa ist überwältigt von hemmungsloser Dynamik im Land der unbegrenzten Möglichkeiten. Staunt über allgegenwärtige Mechanisierung, geradezu verzaubert von gewaltigen Eisenbahnzügen, schweren Luxuskarossen unter himmelhohen Wolkenkratzern. Mitgerissen vom „American dream" im hoffnungsvollen Herzen aller ist der Einwanderer. Von Geschmack und bescheidener Zweckmäßigkeit haben die großen Kinder der neuen Welt allerdings keine

Ahnung. Bildung ist nicht käuflich, nur die Ware zählt. Wohin der aufmerksame Raymond Loewy auch blickt, alles funktioniert. Doch ausgesprochen plumpe, überschwere Hässlichkeit fortschrittlicher Massenerzeugnisse stört seinen sensiblen Geist. So sehr, dass er hunderte von Stunden über seinem Zeichenbrett brütet, entwirft und verwirft. Nachsinnt über Formen und technische Vereinfachungen, ohne jeden Auftrag, meist hungrig. Aber versessen ist der junge Franzose, fleißig und begnadet.

Schon im ersten Jahr, nach Abfuhren durch schnippische Vorzimmerdrachen und servile Sesselkleber, der erste Wurf! Ein Warenhausboss verdoppelt seine Einnahmen, nachdem der dem radebrechenden Franzosen gutmütig die Chance zur Bewährung verschafft.

Nach seinen ureigenen Ideen darf RL zwei Schaufenster zur 5th Avenue umgestalten. Ursprünglich gleichen die völlig überladenen Auslagen eher einer Armee-Kleiderkammer. Über Nacht freigeräumt bis auf wenige Gewänder und Accessoires, dezent beleuchtet im vornehm drapierten Raum, sammeln sich Kauflustige vor den Fenstern. Entzückt vom ungewohnten Flair. Ausverkauft das ganze Sortiment – noch vor Geschäftsschluss. RL gewinnt seine Wette, dazu die Erfolgsgage von 1000 Dollar.

Seine Überzeugungskraft und Hartnäckigkeit zahlen sich aus. Im zweiten Jahr beschäftigt RL schon zwei Angestellte, begeistert sie für seine Ideen und eine überzeugte Zusammenarbeit. In zentraler Lage in NY-City entsteht ein bescheidenes Atelier. Man spricht von Raymond Loewy und seinen erfolgreichen Entwürfen. Auch vom Verkaufsrenner, der neugestalteten verbesserten Handkopiermaschine. Mit seiner verwirklichten Intuition wird die schlafende Konkurrenz vom Markt weggefegt. Die Herstellungskosten können sogar um 18% gesenkt werden.

Der Präsident der Pennsylvania-Eisenbahngesellschaft und führende Lokomotivbauer, unnahbar erscheinender Halbgott der Branche, Mister Clement, hört vom Ankömmling aus Frankreich. Gewährt ihm zehn Minuten Gehör, zum Kennenlernen. Hat er doch die übelriechenden Monster von Abfallsammlern der New Yorker Pennsylvania-Station von Grund auf umgestaltet und technisch verbessert und dabei ganz nebenher die steinzeitliche Abfallentsorgung systematisiert und Kosten auf 40% gesenkt. Der „Kleinauftrag“ seines Station-Managers wird ein Publikumserfolg.

Formgestalter Raymond Loewy.

„Schauen Sie sich meine neuen Lokomotiven näher an, Mister Loewy. Könnten Sie die kräftigen Kolosse äußerlich umformen?“ Der fällt fast vom Stuhl. Schaut sich die Werksaufnahmen näher an. – „Yes, Sir, darf ich die Bilder mitnehmen? In drei Tagen erlaube ich mir, mit ersten Entwürfen vorzusprechen.“

Bald brausen E-Loks der Avantgarde und windschnittige Dampfriesen vor neugestalteten Waggonreihen durch die Weiten der Vereinigten Staaten. Raymond Loewy schafft die Symbiose von ausgereifter Technik, gefälligem Aussehen und vielen praktischen Einzelheiten. Von der Zigarettenschachtel „Lucky Strike“ – ein ungeahnter Verkaufserfolg – bis zum riesigen Warenhaus, zu Passagierschiffen, Mode-Entwürfen und ansprechenden Autos, erleichtert vom protzig polierten, nutzlosen Chrom. RL macht seine Mitarbeiter der ersten Stunde zu Teilhabern. Mit weit über hundert Beschäftigten sind „Raymond Loewy Associates“ nicht mehr wegzudenken von Formgestaltung und Design. Weltweit.

Ein großer, breitschultriger Mann, von sportlich durchtrainierter Eleganz. Sein forschender Blick aus hellen Augen wirkt freundlich, fast fragend abwartend. Dabei untermalen gelegentlich belustigte Blitzer aus seinen Augenwinkeln den ersten persönlichen Eindruck. Kaum zu glauben die Berichte der Mannschaft, der Boss sei ein „Kapitänsfresser“. Der Neue schon Nummer drei der vergangenen fünf Monate.

„Könnten wir morgen schon bei Sonnenaufgang nach Portofino auslaufen, Captain? Hier in Cannes haben wir alles erledigt.“ – „Very well, Sir, kein Problem. – Wenn wir aber heute abend, sagen wir, nach Ihrem Dinner, ablegen, sind wir morgen beim ersten Sonnenlicht im zauberhaft kleinen Hafen.“

„Really? Fahren Sie auch nachts? Könnte man vorher stoppen? Ich schwimme so gerne frühmorgens, draußen im sauberen Meer …“ Auch Mrs. Viola Loewy ist angetan vom Vorschlag. Beim Abendessen die vorbeigleitende Riviera-Küste mit unzähligen Lichtern schauen, morgens mitten in der farbigen Kulisse Portofinos aufwachen, Kaffee trinken auf der Piazza … „Please, let’s do it.“ (Bitte, machen wir’s).

Abends erscheinen zwei illustre Gäste, ganz zwanglos. Entledigen sich ihrer Sandalen auf dem Achterdeck. Ihre königlichen Hoheiten, der Herzog mit der Herzogin von Windsor, zum Apéritif und Plaudern im Decksalon. Der aus Liebe zur geschiedenen Amerikanerin Mrs. Simpson abgedankte König Edward VIII. unterhält charmant die kleine Runde. Spät erst gehen alle von Bord. Zum „cenare“ (Abendessen) im weichen Lampionschein des Ristorante über der Yacht. „Ich danke Ihnen, Herr Kapitän, viel Glück.“ – Seine königliche Hoheit überrascht mit wohlklingendem Deutsch. Überbleibsel vom Haus Sachsen-Coburg-Gotha? – Oder ein deutsches Kindermädchen? – Lächeln, Aug’ in Aug’, leichter Händedruck: „Goodbye, your Royal Highness.“

Jeder Reisetag mit dem sympathischen Paar wird schöner. Von einer lieblichen Bucht zur nächsten kutschieren und in romantische Häfen der

M.Y. Loraymo – R.M.Y. King Abdul Aziz – M.Y. Donapila.
Unter drei Flaggen.

italienischen Westküste einlaufen. Auf vorgelagerten Inseln, Elba, Giannutri, Ponza, Ischia und Capri anlegen, bummelnd Land und Leute kennenlernen. Zwanglos durch holprige Gässlein, im geschäftigen Alltag malerischer Städtchen am Meer.

Vor Sonnenaufgang hechtet Mr. Loewy vom Fallreep, krault eine Stunde lang, stets in Sichtweite. Aufmerksam liest er später beim Tee die Morgenmeldung des Skippers, bespricht mit ihm am Kartentisch Einzelheiten für den Tag.

Reisen mit dem angeblichen Kapitänsfresser macht richtig Spaß. Alle Mann fühlen sich wohl. Ohne einen freien Tag arbeiten sie vergnügt, Hand in Hand. Oft mehr als 100 Wochenstunden. Jeder kann sich dann und wann beim kurzen Landgang als freier Tourist fühlen. Mit klingender Heuer und fettem Bonus in der Tasche.

Nach vier Wochen und 23 Ankerplätzen in Buchten und Häfen liegt „Loraymo IV“ im winzigen Hafen von Santa Lucia unter mächtigen Mauern und Neapels ehrwürdigen Pallazzi. Der Yachtagent liefert den Packen wartender Schiffspost. Für die meisten hochwillkommen, doch RL muss schnellstens zurück nach New York. Die restliche Sommerreise auf eigenen Planken ist dahin. Besonders bedrückt scheint Mrs. Viola. Besuche hellenischer Tempel in Sizilien und fröhliche Tage in der Lagunenstadt Venedig bleiben unerfüllte Wünsche. Allein muss „Loraymo IV" zurück nach Cannes und dort neue Order abwarten.

Zum Abschiedsmahl mittags sitzen Viola, Raymond und ihr Skipper an der Tafel im eleganten Hotel „Vesuvio". Blicken hinab auf ihr Schiff im Porto Santa Lucia. Jeder hängt seinen Gedanken nach. Möchte das Ende der Kreuzfahrt nicht wahr haben.

Sorpresa Napolitana

Nach zwei „aperitivo" steigt unsere Stimmung. Vom volkstümlichen Ristorante unten am Hafen klingen Napoli-Weisen aus den Kehlen der Straßenmusikanten mit ihren Mandolinen, Geigen und Gitarren. Der weißbefrackte Ober serviert Platten mit „Antipasti", ein Vorgericht aus halbierten grünen Oliven, etwas Tunfisch und ein paar Scheiben Salami, ringsum mit Kräutern garniert. Ein anderer Kellner füllt gekonnt die Gläser mit weißem „Epomeo" aus silbernem Eiskübel.

An den Nebentischen schmausen Gästegruppen, unterhalten sich in allen Sprachen. Peinlich – ausgerechnet für den Skipper. Irgendwas klemmt zwischen den Eckzähnen. Lässt sich nicht diskret hinter dem Mundtuch entfernen. Auch nicht mit einem „stuzzicadenti" (Zahnstocher). Endlich, blitzschnell mit Daumen und Zeigefinger, gelingt das Manöver.

Eine zierliche Mäusekralle! – Auch das noch! – Schon hat Mrs. Loewy gegenüber das Mäusehändchen erspäht. Wird blass um die Nase, schiebt den Teller weit von sich – verschwindet in Richtung Waschraum, ihre Serviette vor den Mund gepresst.

Raymond Loewy, bleich und gefasst, winkt den Ober zu sich. Der schaut sich die Reste des in der Wurstmaschine verblichenen Eindringlings an. Setzt noch die gelbe Hornbrille auf die Nase, hält den Fund gegen das

Licht. Mit gebührender Haltung entschuldigt sich der Pechvogel, während Gäste an Nebentischen innehalten und Damen eiligst verschwinden.

Diensteifrig schneidet ein Hilfskellner neue Scheiben von der Salamiwurst auf dem Servierwagen. – Zur Entschädigung. – Zu viel! Wir müssen raus an die frische Luft. Mr. Loewy, anständig wie immer, bezahlt schnell Getränke und Gedeck, steckt dem verdatterten Ober noch ein Trinkgeld in die Jackentasche.

Unser Abschiedsessen wird an Bord vertagt. Herrlich einfach: Pasta al sugo mit Salat. Dazu eine Karaffe Bordeaux 1949. Das seltsame Erlebnis im Luxushotel beschwingt die Plaudereien der letzten Stunden. Freunde für immer haben sich gefunden.

Stunden später läuft „Loraymo IV“ aus dem Golf von Neapel. Unter blinkenden Sternen seewärts im Süden. An Backbord der Vesuv-Vulkankegel unter rötlicher Mondsichel. Steuerbord voraus zarte Inselkonturen.

Erste Charter, Schwarzer Peter

Kaum festgemacht im Hafen von Cannes, meldet sich der Yachtagent, Monsieur Glemot, an Bord. Sein Begleiter sucht eine erstklassige Motoryacht zu chartern. „Loraymo IV“ und Besatzung scheinen ihm ideal für eine Reise durch's westliche Mittelmeer. Zurück im Büro von A. Glemot & Cie, 18, Quai St. Pierre, unterzeichnet Mr. „Unbekannt“ sogleich den formellen Chartervertrag. Regelt anfallende Kosten.

„Loraymo IV“ hat die Charterpartie binnen 48 Stunden im Port de la Darse zu Villefranche s/M einzuschiffen, 6 Personen insgesamt. Keine Schwierigkeit. Bis auf Treibstoff, Trinkwasser und Proviant ist Yacht mit Besatzung seeklar. Stunden nur drauf ist alles an Bord, die Schiffskasse neu angefüllt. Mit dem „Blauen Peter“ (Flagge „P“ = Schiff läuft aus) im Want werden an Land letzte Formalitäten mit Behörden und Zoll erledigt.

Von den Gepflogenheiten des Yacht-Chartergeschäfts hat der Skipper allerdings keine blasse Ahnung. Für das naive Greenhorn und gutgläubigen Novizen der Yachtwelt längs der Goldküste beginnen harte Lehrjahre. Die Côte d'Azur ist nicht nur himmelblau und voller Engel …

Nicht nur ist der „Eindringling“ der erste deutsche Kapitän weit und breit nach den Kriegswirren. Und er ausgerechnet führt die auffallend attraktive Motoryacht „Loraymo IV“, eine vielbeachtete Neuheit der Yachtflotte. Solide amerikanische Heuern sind den weniger begünstigten Europäern bekannt. Der Neider im Milieu gibt's wahrlich genug: „Incroyable, juste un Allemand qui gagne des salaires fabuleux“ (Unglaublich, ausgerechnet ein Deutscher, der fabelhafte Heuer verdient).

Eines Nachts sind achtere Festmachertrossen gekappt. Englische Seeleute der benachbarten MY „Shemara“ (Sir Docker, British Small Arms Ltd) und italienische Matrosen der MY „Sarina“ (Mr. Adda, Baumwollmagnat) packen vereint zu, unsere Yacht wieder festzumachen. Echte Kameraden sind sie, die früheren Seesoldaten ihrer Nationen im verflossenen Schlamassel.

Erste Lektion: Zuhauf gibt es hinterhältige Neider und Hasser im internationalen Yachtgewerbe. Erstaunlich jedoch die Kameradschaft zwischen Seeleuten einstiger Gegner. – Also Augen aufhalten, ohne Vorurteile.

Café au lait in der Morgensonne beim „Voile aux Vents“. Nur Stunden vor der Ausreise. Eine prickelnd hübsche Französin der Agentur nebenan gesellt sich an den Tisch. Unverblümt fragt sie: „C'est vous, le capitaine allemand du ‚Loraymo?‘“ (Sind Sie der deutsche Kapitän der „Loraymo“?) – „C'est ça, ma belle. Mais pourquoi?“ (So ist's, meine Schöne. Aber warum?) – „In der Agentur fragen wir uns, wie es Ihnen auf der Charterreise wohl ergehen wird. Monsieur Feldman est très méchant, personne veut naviguer avec celui-ci.“ (Herr Feldman ist sehr böse, keiner möchte mit dem fahren). – „Bonne route, grand-même!“ (Trotzdem gute Reise). Seltsam, der Fingerzeig aus heiterem Himmel. Mal sehen, was anliegt. Kein Rauch ohne Feuer …

Von der Außenmole in Villefranche steigen abends die Herrschaften an Bord. Diener und Dienstmädchen schleppen Gepäck aus chromschweren Nobelkarossen. Auf dem Seitendeck stehend stellt sich der Skipper vor, um darauf die Mannschaft bekannt zu machen. Mr. „Unbekannt“ winkt nur ab, trabt mit den Seinen, geleitet vom amerikanischen Steward, ins Innere.

Einer seiner Begleiter betritt schließlich das Ruderhaus: „Captain, Mister Feldman asks, why the engines have not been started yet, and why the yacht has not left port.“ (Mr. Feldman fragt, warum die Maschinen noch nicht laufen und die Yacht nicht ausgelaufen ist). Eine Nuance zu laut und großmäulig im Rausschmeißer-Jargon Harlemer Kaschemmen. – Um so höflicher, gerade deswegen: „Mit wem habe ich die Ehre zu sprechen? Und wer von Ihnen ist Mr. Feldman? Die Yacht läuft sofort aus, wenn Ihre Personalpapiere zur Abfertigung bei den Hafenbehörden vorliegen.“

„Fucking French!“ – fluchend verschwindet der Gernegroß, bringt tatsächlich sofort alle Reisepässe. „Now get going, we have no time to lose!“ (Jetzt bewegen Sie sich, wir haben keine Zeit zu verlieren). – „And you, Mister: You'd better behave from now on!“ (Und Sie, Mister: Sie benehmen sich gefälligst von jetzt ab).

Später auf See kommt derselbe Knecht wieder angetanzt: „Der Boss will sofort wissen, wo wir sind und wohin wir fahren.“

„Zur ersten Frage: Letzte Position 2030 Cap Ferrat rechtweisend 10 Grad, Distanz 21 Seemeilen. Können Sie das auch behalten? Zu Frage zwei: Einstweilen auf Kurs Nordafrika. Wir sind befehlsgemäß schnellstens ausgelaufen. Ich erwarte Order für den gewünschten Zielhafen.“

„Damned, ich hatte vergessen. Mr. Feldman möchte nach St. Tropez.“
„Very well, Mister, ich ändere den Kurs in den Golf von St. Tropez. Um 2340 fällt der Anker auf Reede.“

Die gute Meldung über's Brückentelefon kommt vom Steward: „Sämtliche Platten sind leergeputzt, mit 4 Flaschen Burgunder weggespült. Gäste scheinen hochzufrieden, mehr oder weniger angesäuselt.“ – „Gut gemacht, Mike. Schenk dem Koch auch einen ein.“

Unser Knecht lernt langsam Manieren. Klopft an die Tür, fragt laut: „Permission bridge?“, grüßt dann artig: „Good morning, Sir.“ Später stellt er sich förmlich vor – man staune. Mr. Bloom fragt nach einer Seekarte. Sein großer Boss möchte weiter planen. – „Wie wird das Wetter die nächsten Tage? – Ist der Löwengolf schlimm?“ – „Flach wie ein Ententeich, Mr. Bloom.“

Anweisungen vom Gebieter kommen sogar handschriftlich: „Please head for Cadaques (Bitte steuern Sie Cadaques an). Wir wollen dort Salvador Dalí besuchen. Später denken wir an Menorca und Mallorca. Erbitte Distanzen in Fahrtstunden. DF."

Vierzehn Tage lang schippert „Loraymo IV" mit den Texanern aus Dallas. Bis Tanger und zurück nach Mallorca, friedlich und reibungslos. Man hält weise Distanz zu den Gästen, erfüllt gewissenhaft Sonderwünsche, verarztet einen verstauchten Knöchel – und hält die Schar bei Laune.

Schooner „Zaca" – Errol Flynn

Im Hafenbecken vom Club Nautico Real, Palma de Mallorca, liegt „Loraymo IV" zwischen MY „Starlena" und dem schwarzen Schooner „Zaca" des leicht welkenden Filmstars Errol Flynn.

Mister Feldman erscheint ungehalten, mehr als normal, weil Joan Miro, Künstler der Moderne, ihn „leider" nicht empfangen kann. Nach dem Debakel in Cadaques mit Salvador Dalí etwas blamabel vor seinen erwartungsvollen Gästen vom US-Eldorado.

Dafür gesellt sich Errol Flynn von nebenan zum Lunch und hochprozentigen kühlen Drinks. Der nicht mehr so knusprige Leinwandheld muss ab und zu mal pausieren. Nacht für Nacht ein hoffnungsvolles Starlet im Privatissimo seiner „Zaca" zu vernaschen, wird langsam stressig. Vor allem, so sagen die Spanier im Club, hält sich der große Mime nicht so genau an die gesetzliche Datumsgrenze.

Die exotischen Jamaikaner seiner 7-köpfigen Decksmannschaft auf dem schwarzen Schooner halten ein mit pinseln. Verschwinden einer nach dem anderen durch's Vorluk zum Lunch unten im Logis. Allein gelassen im Schatten der Sonnensegel langweilt sich der Schiffsaffe „Bamboo". Klettert dann und wann am Großwant nach oben, saust von einer Fall zur nächsten, hinab aufs Deck. Den Kopf zur Seite gelegt, beäugt „Bamboo" zusehends mehr den offenen Farbpott mit Black Varnish. Schiebt das Ding zuerst spielerisch zur Seite. Dann erwischt er den großen Pinsel in der Wasserpütz (Eimer) daneben.

Seelenruhig taucht der Meister primitiver Kunst sein Werkzeug in die schwarze Brühe, malt Flecken und Striche auf das weiß-gescheuerte Teakdeck. Ganz versunken in seine schöpferische Tätigkeit. Zuletzt kippt der Farbtopf um, der restliche Inhalt fließt unter einen Deckstuhl.

Auf der Pier jubeln begeisterte Schulkinder, schreien vor Vergnügen. Auf Nachbarschiffen sammeln sich lachende Matrosen, rufen „Zaca – Zaca!“ Noch mampfend am letzten Bissen zeigt sich „Zacas“ Bootsmann im Vorluk. Weiß vor Schreck das Antlitz des einst edelschwarzen bulligen Jamaikaners, seine Augäpfel groß wie Hühnereier. Fassungslos japst der arme Kerl, sekundenlang. Steht dann, höllisch fluchend, mit einem Satz auf dem Vordeck. Los geht die Affenjagd mit der hochgescheuchten Decksgang. „Bamboo“ – rein vorsichtshalber, entert schleunigst am Schoonermast hoch. Kann den Tumult an Deck gar nicht begreifen, ist stolz auf sein Werk.

Aber sicher ist sicher. Außer Reichweite kauert der gewandte Turner auf dem gezurrten Toppsegel oben im Mast. Besser abwarten…

Superstar Errol Flynn schaut sich vom Sonnendeck der „Loraymo IV“ die Darbietung an. – „Boss, please fetch your gun! Shoot down the bastard!“ (Chef, bitte holen Sie Ihr Gewehr! Schießen Sie den Bastard runter!“) – Die ölig schwarze Sauerei auf weißgescheuerten Teakplanken würde jeden anderen Bootsmann genau so auf die Palme jagen.

Vergeblich versucht Mr. Flynn, den Rasenden zu beruhigen. Löst endlich die Spannung mit der Zauberformel: „Sunday overtime pay for all hands!“ (Für alle Mann Sonntag-Überstunden). Wie umgedreht singen und schwatzen jetzt die Inselkinder, schrubben schwitzend auf den Knien jeden Quadratzoll des Vorzeigedecks. Abends geht’s dafür an Land, mit vollen Taschen! – Bis der Rummel vorbei ist, macht board-monkey „Bamboo“ lieber sein Mittagsschläfchen oben in luftiger Sicherheit. Dann und wann peilt der Missverstandene runter auf seine Sklaven…

Doch Mr. Feldman wird zunehmend saurer. Blitzsauber und fein gebügelt sind wohl 9 Säcke voller Schmutzwäsche innerhalb 36 Stunden wieder an Bord geliefert. Doch lässt er die braven Leutchen mit ihren Handkarren auf der Pier warten. Weigert sich, solche spanischen „Halsabschneider“-Preise zu zahlen. Umgerechnet von Peseten in Dollar sind es 4,5 Cent pro

Hemd, 6 Cent pro Leintuch. – Der Steward soll auf die Hälfte runterhandeln. Ohne Zweifel, Jung und Alt der Mallorquiner Großfamilie haben mit bloßen Händen geschuftet, rund um die Uhr über's Wochen- ende, ohne Waschmaschine! Jetzt soll den Leutchen der ausgemachte Stücklohn halbiert werden. – Beschämend!

Aus der Schiffskasse entnimmt der Skipper den vollen Betrag, bezahlt die bescheidene Rechnung. Bedankt sich bei jedem. Bringt den Leutchen zwei Großpackungen „OMO"-Waschpulver, im armen boykottierten Spanien seinerzeit hochbegehrt. Schiffsehre geht vor.

Von seinem Deckstuhl aus verfolgt Mr. Feldman die Vorgänge auf der Pier. Mit Sonnenhut und dicker Crème auf Nase und Augenlidern gleicht der Diktator einem bitterbösen Uhu. Er brüllt wie am Spieß: „Steward, I want to see the Captain at once!" (Steward, ich will sofort den Kapitän sehen).

„Sie haben meine Instruktionen ignoriert, Vertragsbruch!" – „Sir, no comment, do as you please." – (Kein Kommentar, tun Sie, was Sie wollen). „Wir sind klar zur Weiterreise, haben Sie weitere Order, Sir?" – „Sofort Spanien verlassen! Nach Sardinien!" – „Very well, Sir."

Fürwahr ein unangenehmer Zeitgenosse. Schon damals, im Hafen von Pollensa, stänkerte er herum. Der völlig durchnässte Telegrammbote wird von der Mannschaft ins Logis eingeladen und bewirtet. Auf dem Fahrrad war er mit dem Telegramm für Mr. Feldman von La Puebla nach Pollensa gestrampelt, weil ein Unwetter alle Verbindungen nach Pollensa lahmlegte. Kein Wort des Dankes für den pflichtbewussten Beamten kommt dem Neu-Texaner über die Lippen. Aber der Bootsmann kümmert sich um den Menschen. Zu viel für den aufgeblasenen Herrscher: „Captain, ohne meine Zustimmung kommt keine fremde Person über die Gangway, ist das klar?" – „No Sir, you are completely wrong." (Nein Sir, Sie irren sich völlig.)

Noch 12 Tage mehr mit dem Quälgeist auf den Planken müssen durchgehalten werden. Zähne zusammenbeißen, alle Mann! Die restliche Gruppe hingegen ist liebenswürdig, fast freundschaftlich mit jedem Mitarbeiter. Die Ehefrau entschuldigt sich sogar: „My husband is terribly overworked." – (Mein Gemahl ist furchtbar überarbeitet).

Steward Mike meldet sich eines Abends, erbittet sofortige Entbindung von allen Pflichten. Fischsuppe trieft von seinen Hosen. Der Bösewicht hat die Suppenterrine kurzerhand vom Serviertisch gestoßen. Grund: Service-Verspätung von genau 4 Minuten!

„Mike, okay, aber holen sie Ihre Kamera mit Blitzlicht. Kommen Sie mit, und knipsen aus dem Hintergrund Tafel und Gesellschaft, den versauten Teppich, besonders genau Mister Feldman. – Bitte in aller Ruhe!"

„Sir, von jetzt ab können Sie und Ihre werte Gesellschaft nicht mehr bedient werden, weder zu Tisch, noch in Ihren Quartieren. Steward Mike hat mit sofortiger Wirkung gekündigt. Aufgrund Ihres tätlichen Angriffs. Seine Verbrühungen werden bordseitig versorgt. Ihre Kost bitte ich selbst bei der Kombüse zu holen. Fotografiert wird auf meinen ausdrücklichen Befehl. Für die Presse und Beweise später."

„You bloody German skunk! I will shoot you!" (Du verfluchtes deutsches Stinktier! Ich werde Dich umlegen) – „Bitte, tun Sie Ihren Gefühlen keinen Zwang an, Mr. Feldhase… bis auf weiteres verbleiben alle in den Quartieren und Passagierräumen. Zum Luftschnappen wird Ihnen das Achterdeck nicht verwehrt. Im übrigen nehme ich Ihre Drohung unter Zeugen ernst. That's all, ladies and gentlemen, good night." (Das genügt, meine Damen und Herren, gute Nacht.)

Neuen Kurs absetzen, mit 340° am Steuerkompass die Bucht von Villefranche ansteuern. Frühmorgens um 0320 Uhr liegt die Yacht längsseits. „Ladies and gentlemen, in einer halben Stunde genau haben Sie mit allem Gepäck meine ‚Loraymo IV' verlassen, verstanden!?" Murrend, aber ohne Widerrede stehen die ex-Gäste auf der nächtlichen Pier, daneben Koffer, Säcke und Taschen. „Loraymo IV" legt ab. Kurs Heimathafen Cannes.

Für den Hafenmeister dort, Capitaine Yven, ist der Loraymo-Skipper noch ein unbeschriebenes Blatt. Verwundert studiert er die vorgelegte Verklarung, fein säuberlich in Französisch verfasst. Jeder Mann hat unterschrieben. Kopfschüttelnd anfangs möchte er wissen, was er mit der Geschichte zu tun habe. „Bitte zur gefälligen Kenntnis nehmen und in mein vorgelegtes Logbuch bestätigen. Mes remerçiments, mon capitaine." (Meinen Dank, Herr Kapitän.)

Bald darauf schwirren Gerüchte über den deutschen Kapitän, der es wagt, Chartergäste an Land zu setzen und dem Agenten Verluste einzufahren… ein einmaliger faux-pas! Erste Freunde raten dem Skipper, gleich seinen Seesack zu packen. Die Crew aber ist Mittelpunkt in den Hafenbars. Geradebrecht in Französisch fesseln tolle Geschichten benebelte Gäste wie leichtsinniges Geflügel. Als erster bekommt der Skipper Hausverbot beim Agenten, 18 Quai St. Pièrre, aufgebrummt. Charmante Sekretärinnen bringen jetzt Schiffspost raus auf die Straße. Köstlich amüsiert, denn dem berüchtigten Monsieur Feldman hat noch keiner so die Stirn gezeigt. Fürs kleine Volk war alles ein Stich ins Wespennest der Unberührbaren. Verwundert studieren die Agenten das New Yorker Telegramm:

„Fully endorse my captains action on behalf of ship and crew stop writing rloewy" (Vollständige Unterstützung meines Kapitäns zum Besten für Schiff und Besatzung stop geschrieben Rloewy.)

Nicht genug damit: Bossvertreter Monsieur Baud lässt sich den Erhalt eines Schecks über 1000,– US-Dollar quittieren. Überreicht dazu eine Botschaft in der bekannt eleganten Handschrift: „Our last cruise was the best one ever. Much luck, R & V Loewy." (Unsere letzte Kreuzfahrt war die allerbeste. Viel Glück, R &V Loewy.) – Klaus im Glück. Statt Rauswurf ein Geschenk im Wert eines Volkswagen „Export".

Sogar die Chefs der allmächtigen britischen Yachtagentur „C&N", der stocksteife Major Burton mit französischem Partner, Monsieur Dru, erscheinen an der Gangway. Völlig unbritisch ergreift der Major des überraschten Skippers Hand. Gratuliert zum Exempel mit dem allbekannten Texas-Ekel. Monsieur Dru stellt sich vor und lädt den Sünder aus Deutschland zum abendlichen Drink in der Blue-Bar an der Croisette ein. Fürwahr, Ärger und Risiko lohnen sich! Und nicht abreißen will die Glückssträhne…

Mitten hinein in die Vorbereitungen für die Herbstreise zur Karibischen See, via Gibraltar, Teneriffa, Kapverden, Barbados, platzt die Nachricht: „‚Loraymo IV' wird verkauft, Besichtigung in zwei Tagen."

HRH Prince Talal Ibn Abdul Aziz al Saud

Leibwachen sind 1955 nicht nötig im Yachthafen von Cannes. Frei und ungezwungen flaniert jedermann auf dem Jetée Albert Edouard, bestaunt Yachten aller Nationen und dazugehörende Nobelkarossen auf der Pier. Ein friedliches Miteinander. Nur an den Gangways hört der Spaß auf: „No Entry" (kein Zutritt). Bordwachleute passen auf. Natürlich drücken Besatzungen ein Auge zu, wenn eine Oma mit ihren Enkeln auf einem Achterdeck fotografiert werden möchte. Oder, wenn's der Boss nicht sieht, dürfen nette Passantinnen ein Souvenier knipsen. Ohnehin dreht sich ein guter Skipper diskret ab.

Aus schweren Lincoln-Limousinen mit „CD" (Corps diplomatique)-Kennzeichen entsteigen vier exotische Herren in Maßanzügen der „Savile Row"-Klasse und betrachten „Loraymo IV" von achtern. Überschreiten die Gangway und stellen sich dem Skipper nacheinander vor: „Talal – Ghassan – Choukry – Farid." – Auffallend der männliche Händedruck, das Verweilen Aug' in Aug'. Eingehend sehen sie sich Kabinen, Bäder, Salons und Küche an. Schnuppern genüsslich die Fragrance „Prairy Nr. 5" in den Privatissimos. Von Viola Loewy vergessen. Rein taktisch vom Skipper instinktweckend versprüht.

Zuletzt sitzt der Skipper alleine Prince Talal gegenüber im achteren Salon. Seine Begleiter unterhalten sich draußen auf der Pier mit den britischen Yachtagenten. Seine Hoheit ist ein paar Jahre jünger als sein Gegenüber. Meditiert und schweigt. Endlich: „Ich kaufe heute Ihr Schiff, wenn Sie einen Jahresvorververtrag unterzeichnen. Unter meiner Flagge vom Königreich Saudi-Arabien soll Ihre Yacht den Namen tragen: ‚RMY King Abdul Aziz'. Bitte kündigen Sie Ihrem Koch und ersetzen Sie ihn im kommenden Frühjahr. Alles andere regeln meine Vertreter Ahmed Coukry und Ghassan al Rachache. Goodbye, and good luck!"

Kurz vor Mitternacht wird der Skipper zum besten Fischrestaurant am Platze abgeholt. Nach dem Schmaus vergähnt er weitere vier Stunden zwischen Roulette-Tischen im Casino. Die tausend Francs Spielgeld verbleiben unangetastet im dunklen Jackett. Aus 40 Francs eigenem Vorrat werden doch noch 310. Mit glücklichen Mindesteinsätzen bei großer Geduld zusammengebracht. Am Privattisch drüben wechseln Hoheit und Gefolge Dollarnoten gleich bündelweise in Jetons der schweren Kaliber. Keiner der Herren gibt auf. Jetzt flattern Schecks auf die Arab National Bank zum Tischdirektor. Mehr Jetons gibt's anstandlos. Genauso problemlos, wie der Skipper ohne Personalpapiere die Spielhölle betreten durfte.

Auffallend zurückhaltend aber ist der Syrer Ghassan al Rachache. Die anderen wühlen weiter. Besonders Ahmed Choukry ist dem Spielteufel verfallen. Beim eisgekühlten Orangensaft an der Bar erzählt Ghassan von seiner Arbeit als erster Sekretär der Saudi-Botschaft in Paris. Ahmed Choukry, Freund des Emir Talal, sei der Gründer der PLO. – Blamage, noch nie davon gehört…

Frühmorgens vor dem Spielcasino verabschiedet sich die orientalische Karawane zur Fleischbeschau im Nachtclub hinter der Kirche „Notre Dame". – „We see each other in Paris." (Wir sehen uns in Paris). Zum Umfallen müde schafft der Skipper die hundert Meter bis zur „Loraymo", pardon, zur „King Abdul Aziz". Legt sich in den Korb, während anständige Menschen zur Arbeit wandern.

Business as usual. Ein Kurier bringt die Saudi-Nationalflagge, grün mit weißer Inschrift in arabischen Zeichen: „Allah ist groß und Mohammed ist sein Prophet". Darunter das lange Krummschwert, die Spitze nach links, auch in Weiß. Die Hausflagge ist weiß, mit denselben Insignien in Grün. Am Schornstein prangt auf weißem Grund die Ölpalme über gekreuzten Schwertern. Erstaufführung im Hafen von Cannes! Unglaublich, Algerier und Marokkaner entledigen sich ihrer Latschen, schleichen auf die Gangway, küssen verneigt den Flaggensaum.

Die eindrucksvolle Sitte, streng unter Gläubigen, hat Folgen. Zuerst küsst die eigene Crew beim Anbordgehen kniend die Flagge, hingebungsvoll, barfuß. Zum Gaudium der Passanten. Später Matrosen der Nachbarschiffe, applaudiert von ringsum. Der Blödsinn muss aufhören! Sofort. Eine Sperre kommt vor die Gangway.

Seltsame Seefahrt. Die Saudi-Yacht monatelang im Vieux Port zur Pier verankert, setzt zwischen Muschelkrusten am Schiffsboden graugrüne

Prince Talal Ibn Abdul Aziz al Saud.

Algenbärte an. Über Wasser wird sie sorgfältig gemalt und lackiert. Fenster und Messingbeschläge blitzen in der Sonne.

Einmal im Monat, über's Wochenende, rattert der Skipper zur Seine-Metropole. Im „Train Bleu", natürlich Schlafwagen erster Klasse. Meldet sich bei Ghassan al Rachache in der Saudi-Botschaft, Rue André Pascal, 16° Arrondissement. Beim ersten Besuch noch im Hotel „Claridge" an den Champs Elysée untergebracht, bekommt er später sein eigenes gemütliches Zimmer im Botschaftsgebäude eingerichtet. Saïd, der Küchenchef für Sekretäre, Kuriere und Fahrer, kocht meisterhaft orientalische Schlemmereien. Sein einmaliges Frühstück mit frischen Feigen, Bananenscheiben geröstet mit Mandeln und frischen Honigbrötchen genießen zur „nachtschlafenden Zeit“ um halb neun morgens nur der fleißige Ghassan. Mit dem Skipper gegenüber in der Hocke. Das Gros röchelt noch. – Kein Wunder. Ist doch Pariser Nachtleben für Beduinensöhne eine wahre Oase auf dem steinigen Weg zum endgültigen Paradies.

Altgedientes Personal allerdings ist nicht mehr so glücklich, seitdem der unbestechliche Syrer Ghassan al Rachache mit der Luderwirtschaft aufräumt. Auf Befehl S.M. König Feisal, daheim in Rijadh. Gemeckert wird nur hinter vorgehaltener Hand, denn ohne Kopf kann niemand protestieren. Pikant bei den Vorgängen erscheint das Phänomen, dass offiziell keiner der Belegschaft etwas bemerkt haben will: Jahrelang werden Auslagen und Rechnungen in französischen Francs zum Kurs 1:1 in Dollar ausbezahlt! Beim damaligen Wechselkurs von 1:135 ein goldenes Brünnlein. Kein Wunder, Klein und Groß schwimmt im Geld, verprasst fürstlich. Ein Fahrer leistet sich einen Harem mit 5 frischen Vögelchen, gleich bei der „Madeleine“. Ein anderer Angestellter bezahlt 3 Luxuswagen bar aus der Tasche.

Nach zwei Tagen Pariser Luft geht’s wieder zum Gare de l’Est. Am Morgen drauf durchatmen im sonnigen Cannes. Routinearbeit, Beschäftigungs-Therapie… ein Teil der Besatzung auf Jahresurlaub. Dafür darf Colleen mit Kleinkind Nicola die kommenden Winterwochen in Cannes auf der Yacht verbringen. Mit einer puppigen Wohnung im Erdgeschoss einer Villa oben in Le Cannet, auf ebener Erde mit verwildertem subtropischen Garten. Liebenswürdig der Besitzer, ein pensionierter Oberst der französischen Indochina-Armee. Seinem ehemaligen Kameraden von St. Cyr, jetzt General de Gaulle, ist er alles andere als grün. Wie viele Offiziere, Unteroffiziere und Mannschaften der Truppen in Fernost und im nahen Osten. Bei Gesprächen am Kamin schüttet der weißhaarige Gentleman der alten Schule sein Herz aus. Oft hinein bis in die Geisterstunde. Frei und offen mit seinem jungen deutschen Gegenüber.

Der hochverdiente Soldat zeigt verblichene Bilder im Schützengraben der Vogesenfront 1917, dann Aufnahmen von seiner Zeit in Indochina als

König aller Playboys: Porfirio Rubirosa, endgültig gebändigt von Schauspielerin Odile Rodin.

Regimentskommandeur von 1938–1944. Nach der Kapitulation Frankreichs 1940 hält sich seine Truppe jahrelang einsatzfähig im Kolonialreich am Mekong. Ohne jegliche Hilfe vom fernen Mutterland. Erträgt die japanische Unterjochung bis zu deren Rückzug 1945, hocherhobenen Hauptes. Begeistert erwartete frische Truppen vom befreiten Frankreich aber zeigen die kalte Schulter. Beschimpfen die Getreuen als „Vichy-Verräter“ – Letzte Bemerkung meines Gastgebers: „Salle politique“ (Dreckspolitik).

Zwei Wochen lang, im Februar 1956, brechen Palmenzweige an der Boulevard de la Croisette unter Scheelasten. Jeden Morgen schippen Besatzungen dicken Schnee von Decks und Aufbauten.

Auserkoren für diskrete Society-Chartern, darf MY „King Abdul Aziz“ von nun ab Geld einfahren. Junge saudische Hoheiten wachen lieber am nächtlichen Spieltisch, gebannt von der surrenden Kugel. In harter Arbeit verbraten sie fette Apanagen. Letztendlich ist festes Land den Beduinen-Söhnen angenehmer als ein schwankender Untersatz. Zusatzeinkünfte aber sind willkommen.

Erster Gast ist Griechenlands Botschafter in den USA. Zusammen mit seinem Reedervater besitzt er drei vollbemannte Yachten in griechischen Gewässern. Für seine Eskapade mit einer quirligen Schönheit vom Hochadel ist aber dicke Vernebelung angesagt. Der Agent allein weiß und schweigt. Ohne Diskretion keine Geschäfte.

In der Bucht von Villefranche bringt ein Fischerboot den Botschafter mit Gepäck an Bord. Lachend stellt er sich vor: „Ich habe von Ihnen gehört, wir werden eine nette Reise zusammen haben.“ Dann Einzelheiten: „Ich hole meine Freundin selbst im Boot von Land, am Steg der Villa ... am Cap Martin. Bitte keine Fotografien, keine echten Passagierlisten, keine Häfen. Nur Tagesreisen, nicht über 8 Stunden, in einsame sichere Buchten. Zusätzliche Frischverpflegung lassen Sie bitte mit dem Boot von Land holen. Jeden Morgen 0930 Uhr besprechen wir weiteres im Ruderhaus. Ganz wichtig: Absolute Funkstille! Nur einseitigen Funkverkehr von Genua Radio abhören und Verkehr für uns mitschreiben. Die nächsten 10 Tage bitte keinen Landgang für die Besatzung. Als Entschädigung kriegt jeder 100 Dollar Sonderzulage.“ Klar, der Yachtmann kennt die Matrosen-Mentalität.

Schön und vergnügt wird die kleine Lustreise. Smutje Antonio fischt vom Dingi aus nach Sonnenuntergang. Manchmal taucht er frei, nur mit Brille und Nasenklemme, nach Barschen und Tintenfischen unter Felsenufern. Seine einfachen dalmatinischen Gerichte begeistern. Leider besiegelt eine verschlüsselte Telegrammdurchsage das Ende der Frühsommer-Kreuzfahrt. Herzlicher Abschied an der ligurischen Küste. Jenseits am Steg wartet ein unauffälliger Wagen auf die kleine Bordbarkasse mit dem verliebten Paar.

Knapp drei Tage später läuft „King Abdul Aziz“ zu einer Reise aus. Voll ausgerüstet nach den Wünschen der neuen Charterer. Das dicke Lob von oben macht den Charteragenten den Reinfall mit dem wohlbekannten Bösewicht aus Dallas vergessen. Hausverbot für den Skipper ist aufgehoben.

Mit Theresa von Thyssen-Bornemisza, geborene zur Lippe, ihrem Bruder und nächster Familie, hat die Yacht wieder das große Los gezogen. Ein paar hundert Meilen um Korsika und Elba, dann steigt im Hafen von St. Tropez die große Gesellschaft. Die junge sportliche Prinzessin feiert am 22. Juli ihren Geburtstag. Mit Musik, Tanz an Deck unter Lampions, und all den leiblichen Genüssen aus Küche und Keller. Michele Morgan, Jean Gabin, Gerard Philippe, die Liechtensteiner, Graf Bernadotte, Künstler und Schauspielerinnen feiern durch bis in den neuen Tag. Ein unbekümmertes fröhliches Völkchen! Tagelang aber plagen den Skipper weichgetanzte Knie.

Die nächste Partie: Madame und Monsieur Jutheau mit ihrer 7-jährigen Range Silvie. Er, die graue Eminenz französischer Rückversicherer, liebt Tagesfahrten bei glatter See. Seine Ruhe nach Monaten der Hetze in der Metropole. So gondeln wir wieder mal gemächlich südwärts bis Capri, von Insel zu Insel. Viele Stunden sitzt Monsieur in Badehose auf dem Sonnendeck.Vom Decksstuhl aus fliegt sein Seidendrachen achteraus hoch in den Lüften. Wenn er eine neue Havanna kunstvoll köpft und in Brand setzt, übernimmt Franjo Kosulic Leine und Haspel. Eine sonnige Idylle. Einziges Navigationsproblem: Immer mit halber Fahrt in den scheinbaren Wind steuern.

Zurück in Südfrankreich verlängert M. Jutheau die Charter um vier Wochen. Schläft aber in seiner Villa am Cap d'Antibes. Punkt 10 Uhr marschiert die kleine Familie im Gänsemarsch über die Gangway. Auslaufen für ein paar Stunden, nur bei schönem Wetter, zum Drachenschlepp. Mama mit dem süßen Töchterlein badet vor dem Lunch vom Motorbeiboot aus.

Colleen, Stewardess während ihres Urlaubs, hat ihren Laden nach 1–2 Stunden jedesmal erledigt. Bringt nebenbei der blitzgescheiten Silvie beim Spielen und Schwimmen Englisch bei. So gut, daß Papa Jutheau ihr beim Abschied einen knisternden Extra-Umschlag zusteckt. Für die kommende Saison bucht er „King Abdul Aziz“ mit Besatzung gleich im voraus. Unser Agent reibt sich die Hände. Mit so einer begehrten Yacht an der Angel.

Der Sommereinsatz lohnt sich, für Prinz Talal, den Agenten und die Besatzung. Zusätzlich zum Bonus wird Koch Babajko mit einer extra Monatsheuer belohnt. Jeder Dollar, jeder Franc ist bitter nötig für seine verarmte Familie auf dem Eiland Ist bei Zadar.

Auszufallen hat allerdings die vorgesehene Winterreise ins Rote Meer nach Djeddah. Im Oktober 1956 bombardieren Briten und Franzosen Städte und Baulichkeiten am Suez-Kanal. Besonders blutige Verluste erleiden die Bewohner von Ismailia beim überraschenden Überfall. Bei dieser passenden Gelegenheit veranstalten die Israelis ihren ersten Sinai-Feldzug. Grund: Der ägyptische Präsident, Oberst Abdel Gamal Nasser verstaatlicht den Suezkanal. Für Jahre danach bleibt der Kanal blockiert, unpassierbar.

Während saudische Staatsangehörige und Diplomaten Frankreich zu verlassen haben, liegt die kgl. Yacht noch in Cannes. Beim Befehlsempfang in der Pariser Botschaft, mitten im allgemeinen Aufbruch, erhält der Skipper endgültige Weisungen: „King Abdul Aziz“ heimlich versenken, Saudi-Flaggen retten, dann zum Botschaftspersonal in Genf stoßen … Befehl ist Befehl!

Zurück in Cannes ist keine „King Abdul Aziz“ zu sehen, weit und breit. Agent A. Glemot, kurz entschlossen, schickt die Yacht beim drohenden Zugriff französischer Behörden über die Grenze ins rettende Italien. Ziemlich legal, ohne Aufsehen, zu nachtschlafender Zeit. Unter Führung des holländischen Kapitäns Fred Bassermann. Wäre doch zu schade ums schöne Schifflein…

Friedlich liegt das Streitobjekt hinter der hohen Hafenmauer von San Remo, harrt der Dinge, die da kommen. Nichts ist unmöglich im Schatten von Machtpolitik und blutigem Ränkespiel internationaler Gier um Erdölgewinne.

Nur einmal beehren die Prinzen Talal und Nawaf ihre Yacht mit einem Besuch. Gleich mit dem gesamten lebenden Inventar eines lockeren Wiener Nacht-Etablissements, 12 „Schönheits“-Tänzerinnen, landen sie mit ihrer ausgeleierten DC3 in Genua. Leider essen die Damen Geschlucktes rückwärts. Reihern hingebungsvoll über Teppiche und Betten, im ruhigen Hafen… Rosige Pläne fallen ins Wasser. Nach kaum einer Stunde fahren Eigner und Gespielinnen zum besten Hotel Genuas. Der übliche Tross mit dem ägyptischen Piloten hinterher.

Hochoffiziell, auf diplomatischen Wegen, wird die Saudi-Yacht „King Abdul Aziz“ gebeten, wieder vom Hafen von Cannes aus zu operieren. Auf Druck der USA mit der allmächtigen „Aramco“ Ölgesellschaft scheinen

Spannungen nach dem Suez-„Abenteuer“ der alten „Entente cordiale“ mit Teilhaber Israel beigelegt. Jedenfalls fürs Erste.

Vor der Ausreise aus Italien spricht der Skipper vorsichtshalber mit der Handelskammer des Departements Alpes-Maritimes zu Nizza. Zuckersüß der Chef aller Häfen: „Natürlich habe ich Ihrer Yacht den alten Platz im Canner Hafen bereitstellen lassen“. Gezielt naiv tritt der Skipper ins Fettnäpfchen: „Apart des fraies officielles pour le stationnement, combien nous devons cette fois le capitaine du Port. Ses fameux œuvres du port, donc il refuse de donner un reçu?“ – (Abgesehen von den offiziellen Hafengebühren, wieviel schulden wir diesmal dem Hafenkapitän seiner allbekannten „Hafenstiftung“, für die er eine Quittung verweigert?) – Schweigen im Walde, dezentes Räuspern: „Lehnen Sie bitte jede Zahlung ohne Quittung strikt ab. Ich werde mich um Unregelmäßigkeiten kümmern. Bitte wenden Sie sich direkt an mich.“ Ein korrekter Beamter … Selten.

„King Abdul Aziz“ bekommt die erste Unternehmung der nächsten Mittelmeer-Saison anvertraut. In entsprechenden Kreisen flüstert man von der Yacht, spezialisiert für absolut diskrete Eskapaden, abgeschottet von Sensationslust und Öffentlichkeit. Verliebte Flüchtlinge sind pflegeleichte Passagiere, genau wie Alkoholiker.

Allein, ohne Gepäck, steigt Monsieur Rothschild in Villefranche an Bord. Lacht amüsiert bei der Meldung, daß außer Skipper und Koch die gesamte Gang mit einer Virusgrippe flachliegt. „Könnten wir trotzdem auslaufen? Ich helfe gerne mit.“ Bitteschön. Der Bankier zwängt sich in einen Overall, legt unten in der Vorpiek die einkommende nassdreckige Ankerkette in den Kettenkasten. Während Antonio Achterleinen fiert und der Skipper das Ankerspill bedient. Maschine und Generatoren laufen. Wie am Schnürchen klappt das gewagte Manöver. Auch Milliardäre und Lebemänner können, wenn sie nur wollen.

Unter den Felsenschatten der Bucht von St. Jean-Cap Ferrat wartet ein Fischerboot, beladen mit Gepäck. Eine Dame vorn heftig winkend. Kaum seine wertvolle Ladung abgeliefert und fürstlich belohnt, tuckert der grauhaarige Fischer wieder heimwärts. „KAA“ setzt sich schnell und unauffällig wieder ab. Kurs Cap Corse.

Wahrscheinlich besucht Pamela Churchill zuvor den alten britischen Kriegspremier in seiner Sommervilla auf Cap Ferrat. Jetzt mit Strohhut und qualmender Zigarre hinter der Staffelei, im idyllischen Garten. Friedlicher als der seinerzeit oberste Kriegsherr und Stratege des Wohnblock-Knackens und Phosphor-Regnens auf offene Großstädte. Mit seinem dienstbeflissenem Bomber-Marschall Harris und zigtausenden viermotorigen Bombern. Bei der „Neu-Ordnung Europas" in Yalta gefügiger Handlanger des blutbeschmierten roten Zaren Josef Stalin.

Monsieur Rothschild übernimmt dann und wann das Ruder. Erzählt von seiner Zeit als kriegsgefangener französischer Offizier in der sächsischen Burg Colditz. Von der Schulzeit und vom Segeln während der Ferien in Deauville. Pamela Churchill liebt ihr Sonnendeck, frei und ungestört. Schmökert Françoise Sagans melancholischen Sommerroman. Wie ein Fisch krault sie ums Schiff, schneller als ihr sportgestählter Freund. Der aber hilft liebend gerne Antonio beim Fischfang fürs Abendessen. Eines Abends ruft Radio Grasse dringend: „King Abdul Aziz" Rufzeichen Hotel-Zulu. Eine Pariser Nummer möchte unverzüglich angerufen werden. M. Rothschild erblasst beim Gespräch, muss mit dem Boot sofort zum nächsten Ufer. Sein Onkel ist verstorben. Gelaufen ist die erste Charterreise 1957. Kaum fest im Hafen beim allgemeinen Großreinschiff, taucht der Agent an der Gangway auf, verteilt Umschläge an jeden Mann mit Gratifikationen. Dem Skipper hält er freudestrahlend einen neuerlichen Vertrag unter die Nase. Eine Charter. In 36 Stunden soll's losgehen.

Society-Pudelschwemme in St. Tropez

Jeden Vormittag mit Gästen von St. Tropez auslaufen, zur „Tahiti Beach" gleich um die Ecke, ankern, essen, baden … vier geschlagene Wochen lang. Nachmittags geht's wieder zurück zum Jet-Set-Hafen. Gäste und Freunde wohnen in ihren Villen an Land. Ruhe im Schiff jede Nacht. Ein Busfahrer-Dasein.

Madame Cartier zusammen mit Porfirio Rubirosa und dessen Frau, Odile Rodin, gehören zum Stammkader. Täglich begleitet vom Regisseur Roger Vadim, Annette Stroyberg und namenlosem Gefolge. Ein paar Mal zeigen sich Coco Chanel, Brigitte Bardot, Madame Reault, Madame und Monsieur Paul Derval vom Pariser Moulin Rouge und Diplomat François Poncet. Ein illustrer Haufen.

Die praktische Pariser Modezarin Coco Chanel greift einmal zu Nadel und Faden aus ihrer Handtasche, flickt des Skippers aufgerissenen Hosensaum … in situ. Und das, noch bevor Ehefrau Colleen mit Nähzeug in Aktion treten kann. Porfirio Rubirosa, der muskulöse Polospieler und endlich gebändigte Playboy, sorgt für allgemeine Aufruhr: Einmal wirft er kurzerhand Sonnencremes, Badetücher, zwei Kameras, eine Armbanduhr und Bücher über Bord. In hohem Bogen. Nur weil ihm der Skipper seinen Ärger anvertraut hat, dass ausgerechnet im Ruderhaus, auf die ausgebreitete Seekarte, seine Freunde jedesmal ihren Krimskram ablegen. Und sie ignorieren die höflichen Wünsche ihres Schiffsführers. „You have to be tough with our spoiled crowd, Captain“ (Sie müssen knallhart sein mit unserem verwöhnten Haufen) bemerkt Porfirio eiskalt und lacht nur über seine empörte Gesellschaft.

Ein andermal vergessen die Privatlieferanten von Madame Cartier die bestellte Kiste „Vin rosé“ edelster Sorte. Beim Lunch auf dem Achterdeck ist die Arme untröstlich erregt bei Antonios Meldung: „Madame, Rosé n'est pas livré!“ (Gnä' Frau, Rosé nicht geliefert) – „Haben Sie selbst denn keinen Rosé in Ihren Beständen?“ – „Madame, ich glaube, der Capitano hat einen exzellenten Tropfen für sich und seine Frau. Fraglich aber, ob er was hergibt.“ – „Lieber Antonio, bitte versuchen Sie Ihr Bestes“ – drückt ihm eine Banknote in die Hand.

Ahnungslos der Skipper während seiner Siesta. Antonio holt ihn in die Kombüse, erklärt die Lage in amüsantem Italienisch. Kunstvoll vermengt er eine halbe Flasche Weißwein der Crew mit ebensoviel „Rouge de table, ordinaire“ in eine alte Roséflasche: „Adesso, Capitano, vedemo…“ (Jetzt werden wir sehen, Kapitän).

Mit welchen Bücklingen und Lobpreisungen der raffinierte Gauner den Eigenbau der entzückten Juwelierin andreht, ihr kunstvoll ein Probeschlückchen im gekühlten Kristallglas kredenzt… Ein weiser Kapitän bleibt lieber außer Reichweite.

„Mais Antonio, c'est vraiement plus que délicieux. Incroyable!" (Aber Antonio, das ist wirklich mehr als köstlich, unglaublich.) – „Versuchen Sie, dem Kapitän ein paar Flaschen mehr abzuluchsen", ergänzt sie und drückt dem falschen Fuffziger und Glücksbringer noch eine Note in die Pfote. Das Geschäft läuft zur Zufriedenheit aller. Antonio versucht vergebens, seinen Capitano und Mitwisser am Gewinn zu beteiligen.

Die Angelegenheit wäre gelaufen, hätte nicht der spätere Außenminister Frankreichs um die Adresse des Weingutes gebeten. Er möchte Madame Cartier zwei Kisten vom speziellen Rosé verehren. In aktzentfreiem Deutsch spricht der Diplomat. Jetzt aber, unter vier Augen, muss die Wahrheit raus, über Antonios Notlösung für die Zwangslage der Juwelierin, dem erfolgreichen Schmierentheater. Jean-François Poncet hält sich den Minibauch vor Lachen, jetzt als geheimer Mitwisser. Dem Beichtgeheimnis verpflichtet.

Zwei Edelpudel im Gespann sind das Mindeste, andere Gäste wetteifern mit drei bis vier ihrer Lieblinge à la mode. Jeden Morgen tobt die Meute über die Gangway. Ein Horror für den ausgemachten Tierfreund von Skipper. An allen Ecken und Enden ein versickerndes Bächlein in edlen Teppichen, oft noch „Gelege" der eingesperrten Kreaturen. Zwei Matrosen mit Heißwasser, Schmierseife und Bürsten schleichen geduldig über Deck und durch Gemächer, auf Spurensuche. Bald kennen sie alle Knotenpunkte hundespezifischer Spritzmarkierung. Matrose Franjo Kosulic meldet bis zu 39 Reinigungseinsätze pro Tagestour. Dem sonst unterbeschäftigten Skipper aber platzt jedesmal der Kragen. Telefonisch bittet der Canner Agent eindringlich, diesmal geduldig zu sein und die Supercharter nicht hochgehen zu lassen. „Nur wegen so ein paar lieben Hundchen…"

Mal Antonio Babaiko fragen, das smarte Kind des Volkes. Er konnte kaum zur Schule gehen, um Lesen und Schreiben zu lernen. Armut. Aber er könnte helfen, mein freundlich fleißiger Smutje.

„Antonio, wenn Du es schaffst, die Pudelplage vom Schiff zu bringen, ein für allemal – eine halbe Monatsheuer und 14 Tage Sonderurlaub nach der Saison sind Dir sicher." – „Si, si, Capitano, mille grazie."

Morgens drängen wieder 24 Pudel in Gespannen über die Gangway. Frisch gepflegt, onduliert von Pariser Hunde-Figaros, waschechten Künstlern mit schwarzem Samtbarett und femininem Gehabe. Eingeflogen sind sie von der Metropole zum Feriendienst in St. Tropez. Gedankenverloren Antonio auf dem Achterdeck. Grüßt die Gäste beflissen. „Bon jour, Madame“ – „Bon jour, Maître ...“ Herrlich anzusehen!

Zum Lunch lagern die Damen und Herren achtern, auf Kissen oder Badetüchern im Schatten der Sonnensegel. Zwei „Riva“-Motorboote dümpeln achteraus, zugestiegene Freunde des Jet-Sets. Man plaudert und lacht, trinkt und leert die Platten.

Antonio erscheint im Niedergang zur Brücke: „Venite, capitano!“ Freudig schwanzwedelnd hüpfende Pudel drängen sich in der engen Kombüse. Liebevoll verteilt Antonio Fleischhäppchen. Versucht das Getümmel abzuzählen. Vergebens. Geheimnisvoll berührt der Dalmatiner-Koch das Bügeleisen mit feuchtem Zeigefinger ... es zischt.

Geschickt greift er einen Pudel nach dem anderen, versengt ihm mit dem heißen Eisen das Fell, bis alle gestempelt sich eng an eng um die Kombüsentür drücken.

Dann raus in die Freiheit durch die Tür! Die Meute jagt davon, in den Quergang, mit gewaltigen Sätzen durch den Salon – aufs Achterdeck, hinweg über erschreckte Sonnenanbeter – alle hechten durch die Achterreling hinein in die kühle Brühe. Kopf an Kopf paddeln sie zufrieden achteraus, hören verzweifelte Schreie ihrer Gönnerinnen: „Mais mes cheries, qu'est-ce-que se passe!“ (Aber meine Lieblinge, was ist denn los). Kühn springen Adonis-Beach-Boys der Gruppe über Bord zu ihren Motorbooten, sammeln die nassen Flüchtlinge ein, einen nach dem anderen. Unmöglich aber, die strampelnden Kerlchen über's Fallreep zurück an Deck zu schubsen.

Antonio und der Skipper sind zur Siesta verschwunden, unbemerkt. Der Wachmaschinist und Franjo, hochgescheucht vom allgemeinen Lärm, versuchen, die Hundlein am Fallreep in Empfang zu nehmen, vergeblich. Zum Dank werden sie noch gebissen und gekratzt. Ahnungslos ob Antonios Warmbehandlung wundern sich beide über die seltsam wild gewordenen Gesellen. Franjo „weckt“ sogar den Skipper zur Wundbehandlung. Drei Motorboote schippern schließlich „alle Mann“ zum Hafen, aufs feste

Land, keiner fehlt. Damen und Herren fahren gleich mit. Wahrscheinlich zum sündteuren Society-Veterinär. Allein Señor Rubirosa mit seiner blonden Odile begleiten die Yacht bis nach St. Tropez. Beide, Augenzeugen des verwunderlichen Vorfalls auf dem Achterdeck, erklären dem Skipper den ganzen Spektakel. Keiner kann die Massenflucht über Bord fassen. Ist doch ihr eigner frecher Kläffer, ein possierliches Minihundlein mit rotem Seidenschleifchen im Genick, ungerührt in seinem Körbchen verblieben. Auch ihr Zuhörer wundert sich mit todernster Miene.

Beim kühlen Bier abends vorm Café du Port, erinnert Antonio an die versprochene Monatsheuer. Nicht, dass der sparsame Mann etwa klamm wäre. Aber sicher ist sicher. „Antonio, nur wenn morgen kein Pudel mehr an Bord kriecht, kannst Du mittags, Schlag zwölf, Deine Künstlergage einsacken. Sonderurlaub nach der Saison.“ – „Si, si, Capitano, grazie.“

Einige Gäste schlendern mit ihren Pudeln auf der Pier, andere entsteigen ihren Karossen mit livriertem Chauffeur. Antonio, wie immer auf dem Achterdeck hinter der Reling, begrüßt die Gäste mit unvergleichlichem Charme: „Comment allez-vous, mes dames et messieurs?“ (Wie geht es Ihnen, meine Damen und Herren). Lässt seinen Goldzahn blinken in der Morgensonne.

Die Pudelschar lässt sich aber nicht über die Gangway an Bord zerren. Geschweige denn tragen. Knurrt mit gesträubter Mähne, schnappt und beißt. Zuschauer sammeln sich auf dem Quai, genießen die Gratis-Attraktion. Und niemand wird gewahr, dass Kanaille Babajko, sein drohendes Bügeleisen in der Rechten, den vierbeinigen Zöglingen seine Geheimbotschaft vermittelt.

Das Pudelwunder ist Gesprächsstoff in Villen, auf Yacht-Gesellschaften und in vollbesetzten Restaurants. Man spintisiert von außerordentlichen Schwingungen oder bordspezifischen Allergien. Sterndeuter und Tierpsychologen sahnen ihren Anteil ab. Antonio darf endlich seine wohlverdiente Gage einstreichen.

Zur großen Soirée gesellt sich die umschwärmte BB, von ihren Verehrern im Riva-Boot gebracht. Nass und zerzaust sind ihre Haare von schneller Fahrt von ihrer Villa gegen steife Mistral-Böen. Colleen schlägt vor, ihre Haare in der Kapitänskammer zu waschen und zu föhnen. Andere

Bäder sind besetzt, Warmwasser aus dem Speicher ist alle. Kurzerhand stellt Colleen einen Pott Wasser auf Antonios Kombüsenherd. Bereitet die Kammer für die Prozedur vor.

BB im Bademantel sitzt vornübergebeugt über den Beckenrand, ihre Blondmähne über's Antlitz gebürstet. Colleen holt den Wasserpott, handwarm, vom Herd. Gießt vorsichtig den ersten Schwall über's weltberühmte Haupt. Zum ersten Einseifen. – Gellende Schreie! Colleen, weinend außer sich, sucht ihren Skipper. BB, noch barfuß, nur im Bademantel, rast – garnicht lady-like fauchend, zum vollbesetzten Salon. Minestrone mit allen Zutaten trieft vom strähnigen Schopf.

Dort ist sofort der Teufel los. Gebrüll und Lachsalven der Herren, Entsetzen spielende Damen … genau die richtige Mischung. Beide, Colleen und Antonio sind beinahe unschuldig. Nur schiebt Antonio Colleen's Warmwasserpott auf dem Herd zur Seite, stellt einen gleichen Topf auf die Platte. Eben voller Minestrone zum Aufwärmen fürs Crew-Dinner. Von Colleens Absichten ahnt Antonio nichts.

Frisch geduscht, einen weißen Turban ums Blondhaar, wird das unglückliche Opfer BB, zusammen mit Täterin Colleen zum Clou einer hinreißenden Bordgesellschaft. Abgeschottet von lauernden Paparazzi.

Avvocato Gianni Agnelli und …

„King Abdul Aziz“, als „Panfilo d'amore“ (Liebesyacht) für gehobene incognito-Bedürfnisse, ist Nummer eins ihrer Sparte. Der Rubel rollt, für Eigner und Agenten.

Heute ist der Skipper in die Villa „Leopolda“ bestellt, zur Besprechung mit „Fiat“-Tycoon, Gianni Agnelli. Ein allgemeiner Gedankenaustausch vor dessen 6-wöchiger Charterreise. Das mächtige Anwesen, früher Mittelmeer-Sitz des Königs Leopold von Belgien, beherrschend auf dem Sattel zwischen Villefranche und Beaulieu. Ein schützenswertes Kleinod stilvoller Gebäude in meridionalem Ocker, mitten zwischen gepflegten

Palmengärten, Terrassen und Blumenrabatten. Sperrangelweit offen das Einfahrtstor um die Mittagszeit. Weit und breit keine Menschenseele, keine Schilder „Accès interdit" (Kein Zutritt), nur Grillenzirpen. Man fährt einfach weiter auf gepflegten Wegen. Endlich, vor dem Hauptgebäude eine Gestalt beim Blumengießen. Blauweiß gestreiftes Capri-Hemd, lange weiße Hosen, Sandalen. Unverkennbar einer der Matrosen von Agnellis Yachten, dem eleganten Rennsegler der 12 m Internationalen Klasse oder vom donnernden Gasturbinen-Ungetüm im Hafen. – „Il signore qui." (der Chef ist dort), weist er den Pfad zum Schwimmbecken olympischer Ausmaße. Ohne Gehabe. Kurz und bündig.

In der Ecke ein Sombrero, eine ausgebreitete Zeitung, ein paar haarige Beine aus dem knallroten Schwimmring – das ist alles Sichtbare vom milliardenschweren Krösus der Fiat-Dynastie.

„Darf ich stören, Sir, Sie wollten mich sprechen." – „Ja, natürlich, Sie sind doch der capitano der ‚King Abdul Aziz' – Am besten holen Sie sich eine Badehose von der Umkleidekabine links. Bei der Backofenhitze fühlt man sich am besten im kühlen Element. Orangensaft und Eiswürfel finden Sie auf dem Tablett. Bitte bedienen Sie sich."

In kaum dreißig Minuten sind Reise, Wünsche, Tabus und Essensgewohnheiten abgesprochen. Punkt für Punkt von der Liste abgehakt. Signore Agnelli ist kein heuriger Hase, kennt sein „Mare nostrum" aus dem FF. Genau so gut wie yacht-typische Probleme. Am Herzen liegen ihm besonders: Keine Presse, kein Aufsehen, Verschwiegenheit der Mannschaft, „versehentlich" begradigte Passagierlisten... Klarer Fall, „carte blanche" (unbeschränkte Vollmacht) für schützende Maßnahmen. „Enzio, bring' mir die Ledertasche auf meinem Sekretär!" ruft Signore zuletzt dem gärtnernden Seemann zu.

„Fürs Erste, Vorbereitungen und allgemeine Ausgaben, capitano. Führen Sie bitte Buch, der Ordnung halber. Aber verschonen Sie mich mit Abrechnungen. Vielen Dank. Bis übermorgen." Erst an Bord wird der Stoß von 100 000-Lire Noten gezählt, fürs Kontobuch.

Sechs Wochen schippern wir kreuz und quer durch's westliche Mittelmeer, zuletzt stehen 5203 Seemeilen auf der Loguhr. Die bildhübsche Prinzessin E. von urblauem Adel, mit nur zwei Reisetaschen vom Treffpunkt am Cabo Nero zugestiegen, bringt neuen Schwung in den Laden. Eine zarte Schönheit im einfachen blau-weißen Leinenkleid, unverkennbar vom jungen Star Valentino entworfen. Kein schwergoldenes Gehänge, keine Brillanten. Solch seltene Engel brauchen keine ablenkende Zutaten. In ihrer Nähe wittert man Salzluft und Sonne, untermalt von Spurenelementen feinsten Parfüms. Geschmack hat er, der Schwerenöter Gianni.

Dann und wann eine ausgelassene Gesellschaft zum stundenlangen Mittagsschmaus, Baden und Tanzen. Mitwisser sind sie alle. Doch im römischen Club von Uradel und Geldadel hält man eisern zusammen. Hat doch jeder und jede gewisse Schatten auf der Lunge. Intimitäten werden vergessen. Römische Yachtferien spielen sich sowieso ohne den lebenslänglich beringten Partner ab. Einmal gesellen sich die Leutchen von einem alten Landhaus über der Küste Sardiniens zur „King Abdul Aziz" ein andermal steigen alle von einem „panfilo italiano" (Italienische Yacht) in der Nähe rüber zum Feiern.

Am Tag kleine Etappen zwischen Badebuchten und Ankerplätzen. Bei nachtschlafender Zeit werden größere Distanzen zurückgelegt. Seinerzeit undenkbar für meridionale Yachtgepflogenheiten. Aber dem Schmusepaar sagt die neue Art des Reisens zu.

Nie vergisst dabei Gianni Agnelli seine willige Besatzung, ihren Einsatz rund um die Uhr. Ausdrücklich wünscht er Mittagsruhe für die Mannschaft, hat nichts gegen kurze Badevergnügen in der Freizeit. Wachfreie Leute gehen abends ins nahe Städtchen, stets mit einem extra Lire-Bonus aus der Schiffskasse. Genug für ein gutes Mahl zu zweit in der Trattoria.

Unerkannt in Spanien schlendern zwei Verliebte Hand in Hand durch Malaga, besuchen Stierkämpfe in La Linea bei Gibraltar, in Valencia und Barcelona. Immer lehnt der Skipper ihre Einladung zum Spektakel dankend diplomatisch ab. Bluttriefende Traditionen, hilflos gejagte und jämmerlich sterbende Kreatur im „Olé"-Geschrei berauschter Massen sind ihm ein Gräuel. Er wird immer einsam bleiben mit seiner Ansicht und Haltung: „Mut ja – Blut nein."

Eines Morgens, gerade vier Stunden auf See, meldet der Steward aufgeregt: „Wasser im Achterschiff! Unter der Tür vom großen Schlafgemach heraus! Teppiche klitschnass! – Unerklärlich. Haben sich doch Gianni und seine Prinzessin zum Bummel durch den Hafen abgemeldet, Deckswachen zur Ruhe geschickt, ausdrücklich gebeten, möglichst lautlos um 0500 Uhr die Anker zu lichten, keinesfalls zu stören.

Laut pocht der Skipper an die Tür zum Privatissimo – keine Antwort – nochmal – wieder nichts. Unverschlossen die Tür! Keine Seele! Betten leicht zerwühlt, sonst kein Hinweis. Aber Bullaugen weit offen, Stahlblenden hochgehängt! Beim Schlingern jedesmal ein mords Schwall Salzbrühe über Betten, Kommoden, Teppiche – Eine Granatensauerei!

Alle Mann packen zu. Die Hauptlenzpumpe lutscht um die drei Tonnen Seewasser aus den Achterbilgen. Bullaugen sind wieder knalldicht. – Drehen auf Gegenkurs nach Barcelona.

Erstes Gebot: „Keine Panik!" – dann das zweite: „Keine Namen, keine Öffentlichkeit, kein offener Funkverkehr." – Kaum ist Barcelona Radio angerufen, übermittelt der Funker eine Botschaft für Rufzeichen HZ/King Abdul Aziz: „Erwarten Rückkehr zum alten Platz stop saluti stop Gianni." In der Mittagshitze stehen sie an der Pier und winken. Neben den beiden ein Taxi, alle Türen weit offen. Vorsichtig ran an den Kai – sportlich klettern zwei Sünderlein über die Reling. Absetzen und auslaufen.

Kein Wort vom gebauten Mist, keine Vorhaltung. Man lächelt verständnisvoll. Die kleinere hübsche Ersatzkabine gefällt sogar. Das alte Liebesnest jedoch muss drei Tage lang geschrubbt und entsalzt werden. Polster und Teppiche trocknen auf dem Vordeck.

Signore Agnelli lebt sich zusehends ein. Über den Kartentisch gebeugt bespricht er gewünschte Ziele: Cadaques – Alghero – Costa Esmeralda – San Stefano. Genau weiß er, was er will. Vergisst aber nie yachttechnische Grundlagen – Brennstoff, Wasser, Ausrüstung und Wettervorhersagen.

Bei Salvador Dalí in Portlligat

Eine Meile nördlich vom Fischerdorf Cadaques im spanisch-französischen Grenzraum am Mittelmeer liegt verborgen die kleine Bucht von Portlligat. Letzte Wirkungsstätte des katalanischen surrealistischen Malers Salvador Dalí und Gala, seiner Musenfrau.

Oft aufgesucht, von Tramps bis zu Königen, besteht sein Anwesen aus umgebauten, weißgekalkten Fischerhütten unter landestypischen Rundziegeldächern. Auf einem der Türmchen das Wahrzeichen: Ein Riesenei, lustig anzusehen. Nicht jeder ist willkommen. Frau Gala kann affektierte Erfolgstypen nun einmal nicht verknusen. Schon manche erwartungsvolle Gruppe aus dem gelobten Land jenseits des Atlantik muss deshalb den Rückzug antreten.

Gianni Agnelli, barfuß in Sandalen, rudert seine Prinzessin im Dingi rüber zum Land. Alleine – Motorbarkasse mit Matrosen lehnt er ab. Verschwindet im gewundenen Gebäudekomplex mit seinen Wegen, Stegen und Rundbogengängen. Vorm Strand baden ein paar Leutchen im Adam-und-Eva-Kostüm, ungezwungen. Sehen aus wie schwedische Rucksacktouristen.

Nach einer Stunde werden alle Mann an Land gerufen. Wache an Bord übernimmt der grauhaarige Fischer Sebastian. Etwas befangen betreten wir die Vorhalle mit dem mächtigen Eisbären, ausgestopft und zum Schirmständer degradiert. Gala, im luftig langen Seidenkleid nimmt den schüchternen Antonio am Arm, geleitet uns geduldig ins Speisezimmer – zur Bibliothek und in den Innenhof. Oben geht's durch den gelben Saal in den „Saal der Vögel" mit dem großen Vogelkäfig, dann ins Schlafgemach mit Blick aufs blaue Meer. Weiter ins Badezimmer und Ankleideraum zum ovalen Saal. Am meisten gefallen „el huevo" (das Ei), ein Empfangszimmer mit verwirrendem Schall von allen Seiten, und die Telefonzelle für Gäste.

Wer mal „schnell telefonieren" will, muss auch gleich blechen, den Münzfernsprecher füttern. Genau wie bei Mister „Fünfprozent", dem milliardenschweren Ölgeizkragen Paul Getty im englischen Riesenanwesen

„Sutton Place“ der Grafschaft Surrey. An jeder Ecke stehen dort „payphones“ für alle. Ob Ehefrau, Familie, hochkarätige Gäste, Angestellte oder Gesinde. Man fasst sich kurz, weil kein anderer bezahlt.

In seiner Werkstatt der große Meister hinter der Staffelei, umringt von Farbtöpfen, Pinseln, Palette, Tonskulpturen und Stapeln von angefangenen Motiven auf Leinwandrahmen – schlummert den Schlaf der Inspiration im hohen altspanischen Korbstuhl. Frau Gala legt den Finger auf ihre Lippen: „Silencio, por favor.“ (bitte leise).

Mit der späteren Abendkühle setzen Passagiere und Bemannung über zum Steg. Auf dem schmalen Pfad zum Innenhof schnuppern wir heiße Düfte von „paella“ (Reis mit Fisch) und „fabada“ (dicke Bohnen mit Fleisch). Ums Feuer kauernd die bunte Gruppe – Gala im farbenfrohen Zigeunerkostüm am Steintisch, neben dem großen Meister im Purpur-Talar, sein Lippenbärtchen hochgezwirbelt. Fischermädchen in katalanischer Tracht schenken feurigen Rotwein in bizarre Keramikkrüge. Man schmaust und plaudert unterm Sternenzelt bei mitreißend andalusischen Gitarrenweisen der „Gitanos“ im dunklen Hintergrund. Und tanzt bis in den ersten Morgen. Unsere schlanke Prinzessin, verwandelt in eine echte Andalusierin, klappt ihre Kastagnetten, entrückt im Rhythmus, herum um die sterbende rote Glut. Andere Gestalten schlafen am Boden. In Ecken, tabulos im Hauch der Bohème. – Aus dem Bilderrahmen an der Wand blickt mit sorgenvoller Miene „el Caudillo“, Generalissimo Franco.

Zurück zur Yacht-Etikette auf östlichen Kursen nach Sardinien: „Commandi, Principessa.“ – „Si, Patrone.“ Dankbarkeit im Herzen für menschlich gelöste, unvergessliche Stunden. Vom Charterboss großzügig und diskret beim Künstlerpaar finanziert.

Nur einmal nutzt HRH Prince Talal al Saud seine Yacht in südspanischen Gewässern. Tief beeindruckt von Granada und Cordoba, von Prachtbauten bleibender Zeugnisse der maurischen Kulturepoche. Die Saison aber ist gelaufen. Seine Hoheit will verkaufen. Grund: Seekrankheit.

Was es nicht alles gibt. Auch unter Ehrenmännern: Zwei neue Eigentümer, erst ein Portugiese der Oberliga, dann ein Franzose, der im tiefsten Schwarz-Afrika mit Filmvorführungen von Lastwagen aus Eintrittsgebühren in Edelsteinen und Goldnuggets einkassiert, verschwitzt und eigenhändig. Beide Gentlemen weisen eine glaubhafte „bill of sale" (Kaufbrief) vor. Ausgestellt in Genf. Nicht etwa hälftig für jeden ist die Yacht verkauft.

Nein. Jeder ist 100%iger Eigentümer. Ein schwieriger Fall für Greenhorn Klaus im schattigen Yachtmilieu.

Außerdem besagt die Zusatzklausel, völlig korrekt, dass der Käufer die noch fällige Besatzungsheuer für zwei Monate übernimmt. Plus drei Monate Kündigungsfrist und Heimreise erster Klasse. Erst nach Erfüllung dieser Klausel wird das Schiff übereignet. Ein schöner Batzen Geld für die Getreuen! Käufer Nr. 1 kommt persönlich, bezahlt aus dem Köfferchen jedem Mann das ihm Zustehende. Lässt sich die aufgelisteten Beträge einzeln quittieren und vom Kapitän mit Schiffs-Siegel bestätigen. Zwei Tage kann sich die Besatzung überlegen, einen neuen Vertrag mit dem portugiesischen Eigner zu überdenken.

Abends noch kommt Käufer Nr. 2 mit Sekretär von Paris angeflogen. Völlig aus dem Häuschen mit der Lage. Der Skipper verweigert die Annahme einer zweiten Auszahlung. Bei der nun offensichtlichen Lumperei käme er nicht nur in des Teufels Küche. Die deutschfeindliche Presse hätte eine Sensation gratis. – Eine echte Zwickmühle! Auch Käufer Nummer zwei besteht auf seine Auszahlung mit bestätigten Einzelquittungen. Zäh bleibt er dabei. Genau so eindeutig das „Nein" des geplagten Skippers. Letztendlich einigen wir uns: Sollte vor Gericht der Kauf nicht standhalten, verbleiben die ausgezahlten Summen bei jedem Einzelnen der Crew als Geschenk, unwiderruflich. Das Novum in der Yacht-Branche wird schriftlich unter Zeugen festgelegt.

Nach 3 Jahren und 10 Monaten geht der Skipper von Bord seiner „King Abdul Aziz", nachdenklich. – Heuert am selben Tag auf der Wishbone-Ketsch „Nike" ex-„Passat" zur Übersegelung nach den Staaten an. Bord an Bord liegen sie im historischen Hafen von Villefranche. Die Motoryacht der besten englischen Werft und der Segler aus der 1A-Bauwerft Abeking & Rasmussen. Siebensachen gehen einfach über die Reling rüber auf die „Nike", voilà. – Dann feiert die glückhafte, wohlversorgte Besatzung rauschenden Abschied vom „capitano tedesco" im romantischen Anwesen auf den Bergen über Nizza. Alle Mann, zusammen mit den Jungs der „Nike", Kleinkünstlern und Straßenmusikanten.

Wieder unter Segeln mit Ketsch „Nike"

Ihr Yankee-Eigner, Mister Arthur Stifel, bewohnt mit seiner besseren Hälfte eine Ferienvilla am Cap Ferrat. Seine 24 Meter lange und 5 m breite „Nike" ist von einer griechischen Überführungsbesatzung nach Südfrankreich gebracht. Mit Maschinenkraft. Segeln ist ein Fremdwort für die braven Dampfer-Hellenen. Trotz der modernen und relativ leicht bedienbaren Takelung. Seit 4 Wochen wird „Nike" von einer Elite junger Segelschiffsmatrosen instandgesetzt und gepflegt: Segelmacher/Bestmann Manfred Dittrich, wettererprobt auf der Film-Yacht „Etsi" seinerzeit auf der Nordsee. Darauf zwei Jahre auf einem Motorsegler mittlerer Fahrt bis Afrika. Leichtmatrose Uwe Bollow büxt nach der Gesellenprüfung von der sowjetischen Besatzungszone aus, über See, alleine mit einer kleinen Segeljolle. Auf Ketsch „Ariadne" unter Kapt. Harry Liedke in Hamburg angeheuert, segelt Uwe nach dem Mittelmeer, kreuz und quer durch die Ägäis bis Alexandrien und zurück nach Frankreich. Als dritter Mann im Bunde wirkt Koch/Deckshand Hans Neubert, Ur-Berliner. Seine Frau darf während der Hafenzeit bei Stundenlohn mit anpacken.

1954 wird „Nike" als Motorsegler „Passat" des alt-Konstanzers Herrn Petermann auf der Weser feierlich in Dienst gestellt, mit ihrem ungemein robusten Stahlrumpf traditionell feiner A & R Linien aus Henry Rasmussens Meisterhand. Edle Hölzer in allerbester Bootsbau-Kunst – ein Schiff zum Verlieben. Am Wind ziehen 210 qm Segel, fünffach unterteilt, bei Schwerwetter leicht zu verkleinern. Das elegante Fahrzeug ist für Blauwasser-Reisen rund um die Kugel geradezu bestimmt.

Während der dreißiger Jahre findet Herr Petermann mit den Seinen Unterschlupf in der benachbarten Schweiz, jenseits des Konstanzer Grenzzauns. Findet dort, obwohl er seinen Lebensunterhalt selbst bestreitet, wenig Gegenliebe. Sagt er in seinen bescheidenen Worten beim ersten Zusammentreffen in italienischen Gewässern 1956. Mit seiner Mutter, einer alten Dame wie aus dem Bilderbuch, reist Petermann über See, solange ihre Kraft mitmacht.

Hochzufrieden mit seiner Anschaffung ist der neue Eigentümer, Mister

Stifel. Seine Ehefrau anscheinend weniger. Wasser ängstigt sie, vor allem des Nachts bei noch so harmlosen Wellen. Die Amerikanerin griechischer Herkunft fliegt lieber first class westwärts über den Teich. Erwartet dort auf festem Boden ihren Göttergatten.

Der aber erfüllt sich seinen Kindheitstraum, auf eigenem Kiel den Atlantik zu übersegeln. Und verpflichtet sich, unterwegs bei Segelmanövern zuzupacken. Tagsüber auf See will Mr. Stifel zweimal drei Stunden am Ruderrad steuern. Nur so kann die kleine Crew auf große Fahrt gehen.

Wenige Tage vor dem Auslaufen ist der Skipper vom Kurzurlaub zurückgekehrt. Unter Sonnensegeln Stapel von Kisten und Kartons, letzte Lieferung vom Schiffshändler. Smutje und Bollow schleppen Stück für Stück ins Schiffsinnere. Manfred im Maschinenraum isoliert Abgasrohre mit Asbest-Strängen, vernäht alles sauber unter Glaswolletuch. Ein friedliches Bild, doch seltsam für feine Nüstern.

An der Gangway taucht der Hafenmeister auf mit einer Botschaft für „Monsieur le capitaine“: Er möchte bitte bei der Sûreté Nationale, renseignements généraux (Kriminalpolizei, allgemeine Auskünfte) in Nizza vorsprechen? – Unerklärlich – Vielleicht wissen die Herren Matrosen mehr? – „Habt Ihr Säcke irgendwie Mist gebaut an Land?“ – „Nichts Besonderes, Skipper!“ – Schulterzucken.

Im „Unterhaltungszimmer“ dann seltsame Fragen: „Wo bewahren Sie den Sprengstoff an Bord auf?“ – „Außer der vorschriftsmässigen Signalmunition im verschlossenen Stahlkasten befindet sich kein Sprengstoff an Bord, Messieurs. Hundertprozentig, ich mag das Zeug nicht.“ – „Wo befanden Sie sich vorgestern abend um 2240 Uhr und danach?“ – „In Friedrichshafen am Bodensee, übrigens französische Besatzungszone.“ – „Können Sie das nachweisen?“ – Wie denn nur, mein Gott – „Bitte prüfen Sie selbst nach, ich war beim Seglerhock des Yachtclub Langenargen, beim Feiern bis ins Morgengrauen.“ – „Haben Sie nach Ihrer Rückkehr irgendetwas gehört, die 3-Mast-Yacht „Creole“ von Stavros Niarchos betreffend?“ – „Nichts, Messieurs. Darf ich endlich fragen, um was es hier geht?“

„Auf die ‚Creole‘ in der Bucht ist nachts ein Anschlag verübt worden, wahrscheinlich von ausgebildeten Kampfschwimmern. – „Meine Herren, ich sah die mir wohlbekannte ‚Creole' heute morgen auf Reede. Absolut nichts Auffälliges – ist vielleicht falscher Alarm?" – „Pas du tout, capitaine (ganz und gar nicht). Man spricht übrigens von Ihrer Ausreise. Sie halten sich aber zu unserer Verfügung. Auslaufen nur mit ausdrücklicher Genehmigung."

Irgendetwas ist faul! Grund genug zum Grübeln auf dem Weg zurück an Bord. Kennt man doch die „Creole" seit Jahren, mit jedem Mann ihrer 33-köpfigen Besatzung. Abends sitzen wir auf dem kleinen Platz unter Platanen, vor der Chiquito-Bar oder dem „Oasis-Club". Auch ein übriggebliebener U-Bootsmaschinist ist in der Gruppe. Wilhelm ist heute „Creole's" L.I., hochangesehen als unbestechlicher Fachmann. Seine hohen Kriegsauszeichnungen ruhen zu Hause bei Mutti, im Schreibtisch. Auch der Funker älterer Ausgabe ist Deutscher. Seriös mit Goldbrille, an Land stets im Maßanzug, unübertroffen in Hochfrequenztechnik und Dechiffrieren (Entschlüsseln von Geheimnachrichten). Im Raubkrieg ums Öl ein verschwiegener Eingeweihter. Stadtbekannt dagegen ist „Charlie", zweiter Steward aus der Jodler-Republik jenseits des Brenners. Sobald die „Göttliche" Greta Garbo abends ihrem Champagnerbad entsteigt, füllt Charlie das veredelte Nass zurück in die Flaschen. Bringt seine Schätze alsbald an Land. Für gebrauchte Schaumweine entfällt kein Zoll. Dann und wann prüft der „Douanier" (Zollbeamte) am Steg die Kartons. Wundert sich einmal mehr über die bizarre Menschheit.

Der Rubel rollt in Charlies nimmersatte Taschen. Touristen und Zwischenhändler reißen sich um das noch etwas prickelnde „Badewasser" der großen Diva. Ganz Vernarrte trinken vor der johlenden Menge, verzückt in genießerischen Zügen. Aber ein „Anschlag" auf die „Creole"? – Hirngespinst.

Allerdings sucht der Skipper erfolglos nach der Kiste mit ausgedienten Signalraketen, der Signalmunition und 40 Kanonenschlägen. Lange nach ihrem Verfallsdatum ausgemustert und durch frische Ware ersetzt. Weder Manfred, noch Uwe und Hans können den Behälter zwischen Stapeln von Proviant und Ausrüstung wiederfinden. Ein Rätsel.

Beim morgendlichen Café au lait auf der Pier beim Hotel „Provençal" sieht man „Creole's" Verkehrsboote am Landesteg. Seeleute heben vor-

Bord an Bord: M.Y. „King Abdul Aziz“ und Ketsch „Nike“. Proviantübernahme vor Atlantik-Übersegelung. August 1959, Hafen von Villefranche s/m.

sichtig große flache Kisten an Land. Ein Zöllner vergleicht Papiere mit dem 2. Offizier, zwei Flic's pendeln hin und her, ihre MP (Maschinenpistole) umgehängt. Ein anderer Chargierter beim Kleinlaster des Zollagenten kontrolliert noch einmal jedes Stück.

Andy, griechischer Matrose auf Wachdienst am Steg, vertraut seinem Freund von der „Nike“ geheimnisvoll an: „All painting from ship, much money, much million Dollar – olosi ajonia“. (Alles Gemälde vom Schiff, viel Geld, viel Million Dollar – alle Angst). Barman Jaques vom „Chiquito“ liefert heiße Neuigkeiten: „Polizei und Detektive an jeder Ecke, dicke Luft! Wertvolle Gemälde werden in Sicherheit gebracht.“

Im Nachhinein einfach unvorstellbar, dass meine sittsamen Nike-Kadetten derart ahnungslos sind. Stecken sie doch mittendrin im Nachtleben am Hafen. Bohrende Fragen stellt jetzt der Skipper. Zu guter Letzt druckst Manfred heraus: „Wir wollten denen nur mal zeigen – zum Spaß...“ Hoffentlich ist die Generalbeichte am Mittagstisch der Wahrheit möglichst nahe:

Die Creole-Freunde prahlen vom scharfen Wachdienst an Deck. Auch bei stockfinsterer Nacht würde kein Mensch unbemerkt näher als 50 Meter an ihre verankerte Yacht rankommen. Eine Herausforderung für die drei Musketiere der „Nike“, jener Tage ohne ihren „Alten“, völlig ungestört: Manfred klemmt ausgemusterte Kanonenschläge, bändselt je 10 Stück kunstvoll zusammen zur geballten Ladung, Zündschnur an Zündschnur. Schön wasserdicht in Cellophan verpackt, mit genialer Lunte, Abreißmechanik.

Mit geschwärzten Gesichtern, Tauchbrillen, Schnorchel und Flossen schwimmen die Lausbuben lautlos über die nächtliche Bucht. Fast eine Meile bis unter den mächtigen Löffelbug der Niarchos-Yacht. Patrouillierende Deckswachen über ihnen bemerken nichts. Scheinbar nachtblind, vom sturen Wachtrott erlahmt.

Am Wasserstag unter dem Bugspriet gehen die Ladungen hoch, der Reihe nach. Von Felshängen ringsum ein Widerhall von Donnerschlägen. Erregung allerorten, in vollbesetzten Restaurants am Wasser, in hunderten von Häusern und Villen am Berg. Wie wildgewordene Wespen „Creole's“ Wachbesatzung, Panik und Chaos. Endlich gehen Boote zu Wasser, Scheinwerfer suchen wild herum.

„Nike's“ Sportler schwimmen Rekordzeit, als hätten sie Kalium in den Hosen. Nur ab und zu schauen sie hoch zum Ziel gegenüber. Sonst ziehen nur die kleinen Schnorchel durch die Oberfläche. Ein wild herumkurvendes Suchboot sichtet Auffälliges im Wasser, braust darauf zu. Vergeblich, nur zwei dümpelnde leere Flaschen. Keiner merkt beim Abdrehen, dass sie Smutje Neubert auf friedlichem Heimweg mit voller Fahrt überrennen. Geht nochmal gut, nur zwei lange blutige Schrammen. – Wen wundert es schon, wenn im Nachkriegs-Frankreich zuerst „les allemands“ für alles verdächtigt werden. Die „Sündenböcke“ vom Dienst. Diesmal allerdings haben die Behörden mitten ins Schwarze getroffen, ausnahmsweise. Doch der Skipper, von alten Hasen im polizeilichen Verhörzimmer gegrillt, war ahnungslos.

Jedenfalls besser, dem Ort des Geschehens bald den Rücken zu kehren. Mittlerweile Schnauze halten, an Land gehen, wie immer. Mit Unschuldsmienen den neuesten Berichten lauschen. Den Matissés, Monets, Picassos

Bootsmann/Segelmacher Manfred Dittrich steuert „Nike“ bei frischem Nordwest Kurs Gibraltar. August 1959.

und Renoirs vom Sammler Niarchos tut Landluft zur Abwechslung auch mal gut. Verduftete VIP's kehren bei reiner Luft sowieso zu den Fleischtöpfen zurück.

Mit allerhöchster Genehmigung darf „Nike“ Segel setzen, die französische Goldküste südwestwärts verlassen. Tagelang fällt kein Wort über Vergangenes, keine Strafpredigt fürs Schiffsvolk. Auf Schritt und Tritt verspüren die Missetäter aber eine feine, ungewohnte Distanz, trotz räumlicher Enge. Dafür schuften die Kerls noch härter im heißtrockenen

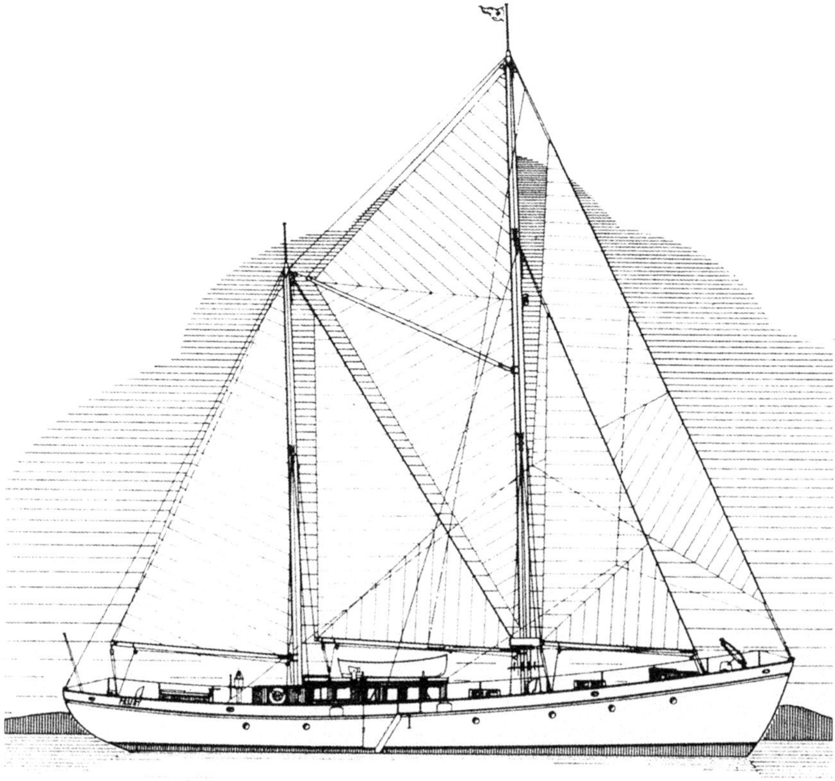

Wishbone Ketsch „Nike“, ex-„Passat“. Seeschiff par excellence…

Mistralwind unter hoher Sonne. Verborgen im Seemannsherzen versteht der Skipper den einmaligen „Bolzen“ (Schandtat), war er, zumindest früher, auch gerade kein Klosterschüler.

Arthur Stifel, haariger Hüne und Boss der „Safeway“ Supermarktketten unterm Sternenbanner, steuert überraschend sicher. Auch bei frischem Nordwest durch schäumende See, weggelegt bis zum Waschbord. Zwischen Frühstück und Lunch, von 0900 bis 1300 Uhr. Dann, nach seiner Verdauungs-Siesta, von 1600 bis 1800. Nachts ruht er auf seinem wiegenden Segler, träumt von steigenden Börsenkursen und seiner Gemahlin –

Eigner Arthur Stifel beim Rudertörn vor leichtem Passat. Nord-Atlantik, Ende September 1959.

hoffentlich. Dank gnädiger Wettergötter rundet das herrliche Seeschiff nach 4 Tagen 11 Stunden den südlichsten Punkt Europas unterm Affenfelsen. 760 Seemeilen zählt das Log.

Yachtagent Charlie Rodriguez in Gibraltar karrt Getränke kistenweise zum Schiff: 20 Kisten „Black Label", nochmal 20 der Kennersorte „Chivas Regal", 15 Kisten „Pieper Heidsiek" für die Damen drüben. 50 Karton Bier „St. Pauli Girl" für Mr. Stifels ureigene Labung. Nebenher gluckern 1,2 to Frischwasser in die Tanks – weniger als geladene Alkoholitäten. Treibstoff ist überflüssig, man konnte ja segeln.

Bis zu den Kanaren leicht widrige Winde von vorn, oder afrikanische Windstille bei ungewöhnlich hoher Atlantikdünung. Die paar hundert Seemeilen schiebt die MWM-Hilfsmaschine. Unter dem Sonnensegel reißt der Rudergänger seine Wachstunden ab, die Gluthitze wäre sonst unerträglich. Auch mit Salztabletten, regelmäßig verabreicht, verdunsten alle Männer mindestens 7 Liter „Kujambel-Wasser“ (Wasser mit Brausetabletten) und Riesenportionen heißen Tee.

Sehnsüchtig schluckt das gemeine Volk im Geiste mit, wenn der Boss zwei große Flaschen „St. Pauli Girl“ aus seinen Beständen verkasematuckelt, im kleinen Kühlschrank wohltemperiert. Jeden Abend bei Sonnenuntergang – genussvoll. Außer für den Reeder sind Yankee-Schiffe „trocken“ für alle, eisernes Gesetz auf See. Drum fallen US-Besatzungen an Land regelmäßig aus der Rolle, beim ersten Schluck.

Am besten, man schaut weg. Kühles Hamburger Bier vor den Augen quält verdorrte Kehlen, ähnlich wie die Fata Morgana Verirrte im endlosen Wüstensand. Neubert peilt vorsichtig die Lage. Der smarte Berliner ist von seinen Kameraden ausersehen, den Skipper zu „belatschern“: „Vielleicht könnte man sich ein paar Bierkisten leihen, unbemerkt. Drüben ersetzen ist Ehrensache, Skipper. Uwe kennt einen Weg. Das schmale Hemd könnte sich unterm Deck durchzwängen bis zur Bierlast, von unten die Fußbodenluke hochstemmen …“

„Kommt überhaupt nicht in Frage, Neubert! Ein ehrlicher Seemann klaut nicht, bevor er wirklich verdurstet.“ – Fragende Blicke aus Neuberts unschuldsvollen Bernhardineraugen: „Können Sie sich sowas antun? Wir ersetzen ja das Bier beim Schiffshändler in Barbados.“ – „Verdufte, schräger Satan!“

Segelmacher Dittrich hört nur zu, wortkarg wie üblich. Wettet dann 10 Dollar: „Der Boss wird Bier herausrücken, freiwillig. Ich brauche nur ein bisschen Teakdeck-Reiniger.“ – Hat den die Hitze gepackt?

Pünktlich um 0900 Uhr übernimmt Senior-Rudergänger Stifel das Rad von Vorgänger Manfred Dittrich, wiederholt klar den befohlenen Kompasskurs. Manfred, wie jeden Morgen vor der Freiwache, prüft noch einmal Segel, klariert Fallen und Schoten. „Hey, Manfred, look at that!“ – Mister Stifel deutet auf helle Flecke im Teakdeck neben sich. – „Yes, Sir!“

– bühnenreif spielt Manfred den Überraschten. – „How come? – Our deck looks splendid, simply beautiful.“ (Wie kommt’s? Unser Deck ist herrlich, einfach wunderschön). – „Oh, sorry Sir, wir schrubben die Decks nach dem Tee.“ – „Nein, Manfred, Du verstehst mich nicht. Wie ist das passiert?“ – „Sir, erinnern Sie sich, gestern abend ist Ihre Bierflasche an Deck umgekippt. Bier mit Salzwasser bleicht Hartholz.“

„Na also, Manfred, Sie kriegen Bier zum Deckwaschen.“ – Angebissen hat der Boss. Wunderbar! Frühmorgens schrubben zwei Freiwillige mit Salzwasser von vorn bis achtern. Gemütlich mit dem Quast verteilt Manfred verdünnten Teakholz-Reiniger. Und jeder gurgelt sein Fläschchen „St. Pauli Girl“, wohl lauwarm, aber inspirierend. Zwei Flaschen mehr pro Mann wandern in die Mannschaftsmesse.

Arthur Stifel wird täglich zufriedener mit dem Paradedeck, seinem Erfolgserlebnis nach dem brillanten Einfall. Nicht nur das: „Captain, your crew is a really happy one, hard working.“ – (Ihre Crew ist wirklich glücklich, arbeitet hart). – Wenn der Gute nur wüßte!

Wie verschluckt, setzt eines Tages der frische Nord-Ost-Passat aus. Bleischwere tropische Schwüle über ölig glatter Dünung. Und weggezaubert sind dahinziehende weiße Passatwolken, im seltsamen Violett von Firmament und See. Die Kimmlinie am Sichtkreis aufgelöst im Heißdunst. Regelmäßige tägliche Luftdruckschwingungen der Passatgürtel um die Erde sind weg – stetigem Druckabfall gewichen. Klar zeichnet der Barograph die Linie abwärts, langsam steiler. – Kein Zweifel, Vorzeichen eines tropischen Wirbels. Jetzt im September orgeln wachsende Orkane auf westlichen Zugbahnen vom Atlantik gen Westindien. Hurricane season! – Nur ein hirnverbrannter Yachtskipper ist unterwegs um diese Zeit.

Mit Maschinenkraft schippert „Nike“ fast zwei Tage durch die Windstille. Ins „Pilot Book North-Atlantic“ vertieft, liest der Skipper alles über Westindische Orkane, Zugrichtungen, Fortbewegung, gefährliche Sektoren und richtige Kurse aus solch mächtigen Sturmfeldern. Achteraus in der Ferne ein hoher Wolkenturm. Der kleine Funkpeiler empfängt aus der Richtung ohrenbetäubendes Prasseln. Von Urgewalten elektrischer Entladungen.

Wachsende Wolkentürme sind des nachts gespenstisch erleuchtet von unaufhörlichen Blitzen. Alles an Deck ist doppelt seefest gelascht, Stahlblenden auf Fenstern und Luken, kleine Sturmsegel sind angeschlagen, fertig zum Setzen.

Das Barometer fällt ab in den Keller. Zuerst brist leichter Westwind stetig auf. Mit Maschinenkraft und Segeln dreht „Nike" auf Südkurs. Möglichst weit weg vom wachsenden Wirbel. Abends wehen schon 9 Beaufort, mit Böen über 10. Nur unter Sturmstagsegel und Sturmklüver rauscht „Nike" über 8 Knoten. Durch Wellentäler und über Wellenberge im fliegenden Schaum. Morgens 1000 Ortszeit noch stockdunkle Finsternis im sintflutartigen Regen. Doch Spitzenböen flauen merklich ab, Wetterleuchten und Blitze driften nordwärts. Luftdruck steigt. Geschafft! Zurück auf Westkurs. – Mit Schwerwetter aus Südost schiebt die unverwüstliche „Nike" über gewaltige Kreuzseen, mit ihren zwei Sturmsegeln allein. Tage drauf wieder Nordost-Passat, Vollzeugbrise, Schwärme hochfliegender Fische. In der Sonne trocknen nasse Klamotten und Kojenzeug. Himmlische Ruhe, hundert Meilen vor Landfall Barbados.

Auf Bridgetown Reede ankern zwei Frachter, der eine mit 15 Grad Schlagseite. Draußen im Orkan ist in zwei Räumen die Ladung verrutscht. So berichten unsere Abfertigungsbeamten. Beim anderen fehlt das Steuerbord-Rettungsboot. Vom Bootsdeck hinter der Brücke von einem Roller glatt weggerissen. Im neuen Haupthafen reparieren noch mehr Havaristen erlittene Schäden.

Unsere brave kleine „Nike" – ohne Kratzer eingelaufen, wie zurück vom kurzen Probeschlag hinaus aufs Meer! Mr. Stifel, beeindruckt vom Erlebten, gibt gerne einen aus. In Bar und Restaurant des „Aquatic Club" klingeln die Kassen. Unter uns, neben dem breiten Steg, kämpfen zwei Mannschaften um den West-Indien-Pokal im Wasserball. Weiß schimmern die Sände im Flutlicht von oben. Meterlange Manta-Rochen gleiten kreuz- und quer unter den spielenden Schwimmern – genauso verspielt.

Mit der ersten Flugverbindung von New York landet Mrs. Stifel. Empfängt ihren Ehemann wie einen Helden. Die nächste Etappe nach Fort de France in Martinique, will sie wieder vorausfliegen. Arthur Stifel überzeugt dagegen die Landratte, dass Meer und Winde auf dem Törn nach den

Antillen leicht sein werden. Wie zuhause, auf dem Hudson River zwischen Staten Island und der „Battery“ am Südzipfel Manhattans. Hängen vielleicht Ehe und Yacht an einem dünnen Fädchen? Sollte ja vorkommen.

Allein auf dem Vordeck bespricht Mr. Stifel mit dem Skipper das ausgeklügelte Verfahren: Herzhaftes Lieblingsdinner an Bord vor Sonnenuntergang. Im zweiten Glas Malaga Schlaf- und Beruhigungstablette, dann Madames griechischen Cognac. – Ohne Aufsehen Segelsetzen, Ankerhieven und Ablaufen unter der Leeküste, ungefähr zwei Stunden im glatten Wasser. Bevor Wind und See im freien Seeraum auspacken, wird er seine bessere Hälfte in die Kammer bugsieren, sollte sie sich nicht schon vorher müde zurückziehen. – Nicht schlecht, wenn's klappt. – Und Befehl ist Befehl. Wird schon gut gehen.

Kaum verschwinden Blitze vom letzten Barbados-Leuchtfeuer im dunklen Osten, rauscht „Nike“ im frischen Nord-Ost westwärts, etwas nach Backbord weggelegt. Leichtmatrose Bollow übernimmt das Ruder und ein hochzufriedener Mr. Stifel genehmigt sich noch einen Doppeldecker aus seiner „Not-Apotheke“. Unter Deck ein Kreischen im Eignersalon, Türenschlagen, durchdringende Hilferufe zwischen herzerweichendem Geheul. Manfred mit Verbandskasten klettert an Deck, dann Neubert mit einem Feuerlöscher. – Old Stifel aber blitzartig runter ins Quartier! – Dort fliegen die Fetzen, allem Anschein nach. Zuletzt, zerzaust im gelben Bademantel, kauert die Bedauernswerte in der geschützten Ecke des Cockpits. Fleht um sofortige Rückkehr, bibbernd vor panikartiger Angst.

Umkehr bedeutete Stampfen und Schlingern in rauher See gegenan, mit Maschinenkraft der Eile wegen viel unbequemer. Wäre ohnehin bedeutend zeitraubender als die sanfte Etappe mit atlantischen Seen, bis unter Landschutz der Insel Martinique. Gleich Null ist Gefahr für Schiff und Leben. Der Boss möchte bitte entscheiden. Der wählt ohne zu zögern die Weiterfahrt. Verpasst seiner Patientin eine Dosis Beruhigungsmittel aus der Bordapotheke. Ruckzuck per Einwegspritze – intrapopulär. Und runter in die Koje mit der Benommenen, rechtzeitig vor einem prasselnden Regenschauer.

Endlich wieder Ruhe und Routine bis zur großen Reede von Fort de France. Ankern im unaufhörlichen Regen, Segel festmachen. In der Crew-

Messe heißen Tee, Toast, Rührei mit Schinken. Der vielgeplagte Boss mit an der Back (Tisch), ausnahmsweise. Alle Mann hinein ins Körbchen – auspennen, träumen.

Von wegen. In der benachbarten Kombüse fliegen Tassen durch die Gegend, Dosen und Vorräte aus Schränken wie Regalen. Koch Neubert, hochgeschreckt, ist mit zwei Sätzen drüben in seinem Arbeitsbereich. Zieht sich mit blutunterlaufenem Auge zurück: „Die Chefin hat's voll erwischt. – Eine fauchende Furie!"

„Was sollen wir denn machen, Skipper?" – Echt besorgt ist Manfred. „Deckswache aufziehen, stündliche Ablösung, aufpassen, dass Madame unsere Arche nicht anzündet in ihrer Rachsucht. Übrigens, die wird auch Dampf ablassen." – „Aye-aye, Skip!" – Hundemüde und durchnässt dreht man sich auf die Seite. Vom Ozeansegler zum Narrenschiff!

Offensichtlich schämt sich der Boss wegen der nächtlichen Szenen. Ordnet gelegentliche Weiterreise zum nächsten Treffpunkt in Antigua an. Bedankt sich bei jedem Mann für die schöne Reise zusammen, und begleitet seine temperamentvolle Lady an Land. Zum Heimflug nach New York mit der nächsten „Panam"-Super Constellation.

Hysterische Eignerfrauen, unberechenbar und herrsüchtig obendrein, vermiesen jedes Schiff, jede Seefahrt. Mag der Untersatz noch so erstklassig und seetüchtig sein. Dem Skipper ist klar: Auf keinen Fall verlängert er seinen Vertrag, komme, was wolle. Bis zum letzten Tag wird die gute „Nike" in Schuss gehalten, gepflegt wie ein Kleinod. Zum Jahresende ist aber basta.

Die wenigen Tage auf Martinique erleben die jungen Männer aus Europa zum ersten Mal dunkle Regenwälder, waten durch Wildbäche von den Bergen. Manfred sichtet eine scheue Schleichkatze hoch oben im Geäst eines Urwaldriesen. Mungos, seinerzeit aus Indien eingeführt, sollten mit der Schlangenplage aufräumen. Vögel, Kleintiere, Hühner und Gelege sind aber einfachere Beute, Leckerbissen für die importierte Landplage.

Dann und wann, unter Farnen und Steinen, ein dicker gelbschwarzer Salamander. Winzige Kolibri schwirren von einem Lichtfleck zum nächsten im Feuchtdunkel. Von Lianen bemooster Wipfel kreischen Langschwanz-Papageien, eine Spazierfahrt nur von der belebten Hafenstadt. Haarige Spinnen krabbeln im Gebüsch, dicke schwarze Gesellen. An Palmen in einer Lichtung klettern handtellergroße Krebse. Am Boden darunter Heerstraßen großer brauner Ameisen. Durchnässt, müde und verkratzt, melden sich die Forscher zurück auf ihren Ankerlieger.

Auf der Jungferninsel St. Thomas liegt „Nike“ zwischen drei kleineren Seglern auf der verwaisten Innenreede. Jenseits, am Holzsteg des Yachtklubs unter hohen Palmen, noch ein paar andere Boote. Alle drei Wochen macht ein dänischer Passagierfrachter am langen Dock der West India Company fest. Sonst herrscht tote Hose während der Regenzeit. Erst zur Vorweihnachtszeit schwärmen Musikdampfer-Passagiere durch die enge Mainstreet. Beladen mit zollfreien Waren aus aller Welt und einigen Rum-Cokes im Kreislauf besteigen sie abends ihr schwimmendes Hotel. Klar zur Weiterreise.

Beim allerersten Landbummel in den USA bekommt Manfred eine gedonnert. Der Insulaner draußen im Zwielicht der überfüllten Tränke zweiter Klasse erwischt jedoch den Falschen. Hilft dem überraschten Seemann auf die Beine, stammelt eine Entschuldigung. Manfred, noch benommen, versteht kein Wort. Nur rot sieht er, knallt dem Dicken im Hawaii-Hemd zwei gerade Stecher mittenmang auf die Kinnspitze. Der ist plötzlich müde zum Umfallen, geht in die Knie. Manfreds erste Darbietung auf der Insel spricht sich rum – in Windeseile.

Alle 29 Tage segelt „Nike“ von St. Thomas nach Martinique. Der US-Konsul dort muss die Seemannsvisa erneuern. Eine Woche jedesmal wird gesegelt für den lächerlichen Stempel, 400 sm gegen den Wind aufkreuzend, 350 sm raumschots wieder zurück. Keiner kommt aus der Übung. Einzig und allein selig ist Uwe.

Unser Benjamin hat sich unsterblich verliebt. Platonisch wie ein Unterprimaner. Rauf und runter spaziert der schlanke Blondschopf durch die Ladenstraße von Fort de France. Auffällig lange betrachtet er die Auslagen des Schuhgeschäfts. Aus dem Innern guckt scheu seine Angebetete, die wohlbehütete Pfirsichblüte aus dem gelobten Land. Noch schlank und nicht welk ist die Kleine, und errötet jedesmal, genau wie Uwe draußen.

Ihrem Alten und Boss des Geschäftes bleibt nichts verborgen. Bewahrt aber Haltung, als Uwe schließlich eintritt, sich ein paar sündhaft teure Straßenschuhe aussucht und anprobiert. Echte – „Pariser Zuhälterlatschen“ – stichelt später Manfred. Liebe kann eben kostspielig werden.

Droben im „Virgin Island Hotel“ spielt abends eine mitreißende Steelband zum Tanz. Ganz vornehm die Gesellschaft. Herren im Dinner-Jackett, bunte Seidenfliege, gelben Tuxedo um den Wanst. Schieben ihre Partnerinnen steif und mühsam über glatten Marmor inmitten der Terrasse. An „Saturday nights“ mischen sich die von der „Nike“ in den Trubel. Kaum ein Tanz wird ausgelassen, besonders, wenn der junge Harry Belafonte seine verzaubernden Calypso-Weisen zum Besten gibt.

Manfred, mit einer ausgesucht attraktiven Blondine versunken im Rumba, zeigt auf Uwe, allein zurück am Tischchen. Geleitet die Dame später zur „Nike“-Runde. – „Is it correct, captain, that Uwe here is the only virgin left on the Virgin Islands?“ (Ist Uwe hier wirklich die einzige übriggebliebene Jungfrau auf den Jungferninseln?) – Dabei sucht ihr träumerisch glasiger Blick schon die Augen des errötenden Seemannes. – „Yes, young lady, why not?“ (Ja, junge Dame, warum denn nicht?)

Alles geht schnell – „Come, dear Uwe, let’s dance.“ – (Komm, lieber Uwe, lass uns tanzen). Zärtlich, mütterlich fast, nimmt sie Uwes Hand, führt ihre Prise weg ins tanzende Gewühl. Der schaut noch zweimal zurück, fragend, hilflos. Noch einmal sichten wir die beiden später weiter unten am Schwimmbecken, eng umschlungen.

„Der kommt heute nacht nicht wieder, Skipper“, sinniert Manfred. – „Aber Uwe ist in besten Händen“, meint auch der headwaiter beim Bezahlen. „Die entzückende Dame von Ihrem buddy ist einzige Tochter vom Pariser Modezaren xxx. Upper Class …“

Erst vormittags um 11 Uhr winkt Uwe vom Yachtklubsteg nach dem Boot. Meldet sich verspätet zum Dienst. Ganz schön ausgelaugt, in einer Wolke süßem, sündteurem Parfüm. Frei nach Kenner Neubert: „Miss Dior“. Uwes Angebetete in Fort de France ist vergessen.

Thanksgiving Day in den USA

Punkt 0800 Uhr donnert „Nikes“ Salut, schreckt Langschläfer aus ihren Federn. Flaggen und Stander wehen in der Brise. Minuten später der Stell internationaler Signalflaggen vom Bug über Mast-Toppen zum Heck. Haargenau nach Etikette. An Steuerbord die „Stars and Stripes“. Darunter die weiße Flagge der Virgin Islands. Drüben an Land mühen sich zwei Gestalten zum Flaggenmast, setzen umständlich die Landesflagge. Durch „Kieker“ beobachten frühe Gäste der Yachtclub-Bar unter Palmen die vier Germans im herannahenden kleinen Boot. Einheitlich in Tropenkluft, ohne übliche goldene Kinkerlitzchen. Aber pullen können die Jungs, im Takt mit kräftigen Schlägen.

Beim kurzen Umtrunk zur Feier des Tages wünschen wir der feuchtfröhlichen Gesellschaft „Happy Thanksgiving Day“, verabschieden uns förmlich, müssen viele Hände schütteln. Ein grauhaariger Herr bedankt sich für „Nike's“ würdevolle Schau als Gastyacht zum Nationalfeiertag. Alle klatschen. Noch mehr, als der Herr seine Einladung zum „Thanksgiving dinner“ verkündet.

„Benehmt Euch ja, vergammelte Lords! Immer Haltung. Kümmert Euch um die reiferen Semester – schaut ihnen nur tief in die Augen, wenn englische Worte fehlen. Und haut Euch nicht die Wampe voll, mit Händen und Füßen! Gesittet, mit Messer und Gabel wird gespeist, wie bei Erbtante Frieda. Vor allem eins: ‚Kurze Schlückchen, lange Pausen!‘ – ‚Amis gießen sich hochprozentigen Rum hinter die Binde, wie die Münchner ihr Maß Löwenbräu. Sauber geschnittene Krallen, blütenweißes Taschentuch, keine Nahkampfpullover, verstanden!“ – „Aye-aye, Skipper.“

Kaum zu glauben, die Herren Kadetten benehmen sich eindrucksvoll. Möglicherweise besser als ihr Dompteur und Vorbild. Verteilt sind die „Nikianer“ an verschiedenen Tischen der Präsidentenvilla. Auf der großen Veranda über der Bucht von Charlotte Amalie. Den Jungens werden Löcher in den Bauch gefragt: „How do you like the United States?“ – „Einfach wunderbar, Sir.“ – Über die „Nike“, die Segelreisen, ihre Kindheit in wankenden Kellern unter Bombenteppichen. Über die französische

Riviera, die french girls – ob diese netter sind als american girls? – Manfred schwindelt diplomatisch: „We only look, but american girls the same.“ (Wir gucken nur, aber amerikanische girls sind gleich nett.) – Keine Silbe von Uwe's Niedergang hier, und Manfreds rassig-feuriger Normannin beim feuchten Abschied drüben. Um so mehr bemuttert die charmante Gastgeberin ihre beiden Schützlinge.

Peinlich alleine ist das vorgelegte Tempo meiner Zöglinge. Eine Platte nach der anderen ist im Nu weggeputzt. Zum Entzücken der Gastgeber. Gleich wieder aufgeladen am Büffet. Ringsum staunen und lachen angeheiterte Gäste: „Captain, you run a tight ship alright, yet your crew seems to be hungry.“ (Captain, Sie führen wohl ein straffes Schiff, aber Ihre Crew scheint hungrig zu sein).

Ob er will oder nicht, jetzt muss er vorsichtig die Lage erklären: Das vertraglich abgemachte Verpflegungsgeld beträgt 2 Dollar pro Kopf und Tag. In Europa reicht's wohl aus. Nie aber auf den karibischen Inseln. Der Koch muss haushalten, weil die Vorräte aus Europa dahinschmelzen.

„Weiß Ihr owner (Eigner) überhaupt Bescheid? Dass der Mindestsatz hier bei 5 Dollar pro Tag liegt, plus alkoholfreie Getränke?“ – Natürlich. Bis jetzt pocht er auf den Vertrag, leider. Seit 4 Wochen hat der Skipper dessen schriftliche Absage auf sein Gesuch. „Am 31. Dezember ist der Kontrakt für beide Parteien beendet. Wir werden unserer schönen ‚Nike‘ good-bye sagen und nach Hause fliegen.“ – „Captain, better think about it. In US-waters we have laws, protecting foreign crew men.“ – (Denken Sie nochmal drüber nach. Wir haben Gesetze in US-Gewässern zum Schutz ausländischer Besatzungen).

Unsere neuen Freunde regen sich auf. Wir, die Betroffenen, überhaupt nicht. In gutem Glauben ist der Vertrag unterschrieben von uns allen. Nachher feilschen und betteln? Nein. Sowas liegt dem Seemann nicht.

Außer Sonntags wird jeden Tag gearbeitet von 0700–1200 und 1300–1700. Abwechselnd schiebt jeder seinen 24-Stunden Bordwachtag. Zum letzten Mal segeln wir ausgelassen nach Martinique zum Konsul und zurück, zu dritt, weil Neubert schon abgemustert ist. In St. Thomas, abends nach Dienstschluss und eine Hälfte des Sonntags repariert Manfred Segel von anderen Yachten, näht neue nach Maß. Alles von Hand. Uwe geht fleißig zur Hand, mit Nadel und Segelgarn. Ein Dollarsegen! „Manfred the Sailmaker“ ist bald ein Begriff in Yachtkreisen.

Mit Ausnahmegenehmigungen der Einwanderungsbehörde und Küstenwache, warm empfohlen von US-Yachtleuten, bleiben Manfred und Uwe zurück auf den US-Virgin Islands. Arbeiten auf Yankee-Yachten und an Land, als spätere Deutsch-Amerikaner bis ans Lebensende.

Beide begleiten ihren Skipper zum kleinen Airport, trinken den Abschieds-Rum-Punsch aus großen Gläsern. Der Anwalt des verehrten Eigners und Mitseglers fliegt mit derselben Maschine nach New York zurück. Unverrichteter Dinge. Mit neuen Verträgen ist er in letzter Minute aufgetaucht, auch mit Schecks als Nachzahlung für erlittene Unbill – sollten die frischen Verträge unterschrieben werden! Zu spät. Dankend lehnt jeder einzelne ab. Man hat ja seinen Stolz.

Ein altes Schiff lässt ihn nicht los

Das allbekannte Schifflein im alten Hafen von Cannes heißt nun „Donapila“. Vom Flaggenstock wehen die Farben Portugals. Vorher vier lange Jahre vom „Capitaine allemand“ geführt als „Loraymo IV“ und „King Abdul Aziz“ . In der kurzen Zwischenzeit hat der neue Besitzer zwei Kapitäne verbraten. Jetzt braucht die gräfliche Skandalnudel Jorge aus Estoril bei Lissabon einen Neuen. Dringendst. Zu außergewöhnlichen Bedingungen heuert er den Skipper telegraphisch an. Eigentlich wollte der ein bisschen ausschnaufen im Familienkreis. Aber „Donapila“ muss schnellstens in Lissabon sein. In der Metropole am Tejo stehen Schiffbauer und Handwerker Gewehr bei Fuß. Aufs Feinste umgebaut und überholt, soll die 32- m-Yacht in St. Tropez alle Blicke auf sich ziehen. Als Playboy-Stützpunkt der Sommer-Saison. In nur fünf Monaten…

Diesmal will Seine Durchlaucht auf Nummer Sicher gehen. Hat er doch vor kaum zwei Jahren seine erste Yacht verloren. Bei Kaiserwetter auf die Klippen vor Cannes geschmettert. Der preiswerte „Feld-Wald-und-Wiesen“-Skipper mit dem gekauften „P3“-Patent der Kanalrepublik kann nicht besser. Eindrucksvoll, wie ein Filmstar, beherrscht er wohl seine Hauptrolle. Leider nur im Hafen.

Nicht gerade bestechend erscheint die Mannschaft für die 1150 Seemeilen Überführungsreise nach Lissabon. Leicht vergammelt, in abgenutzten Klamotten, Zweitagebart um den Rüssel. So melden sie sich zum Dienst. Taschen und Kartons für ihre Habseligkeiten sind sicher aus Mülleimern geangelt. Doch ihre Seefahrtbücher beweisen lange Seefahrtzeiten bei der „Christlichen“ und auf Yachten. Moses, der blutjunge Anfänger, ist allein die Ausnahme.

Jacques Fieuzal, bretonischer Bootsmann, ist „Aussteiger“-sohn eines Sous-Präfekten (Staats-Sekretärs). Nach 20 Jahren Plackerei auf Grönlandfischern, Hochseeschleppern und bei einer Bergungsfirma ist der hagere und bärenstarke Franzose mit Schiffen und Elementen verwachsen. Neben einer Tasche mit Nötigstem schleppt er eine alte Munitionskiste an Bord. Seine Schätze: Von Racine, Molière, Voltaire bis Balzac. Einen abgegriffenen Band stellt Jacques ins Bord über der Koje: Den „Contrat Social“ von Jean Jacques Rousseau. Der bescheidene Seefahrer mit seinen schwieligen Händen…

Motorenmann „Alexis“ ist Franzose der ersten Generation. Seine Lebedeff-Familie flüchtet vor der sowjetischen Soldateska in Odessa. Fasst Fuß in Südfrankreich, nach entbehrungsreichen Umwegen über die Türkei. Wie so viele zaristische Russen nach der Oktoberrevolution 1917 und dem Ersten Weltkrieg. Alexis kennt den Grafen viele Jahre schon. Lässt sich vom russischen Skipper seiner Schoneryacht „Vagrant“ beurlauben. Zur Vorsicht verlangt er die Hälfte der ausgemachten Gage im Voraus.

Juan, ein Spanier aus Avila, kennt die Seefahrt vom Tunfischfang auf der Biscaya. Jeden Franc spart sich der großgewachsene Iberer für die Schauspielschule auf. Sein Lebensziel. Dieser Verdienst geht in eine Nasenkorrektur. Juan ist fest überzeugt, dass seine großartige Adlernase der Bühnenkarriere hinderlich wäre.

Matrose José da Silva ist auf einem schweren Tejo-Frachtsegler aufgewachsen. Bei einer Lissaboner Afrika-Reederei dient José sich zum 2. Bootsmann hoch. Der 3. Offizier dort bringt ihm Lesen und Schreiben bei.

Kinder auf Tejo-Frachtseglern kennen nur harte Arbeit, keine Schulzeit. Beim französischen Konsul in Lissabon will sich José gültige Arbeitspapiere für Frankreich besorgen.

Vom wohlbehüteten Elternhaus im bürgerlichen Rom ist Enzo Cavalieri nach Frankreich ausgebüxt. Sein „esame di maturita“ (Abitur) ist in die Hose gegangen. Jetzt will Enzo seiner vorwurfsvollen Familie zeigen, was in ihm steckt. Sein Leben alleine meistern. Teller waschen und Pötte blitzblank scheuern gelingt ihm schon, Kaffeekochen gerade noch. Sonst ist er in Sachen Kombüse ein hoffnungsvoller Fall. Lachen kann unsere Frohnatur, sichtlich erlöst vom Klassenmief und süßer Familiengewalt. Der junge Römer packt überall mit zu, lernt begierig die Grundlagen der Seefahrt. – Ein Super-Moses!

Mit gleich drei leidenschaftlichen Köchen kann mit der Bordkost nichts schiefgehen: Jacques aus Frankreich, Juan aus Spanien und dem Portugiesen José. Alle beherrschen mindestens vier ihrer besten Nationalgerichte und wirken unverdrossen in der kleinen Kombüse, der Tanzerei im schweren Seegang zum Trotz. Echte Star-Köche internationaler Schlemmerlokale geben bei kleinsten Schiffsbewegungen meist ihren Arbeitsgeist auf.

Hauptsache, „mozzo“ (Moses) Enzo wäscht Geschirr, putzt die Küche, Boden und Schränke vor seiner Ruhestunde. Ganz einsame Klasse das Abschiedsmahl: fünf Gänge bretonischer Köstlichkeiten, passende Weine, Dessert flambé. Wie halbverhungert haut sich Enzo die Wampe voll. Leider umsonst. Stunden später sinken die Herrlichkeiten zu den Fischen. Aber unser Benjamin reißt sich zusammen. Hundeelend mit grüner Nasenspitze steht Enzo vier Stunden Ausguck draußen, in eisigem Wind und Gischt. Sorgenvoll beobachtet vom Rudergänger Juan.

Winternacht im Löwengolf, West 7–9, Schneeböen. Berg- und Talfahrt auf einsamer See. Rudergänger steuern die tanzende Arche lässig. Seefahrt auf kleinen Schiffen ist ihr gewohntes täglich Brot. Halb eingedöst auf der Brückenbank der Skipper, immer klar zum Sprung.

Bei den Balearen-Inseln harte, ausgewachsene Sturmböen, brechende Wälle kurzer See. Für die Lustyacht eine Nummer zu viel. Zwei Tage Ausschlafen im Schutzhafen Pollensa. Meldung für den Eigner in Lissabon per Telegramm vom Dorf-Postamt. Postwendend meldet sich der Graf mit dringendem Befehl: „Auf keinen Fall weiterlaufen bis Wetterlage grundlegend gebessert stop Orkan im Atlantik stop."

Weiterlaufen Kurs Gibraltar-Straße entlang der Küste. Im Tiefblau der Wolkenlücken die Häupter der Sierra Nevada, weiß verschneit. Meile für Meile macht „Donapila" gut, trotz rauer See und bewachsenem Schiffsboden. Vorbei am Affenfelsen, non-stop. Nur keinen Tag annehmbaren Wetters in Gibraltar verschlafen. Der letzte Wetterbericht von der Signalstation: Gibraltar bis Cap S. Vincent, Süd 3–4 rechtsdrehend, bedeckt. Cap S. Vincent bis Lissabon Süd-Süd-West 4, auffrischend 5, raue See. In knapp anderthalb Tagen werden die 310 Atlantikmeilen abgespult sein. – Zusammengeschweißt und bestens aufgelegt erleben sechs Männer aus fünf Nationen ihre Zufallsreise. Alles klappt, Maschinen brummen, man schmaust erstklassig!

Offensichtlich liegt etwas in der Luft. Am Morgen des letzten Tages, nördlich vom Kap S. Vincent, legt der Südwest stetig zu. Ebenso stetig fällt das Glas. Schäumende Windseen kreuzen lange Wellenberge aus Nordwest, steigen ungeniert übers Schanzkleid, überschwemmen Deck und Luken. Mit vollen 9 Stärken heulen die Elemente, am späten Nachmittag sind es schon 10 Beaufort in prasselnden Regenböen. Bei Dunkelheit und mieser Sicht dreht der kleine Spielball von Motoryacht in den Nordkanal, fünf Meilen vor der Tejo-Mündung. Neumond-Ebbstrom gegen Weststurm, höllisches Schlingern im Wechsel mit knallhartem Stampfen. Zwei Mann am Ruderrad, vom durchnässten Skipper draußen dirigiert. Immer zurücksteuern in die Leitlinie von Ober- und Unterfeuer. Sekunden wie Ewigkeiten, wenn der Eimer bis fast 40 Grad überholt, sich nicht mehr aufrichten will. Jeder in seiner Schwimmweste fühlt den drohenden Kenterpunkt, zählt die Sekunden.

Lotsendampfer Cascais ist eingezogen. Auch für Lotsenstation Belem, Hafen- und Stromlotsen, ist das Wetter zu schwer. In Nacht und Regensturm schaffen wir das Alcantara-Dock durch die enge Einfahrt, kriegen die Kurve im gurgelnd dahinschießenden Ebbstrom. Proppenvoll ist der Hafen mit schutzsuchenden Fahrzeugen. Endlich, ohne Bums, liegt „Donapila" längsseits an einem schmierigen Frachter. Heißer Tee mit Rum löst die Spannung. José da Silva begleitet den Skipper zum nächsten Telefon. Die Bordwand am Frachtschiff hochgeentert, erspäht José ein Licht auf dem Kai. Die kleine Wachbaracke. Geschützt vom prasselnden Regen draußen pennt der Wächter selig, über sein Pult gebeugt. Auf dem Kanonenofen die Kaffeekanne voll duftendem Angola-Kaffee. Hilfsbereit lässt er beide klitschnassen Fremdlinge telefonieren, nimmt zaghaft nur die 10 Escudos.

In der Geisterstunde schrillt das Telefon auf dem Nachttisch des Grafen in seiner Villa zu Estoril. Zuerst antwortet er portugiesisch, spricht dann deutsch, als sein Skipper sich meldet. „Seien Sie vernünftig, Kapitän, bleiben Sie noch in Spanien. Hier im Atlantik ist der Teufel los." – „Durchlaucht, seit einer halben Stunde liegt Ihre „Donapila" sicher im Alcantara-Dock." – „Machen Sie keine dummen Scherze zur nächtlichen Ruhezeit! Haben Sie getrunken?" – „Nein, Durchlaucht, keinesfalls, Ende."

Bis morgens vier sitzt die kleine Schar in der bescheidenen Messe. Jacques' einmaliger „pot au feu" (Eintopf), heruntergespült mit ein paar Flaschen „Rosé du pays", hebt die Stimmung. Jeder singt ein Lied seiner Heimat. Die übrigen summen leise mit. Spanisch, bretonisch, portugiesisch, russisch, italienisch und deutsch. Feierlich wird Enzo zum „Mozzo prima classa" befördert. Stolz und gerührt wischt sich der Junge Tränen aus den Augen. Leicht dun ist er auch schon. Kein Wunder...

Zur Mittagsstunde meldet sich Seine Durchlaucht. Auf einer Hafenbarkasse kommt er längsseits, zusammen mit ein paar Herren. Dem Skipper kann der Graf nicht in die Augen sehen. Dreckiges Gewissen. Will sich für den „faux pas" (Ausrutscher) beim nächtlichen Gespräch entschuldigen. „Schon gut, Durchlaucht." – erledigt.

Schnell noch bei Stillwasser vom dreckigen Alcantara-Dock in den Yachthafen unterm Belem-Turm verholen. Ankern und festmachen. Auszahlung im vorderen Salon, Heimflug-Tickets, Spesen und Bonus, kurzer Abschied. Eine Schar heimischer Bootsbauer und Mechaniker wartet schon an Land.

„Kapitän, bitte bringen Sie doch ‚Donapila' Anfang Juli nach St. Tropez. Mit meiner portugiesischen Besatzung." „Gerne, Durchlaucht, aber das hängt ab..." – „Ja, natürlich, ich überweise Ihnen 50% retainer

(Vorschuss) für die Wartezeit. So lange können Sie mit Ihrer Familie sein." – „Vielen Dank und viel Glück, Durchlaucht."

Zurück zum Playboy-Stützpunkt

Stolz präsentiert Graf Jorge seine „Donapila". Rein äußerlich betrachtet glänzt die Motoryacht, wie aus dem Ei gepellt. Aber noch werken ein Dutzend Maler und Bootsbauer an Deck. Segelmacher setzen neue Sonnensegel, grün-weiß gestreift im Hotelterrassen-Stil, ringsum garniert mit honiggelben Trotteln. Ein alter Fischer spleißt neue Festmacher und Wurfleinen. Und längsseits im nagelneuen Flitzer beugt sich ein Mann im Overall über den Motor. Atlantische Mittagsbrise fächelt kühlende Salzluft.

Der Skipper, zurück von Triest, schaut sich den provozierenden Luxus-Schlitten nachdenklich an. Was ist aus seiner „Loraymo", der attraktiven Motoryacht, nur geworden? Eine junge, einst blühend gesunde Dame, von Make-up und Firlefanz zur leblosen Maske entstellt.

Im Herzen hängt noch der 94-Fuß-Segel-Schoner mit seinen klassischen Herreshoff-Linien. Gebaut für die weite See. Nicht für gelangweilte Protze einer Jet-Set-Marina. Sieben Wochen Ozeansegelei hat der Skipper hinter sich. Als Reise-Navigator für den Törn Nassau–Bermuda–Gibraltar–Triest.

Kurz ist nur der Heimaturlaub von Lissabon. Nach Mitternacht schrillt das Telefon: VIP-Yachtagent Danny Rhodes in New York braucht dringend einen Blauwasser-Navigator über den Teich für den Schooner „Southern". Liegeplatz Nassau Harbour Club, Bahamas. Flugtickets liegen zur Abholung bereit am Swissair Desk, Zürich. Nach 30 Stunden meldet sich der „Navigator" bei Capt. Jerry S. Ein schlacksiger Riese, sympathisch, mit offenem ehrlichen Blick. Viele Jahre segelt Jerry auf Yachten seines Eigners, anfangs als Hilfskoch/Steward. Nach und nach rückt Jerry zum Bootsmann auf, wird zuletzt Skipper. Ein fähiger Praktiker, voll vertraut mit Manövern, Seemannschaft und Küsten-Navigation. Sichtlich schätzen Eigner-Familie wie die Mannschaft ihren „Alten“. Der „Neue“ aus Germany soll ihm sicher über den Nordatlantik helfen. Möglichst bald in Triest ankommen.

Für uns beide ein Glückstreffer! Tausende Atlantikmeilen – immer mit Vollzeugbrise raumschots, Tages-Etmale selten unter 200 Meilen, keine Stunde mit Maschinenkraft, auch durch's Mittelmeer. Ein glückhaftes Schiff – Hand in Hand arbeiten die Männer, sind echte, rücksichtsvolle Kameraden.

Jetzt wieder zurück in gräflichen Diensten – auf einem polierten Möbelstück ohne Masten und Segel. Dazu umringt von großspurigen Ignoranten mit ihren servilen Sklaven. Zum Kotzen. – Nur nicht achteraus träumen!

Mitten im Gedränge fleißiger Helfer die weißgedeckte Tafel, Porzellan vom Allerfeinsten, Tafelsilber, Kristallgläser. Der alte Diener, hager, fast knochig, eifrig am Buckeln. Mit schweren Platten aller Delikatessen, dampfenden Terrinen, Spitzenweinen im beschlagenen Eiskübel. Dem Skipper an der Tafel schmeckt der aufwendige Speiseluxus bald nicht mehr. Schielen doch an Deck kauernde Gestalten bei der Arbeit hoch zu den leiblichen Genüssen, hungrig – schlucken im Geiste mit ihren „Herren“. Jammervoll.

Sorgsam und geduldig arbeiten die Portugiesen. Kommen an Bord viertel vor sechs, können zurück zu ihren Familien gegen 2230 Uhr. Verschüchtert essen sie ein halbe Stunde, in einer Ecke hockend, aus ihren mitgebrachten Blechtöpfchen mit Einfachem von Mutters Holzherd. Aber immer breiten die guten Leute würdevoll ein blitzsauberes Tuch an Deck aus.

„Portugiesen sind von Geburt aus faul“, bemerkt Seine Durchlaucht. „Die brauchen Druck – sollen sie froh sein, bei mir was zu verdienen.“ Unverblümte Fragen seines deutschen Skippers finden nicht seine Gnade. „Wenn wir gegessen haben, sehen Sie, dürfen die Arbeiter Restliches verzehren.“

Die nächsten Tage bis zur Ausreise speist der Skipper lieber in einem bescheidenen Restaurant jenseits der Autobahn nach Estoril. Zum Abschied lädt er dort die ganze Gang zum Abendessen ein. Familien und

Kinder schmausen fröhlich mit im dichtbesetzten Raum. Sechs Tage Kapitänsheuer sind nicht beim „Teufel“, sondern in leeren Mägen braver Leute. Inbegriffen die Musikanten und „Fado“-Sänger.

Toll ist der Luxusnachen innen ausgebaut und dekoriert. Edle Hölzer, Schnitzereien, rote und grüne Saffianleder, dicke Haremsteppiche, schwere Brokatvorhänge – superschwüle Atmosphäre. Lederbeschlagen das Ruderhaus, alles chromblitzend, wie ein Rolls-Royce-Cockpit. Geblieben ist der einfache Kompass. Das gewünschte Radargerät und eine automatische Steuerung sind gestrichen: „Völlig unnötige Ausgabe… ‚Donapila‘ bleibt nur im Hafen von St. Tropez…“

Dafür ist mehr Raum fürs Privatissimo gewonnen… genial… Man verkleinere einfach das Logis für die Besatzung vorne. Die primitiven „Kulis“ können ja mehr zusammenrücken. Britische Yachtstandards, wie vordem, sind schon mehr als dürftig. Mit der luxuriösen Neugestaltung sind menschlich-hygienische Mindestforderungen für eine arbeitende Besatzung mit Füßen getreten.

Stolz wie ein Pfau steigt der Eigner mit Gemahlin und Neffen für die Jungfernreise nach St. Tropez an Bord. Von ihm persönlich zusammengestellt ist die Besatzung, allesamt willige gute Leute aus Lissabon. Draußen auf See will der Skipper das Ruder dem ersten Matrosen übergeben. Auf die Tafel neben dem Steuerkompass schreibt er groß und deutlich die zu steuernde Gradzahl. Der brave Mann zuckt mit den Schultern: Er kann nicht lesen, hat noch nie nach einem Kompass gesteuert. Der zweite Decksmann weiß jedoch Kurs zu steuern. Zum Ausgleich ist er farben- und nachtblind, völlig unbrauchbar für Nachtwachen. – Inzwischen jammert Seine Durchlaucht durch’s Telefon: „Ich bin krank, jämmerlich wie ein Hund. Wann sind wir in ruhigem Wetter?“ Ein schwimmendes Tollhaus auf sommerlich schönem Atlantik.

Nun steht der Skipper 30 Stunden alleine am Ruder, zum Umfallen müde von der nicht enden wollenden Kurbelei. Sieht langsam weiße Mäuse auf der Kompassrose herumtanzen. Nicht zu reden von leeren Eingeweiden. Unserer Restaurant-Koch verendet längst schon im eigenen Saft, zusammengerollt auf dem Kombüsendeck. Nur Maschinist Manuel hantiert munter weiter im heißen Maschinenraum. Hält seine 1200 Pferdchen in Schwung. Der letzte Mohikaner. Dann und wann bedient er sich aus dem Kühlschrank der Privatkombüse. Teilt Brot und Schinken mit dem einsamen Skipper, bringt eine Kanne Kaffee. Wenn der mal nötigst aus der Hose muss, steuert Kamerad Manuel eine viertel Stunde.

Durch's westliche Mittelmeer, von Gibraltar bis St. Tropez kein Lüftchen. Die See glatt wie die Seine unter der Pont Alexandre. Neffe M., wieder auferstanden vom klassischen Seeleiden, steuert tagsüber zweimal je drei Stunden. Schnell und geschickt hat er den Bogen raus. Freut sich, dass er endlich einmal nützlich sein kann. Als letzte sind Graf Jorge mit Gemahlin Monique wieder gehfähig. Kombüse und Bedienung funktionieren.

Hundert Meilen gerade nach der Gibraltar-Straße steht der Koch am Niedergang – schreckensbleich – und kann nur laut stammeln: „Foogoo – Foogoo – em Salào!" (Feuer im Salon). – Bleibt zitternd oben. Einzig Maschinist Manuel, kaltblütig überlegend, saust runter zur Feuerlöschpumpe, reißt Feuerlöschschläuche oben an Deck aus den Halterungen. – Im Salon steht schon der Skipper mit dem Handfeuerlöscher. Hat Maschinen vorher gestoppt. – Aus dem dicken Teppich schlägt eine fußhohe Flamme, bläulich, wie beim Autogen-Schweißen. Ringsherum schmort stinkend der Teppich. – Kurzschlussfeuer! – „Cortar interruptor electrico principal!" – (Elektrischer Hauptschalter raus). Seemanns-Spanisch begreift Manuel, verschwindet wie ein Blitz. Weg ist die Stichflamme. – Jetzt erst kann man löschen. Ringsum, Teppich, das Holzdeck darunter – rücksichtslos freilegen, Schaum einblasen. Typisch Show-Yacht: Vorne hui und hinten pfui.

Ziemlich blass um die Nase, aber gefasst, der Graf im seidenen Morgenmantel: „Warum haben wir kein Licht?" – „Durchlaucht bitte, warum haben Sie die elektrischen Sicherungen leichtsinnig flicken lassen? – Seien Sie froh …" Da fängt seine naturblonde Gemahlin auch noch an: „Capitaine, mein wundervoller kostbarer Teppich!" – „Madame, lieber ein Loch im Teppich, als Schiff mit Teppich und uns allen im dunklen Loch eine Etage tiefer. Übrigens, warum tragen Sie keine Schwimmweste?"

Ein kleines Intermezzo, heilsam für Ignoranten und Besserwisser. Tagsdrauf, nach langen Stunden Nachtwache gerade in seiner Koje, schreckt der Skipper hoch. Beide Maschinen sind gestoppt, an Deck geschäftiges Füße-Trappeln. Von seiner Lustyacht aus schwimmend der Graf, fröhlich winkend. Hat der Herr und Gebieter doch den Maschinisten angewiesen, eine Stunde lang zu stoppen und mit den Seeleuten zusammen die neue Badeleiter auszubringen. Für ein Morgenbad im glasklaren tiefblauen Meer. Fein. „Kommen Sie doch rein, lieber Kapitän, das Wasser ist herrlich!" – „Lieber nicht, Durchlaucht, danke. Von hier oben sieht man Dreieckflossen besser und schneller."

Nur Minuten drauf steht der Boss an Deck, prustend und triefend. „Sie haben mir meinen Morgenspaß schön verdorben, Kapitän." – „Durchlaucht, Sie können ruhig weiterschwimmen, wenn Sie sicher sind, dass sich hier draußen im Dampfertreck keine hungrigen ‚tubaràos' (Haie) rumtreiben. Ein plötzlich gestopptes Fahrzeug macht die feinnervigen Reisenden aller Meere neugierig. Ich passe lieber auf Sie auf."

Eines Tages zur Mittagszeit läuft „Donapila" langsam in den Hafen von St. Tropez. Ankert vor dem angewiesenen Platz der Pier. Minuten drauf ist der Neuankömmling mit dem Heck achtern fest vertäut.

Über die ausgebrachte Gangway an Land schreitet erst der Graf, im weißgelben Seidenanzug und elegantem Panama. Betrachtet seine Yacht vom Kai aus, von allen Seiten. Gedankenvoll … sichtlich zufrieden. Im Schatten vor der Bar „Senequier" bestellt er einen kühlen Apéritif. Lädt seinen Skipper huldvoll ein, sich nach getaner Arbeit ein paar Tage auf der Yacht und im Städtchen zu vergnügen. Dankend lehnt dieser ab, kennt er doch die sommerliche St. Tropez-Operette zur Genüge. Quittiert lieber seine Heuer und übergibt MY „Donapila" formell dem Grafen. In bestem Zustand, mit Eintrag im Journal. Bestätigt, keine weiteren Forderungen an Schiff und Eigner zu haben und behält die bestätigte Abschrift. Vertrauen ist gut, aber…

Unser skurriler Baron

Jetée Albert Edouard im Hafen von Cannes. Dicht an dicht liegen Yachten, kleinere Segler neben großen Pötten. In der Frühlingswärme werken emsige Besatzungen an Deck. Andere baumeln im Bootsmannsstuhl hoch an den Masten, schleifen und lackieren.

Der Skipper, für ein paar Wochen auf dem Motorsegler „Fatima“, hievt mit seinen Leuten einen Generator durch's Montageluk an Deck. Vorsichtig mit Flaschenzügen vom gesicherten Großbaum. Endlich steht der schwere Brocken auf der Pier. Ohne Kranhilfe von Land. Die deutsche „Fatima“ hat zu sparen, muss Ausgaben vermeiden. Pedro, Spanier aus Murcia, hilft beim schwierigen Unterfangen. Neugierige Gaffer ringsum warten geradezu auf den großen Rums. Sehen im Geiste das Aggregat zwischen Yacht und Pier auf Tiefe abblubbern.

Ein Herr, großgewachsen und hager, verweilt im Hintergrund. Spricht den schwitzenden Skipper im Arbeitszeug höflich an, beinahe scheu.

Allein sein Französisch zeugt von Klasse und bester Kinderstube. Verbeugung gegen Verbeugung: „Allard“ – „Goetsch“ – Der Gentleman im einfachen grauen Sweater und offenem Hemd bittet den Skipper zu seinem Wagen. Hochgeklappte Türen – ein Mercedes 300 SL. Aus dem Inneren angelt er einen Packen Papiere und Pläne, dazu eine Tüte mit Torten von der Pâtisserie beim Hafen.

Beide betrachten den Generalplan einer robusten 400-BRT-Motor-Yacht, ausgebreitet auf der Kühlerhaube der schnittigen Kutsche. Ein Seeschiff, bullig, mit den Linien eines Trawlers für arktische Fischerei. Bezaubernd schön in seiner puritanischen Einfachheit.

„Monsieur Goetsch, ich überlasse Ihnen die Pläne zum Nachdenken. Bis morgen, hier um dieselbe Zeit.“ Beide mampfen noch eine Himbeertorte vom Pappteller, stehend, an den 300 SL gelehnt. „Au-revoir et à demain.“ (Auf Wiedersehen bis morgen).

Unnötig, lange zu überlegen. Der zum „Stalinschiff“ umgebaute Kriegsfischkutter „Fatima“ ist wohl in Lübeck registriert, mit deutschen Dokumenten. Der schlaue Eigner aber drückt sich vehement, seine Mannschaft legal anzumustern. Auch deutsche Staatsangehörige mit Seefahrtbuch werden stets vertröstet. Der Yachtstatus ist nur ein Deckmantel. Das Schiff soll in Wahrheit Passagiere befördern und „Geschäfte" machen. Ein geduldetes Kuriosum jener wilden Jahre.

„Wann kann ich die Besatzung beim deutschen Generalkonsul in Marseille anmustern, die vorgeschriebene Musterrolle erstellen?" – Die Geschäftsführerin des Reeders windet sich gekonnt. „Wir erwarten die Unterlagen aus Lübeck, Käpten" – „Ach, gnädige Frau, Sie finden sicher einen geeigneteren Dummen. Keine Stunde mehr übernehme ich Verantwortung für Besatzung und Schiff. Ihnen allen viel Glück weiterhin ..."

Anderntags parkt Monsieur Allard wieder auf der Pier. Winkt: „Comment-allez vous, Monsieur Goetsch?" (Wie geht es Ihnen). – „En vrai dire, j'ai quitté le ‚Fatima', Monsieur." (Um die Wahrheit zu sagen, ich habe die „Fatima" verlassen). – „Très bien (bestens), dann sind Sie sofort frei für unser Projekt. Am besten besprechen wir uns auf meinem Boot, ich fahre hinaus zum Schwimmen bei den Inseln. Hätten Sie Zeit?"

Ungemein geschickt manövriert Baron Olivier Allard seine 10 m lange Barkasse aus dem betriebsamen Hafen. Rauscht draußen mit voller Pulle zu den Lerins-Inseln. Am kleinen Steg von St. Honorat machen wir fest. In der idyllischen Ruhe ezählt der Baron von der Motoryacht, derzeit in ihrer letzten Bauphase auf einer niederländischen Werft. Breitet weitere Zeichnungen aus, zeigt neueste Bilder.

Die Yacht ist von ihm bei Kiellegung käuflich übernommen. Als Schwesterschiff einer etwas kleineren Ausführung für den griechischen Reeder Goulandris. Wie könnte es auch anders sein, offensichtlich ist mancherlei auf der Werft im Argen. Dazu noch mit seiner persönlichen Bau-Aufsicht. Mauschelei und Sparsamkeit in fremde Taschen. – Die Fertigstellung fünf Monate überfällig – Konkursgerüchte – die übliche Latte mit zweitklassigen Bauwerften.

Fragend blickt er sein aufmerksames Gegenüber an: „Hätten Sie Lust und Mut, mir zu helfen?" – „Wenn Sie glauben, ich schaffe die Aufgabe, Monsieur, dann versuchen Sie es mit mir. Gerne auf Probezeit. Sagen wir drei Monate für beide Teile?" – „Wollen Sie einen Vertrag?" – „Merci,

Monsieur, ich glaube, unser Wort genügt." Baron Olivier springt über Bord, krault schnell außer Sichtweite um die mediterrane Trappisteninsel. Allein im Boot verzehrt der Skipper ein halbes Hähnchen vom mitgebrachten Proviant, ein paar Brotstücke von der „baguette". Zusammen mit einem Glas „Rosé" ein friedliches Mahl.

Vor der Rückfahrt nach Cannes überreicht der Baron eine Liste mit Anschriften, Telefon-Nummern, auch seiner Privat-Sekretärin, Madame Stalherm, Kennzeichen der Wagen und Notadressen für den Fall eines Falles.

„Könnten Sie noch eine Woche in Cannes bleiben? Hier die Schlüssel Ihrer Wohnung in der 2. Etage gegenüber „Les Allées". Sollte sie Ihnen nicht zusagen, nehmen Sie ein gutes Hotel in der Nähe des Hafens. Kümmern Sie sich inzwischen um eine fähige Besatzung, möglichst nicht aus dem Yachtmilieu hier. Nie vergessen: Jeden Morgen, vor 0500 Uhr anrufen. Zur Lagebesprechung" – Jetzt angelt er eine Ledertasche aus seiner Aktenmappe: „Voilà, für Ihre Kosten und Spesen. Scheuen Sie keine notwendig erscheinenden Ausgaben. Betrachten Sie sich seit dem Ersten angestellt. Ihre Gehaltswünsche werden honoriert."

Am „Gare Maritime" (Seebahnhof) trennen sich unsere Wege. Mit ausladenden Schritten verschwindet der sportliche Mann im Mittagsgewühl. Der Skipper labt sich erst mal mit kühlem Orangensaft am Tischchen unterm Sonnenschirm. Betrachtet abwesend Autoschlangen auf der Avenue de la Croisette. Nur ein paar Blöcke weiter, an der Rue d'Antibes, die zugedachte Wohnung mit Balkon zum Hafen. Puppig, nett, sauber und persönlich. – Viel gemütlicher als im Grand-Hotel „Majestic", blitzblank das Bad, frische Handtücher. Küche mit frisch gefülltem Kühlschrank.

Zuallererst wird ein Kontobuch für Einnahmen und Ausgaben eröffnet, der Barvorschuss von 25 000,– Schweizer Franken und 20 000,– Französische NF verbucht. In der „Papeterie" (Schreibwarengeschäft) um die Ecke gibt's auch Ordner für Belege und kommende Korrespondenz.

Jeden Morgen um 0445 Uhr berichtet der Skipper telefonisch über Fortschritte für eine gute Stammbesatzung. In kurzen Worten, präzise Punkt für Punkt. Frischluftfanatiker Olivier Allard im nach allen Seiten schwenkbaren Liegebett auf der Parkterrasse seiner Villa „Mariposa" liebt Klarheit.

Während seiner kreativen Morgenstunde notiert er gewissenhaft Gedanken und Pläne, hört dem frühen Anrufer aufmerksam zu. Sein Gedächtnis für Zahlen, Termine und Vorgänge ist sagenhaft.

Oft schippern wir raus zu seinen Inseln. Tüten voller Proviant schleppt der Baron selbst mit. Draußen am Steg einsame Stille. Nur Grillenzirpen vom hitzedürren Land im Schatten alter Pinien. Vor seinem Hechtsprung ins Meer wird konzentriert gearbeitet, Fragen besprochen und Anweisungen vom Chef notiert.

Unverblümt erwähnt Baron Olivier den Personenkreis im Kraftfeld des Neubaus. Falsche Fuffziger gibt's darunter, mit äußerster Vorsicht zu genießen. Machenschaften zwischen Bauwerft und örtlichen Vertretern der Klassifikationsgesellschaft zum Schaden des Neubaus sind unverkennbar. Ganz nebenbei lüftet er den Schleier über die politische Anonymität der Yacht, über Intrigen höheren Orts. Deutet notwendige Presseabwehr und Irreführung von Schnüfflern an. „On sait bien, que vous êtes l'homme de toute confiance." (Man weiß, dass Sie ein voll vertrauenswürdiger Mensch sind).

So, so… Die Begegnung seinerzeit auf der Pier ist kein bloßer Zufall? Warum auch nachdenken? Olivier Allard ist einer der letzten übriggebliebenen Ehrenmänner. Sowas spürt man einfach. Allein der Skipper hat sich mit der neuen, unbekannten Aufgabe zurechtzufinden. Jung, unbeschwert und etwas naseweis ist er noch, den Laden zu meistern. Zur letzten Bauphase und Belehrung in der Werft ist Walter Schley als Maschinist mit erstklassiger Ausbildung bereits fest angeheuert. Andere Aspiranten sammeln Bewerbungsunterlagen. Das technische Personal soll auf alle Fälle deutsch sein, zumindest aus deutschsprachigem Gebiet stammen. So will es der belgische Baron. Angeblich der gründlicheren Berufsausbildung wegen.

Nachrichten von der Bauwerft über endgültige Fertigstellung sind vage, nicht ermutigend. Die augenblickliche Bau-Aufsicht im Sold des Eigners zeigt keine Zeichen von Eile. Ganz im Gegenteil, der Superintendant selbst scheint von der Werft eingekauft, intrigiert lustig mit, gegen seinen Brötchengeber. „Hier haben Sie meine Vollmacht, schauen Sie meinen Neubau an. Besonders meinem Intendanten fühlen Sie auf den Zahn. Ihre

Maschine nach Schiphol startet morgen vormittag. Nehmen Sie einen Leihwagen in Amsterdam. Morgenrapport wie immer. Briefe und Unterlagen von mir finden Sie im Postfach beim Hauptpostamt Groningen. Hier die Schlüssel und Ihr Ausweis. Mieten Sie sich ein Bankfach für unsere Korrespondenz. Nichts im Hotel verwahren. Mit Major V. als geschultem Agenten bitte doppelte Vorsicht. Der Herr schreckt vor nichts zurück in der Vorahnung, dass seine fetten Jahre verfliegen. Bon voyage, Monsieur, guten Mut und viel Glück!"

Kein Wunder, der Empfang bei der Werftleitung ist frostig, böse und offen feindlich zuweilen. Der Neubau rostet auf den Helligen parallel zum Kanal, keine Menschenseele an der Arbeit. Endlos pladdert Regen ans Fenster im Betriebsbüro. Arrogant wird dem höflichen Besucher bedeutet, er könnte ja anderntags zurückkommen, wenn Rückfragen beim Intendanten geklärt sind. Dann heult die Sirene: Feierabend.

Denkste, mijne Heren! – Ein kleiner Abendspaziergang im Regenwind, raus zum Kanal. Vorsichtig durch ein Loch im Werftzaun geschlüpft. Mit der Stablampe wird der Bau besichtigt, außen und innen, von vorn bis achtern. Eine einzige Arbeitsstätte, Wochen schon verlassen. Über den Daumen gepeilt vier Monate Rückstand bei vollem Einsatz aller Kräfte. – Von wegen Ablieferung in vier Wochen. – Der Morgenrapport nach Cannes wird von der Hotelvermittlung mitgehört, deutliche Atemgeräusche. – Nichts anmerken lassen, Vorsicht! – „Ich rufe Sie vom Hotel an, Monsieur, über die Vermittlung." – Räuspern – „Haben Sie sich schon erkältet in Holland?" – „Oui, Monsieur, so könnte man sagen. Verstehen Sie mich?" – „Absolument, bitte schießen Sie los. Weiteres können Sie später Madame Stalherm berichten." Klar versteht der Boss Wendungen vom freundlichen Empfang bei der Werftleitung, vom Neubau auf den Helligen, offensichtlich kurz vor dem Stapellauf, vom Besuch morgens, sollte der Intendant mit der Vollmacht einig sein. – Altbewährte Umkehrtaktik. Jetzt räuspert sich auch der Baron, lacht: „Bonne chance et patience, Monsieur." (Viel Glück und Geduld).

Mittags, zurück im Hotel, sind Gepäck und Schrank fachgemäß untersucht, alle Dinge sorgsam gefaltet, peinlich genau an Ort und Stelle. Beileibe keine Zimmermädchenarbeit. Der Fachmann aber übersieht unscheinbare Fusseln und Köder. Hinterlässt Fingerabdrücke an der Rasierwasserflasche und auf der polierten Schreibmappe, liebenswürdigerweise. Wahrscheinlich unterschätzt er seine Zielperson. Es wird spannend. Sich nur nichts anmerken lassen – die naive Unschuld vom Land spielen.

Herablassend gnädig empfängt der Intendant, Major V., seinen Gegenspieler im Büro seines Hotels. Gleich zu Anfang drückt er seine Finger auf dessen Dokumentmappe, lässt sich viel Zeit beim Lesen der Vollmacht. Der schmächtige, soignierte Herr, nervös und kettenrauchend, holpert zunächst englisch los, fährt fort in gepflegterem Französisch: „Sie sind von Baron Allard berufen? Wozu und warum?“

Die erste Breitseite liegt deckend: „Ich habe Ihnen Fragen zu stellen, Major. Warum, dürfte Ihnen klar sein. Baron Allard fordert endgültige Aufklärung über Ihre bisherige Tätigkeit als verantwortliche Bau-Aufsicht seiner Yacht. Klarheit über alle Ihre Ausgaben und sonstige Aufwendungen, stille Übereinkünfte und Maßnahmen zur Fertigstellung des Schiffes.“ – Puterrot läuft er an, der Major: „Sie, Sie – eine Unverschämtheit!“ – „Nichts ist grundlos, lieber Major.“

„Übrigens sollten Sie sich bei Ihren Forschungs-Unternehmen in Zukunft mehr vorsehen, Major. Denken Sie an Ihr Restgewissen und weitere Gesundheit – à bientôt (auf bald), Major.“ – Bei dem Angeber ist die Luft raus. Aschfahl stiert er ins Leere, saugt gierig am Glimmstengel.

Die Herren der Werftleitung, jetzt triefend beflissen, zeigen nun Pläne und Berechnungen, erläutern ihr künftiges Arbeitsprogramm. Einwandfrei: Alle sind über den neuen Störenfried telefonisch vorgewarnt, den „Rott Muff“ (Schimpfwort für Deutsche) mit unbegrenzten Vollmachten.

Zwei junge Schiffbau-Techniker begleiten ihn durch den urplötzlich wiederbelebten Neubau. Sprechen mit Schweißern und anderen Schiffbauern bei der Arbeit. Fachlich korrekt werden alle Fragen des Besuchers beantwortet. Manchmal allerdings ein Schulterzucken beim Hinweis auf grobe Fehler oder gefährliche Schlamperei: „Von der Klassifikationsgesellschaft Lloyds abgenommen.“ Höhere Gewalt! Auch ein Blinder versteht – die Chef-Etage pflegt erfolgreich wichtige Verbindungen. Mindestens drei Monate Bauzeit unter Hochdruck sind unvermeidlich, übliche zeitsparende Unterlassungssünden einberechnet. Für den sehnsüchtig wartenden Baron eine böse Überraschung. Letzte Neuigkeit: Im Beisein eines angesehenen Notars haben Fachleute den Inhalt des Eilpäckchens analysiert. Ein Volltreffer! Alle Fingerabdrücke sind identisch. Ein belgischer Elite-Anwalt des Königshauses kümmert sich von nun an um den Intendanten. Peinlich – peinlich. Kleine Ursachen, große Wirkungen.

Der Skipper aber kümmert sich um die Abnahme-Mannschaft zur Überführung ins Mittelmeer. Endlich hat er Zeit, sich bei der Seefahrtschule Leer der ersten Prüfung für ein Zivilpatent zu stellen. Nicht weit von der holländischen Grenze. Kapt. Jost Metzler, seinerzeit als Handelmarine-Offizier zur Kriegsmarine übernommen, setzt sich beim Bundes-Verkehrsministerium für eine Ausnahmegenehmigung des jungen Kameraden Goetsch ein. Wie andere erfolgreiche U-Bootskommandanten, Prien, Schepke, Endraß und Kretschmer ist Jost Metzler für den Verlust der Offiziersanwärter der „Niobe"-Katastrophe von der Christlichen Seefahrt zur Kriegsmarine gestoßen. Für seine Unternehmungen auf der „Lachenden Kuh" mitten in afrikanischen Häfen trägt Metzler sein Ritterkreuz. Nach Kriegsende wechselt er zum Geschäftsführer eines alteingesessenen Betriebs.

Mit Kapt. Jürgen Jürgensen als Seefahrtschul-Lehrer und Tutor stellt sich Goetsch der einberufenen Prüfungskommission. Einsam und allein im leeren Physiksaal, von einem Herrn der Kommission aufmerksam beäugt. Nach fünf langen Stunden sind die Aufgaben in Navigation, Seemannschaft, Gesetz und Mathematik erledigt. Drei weitere Stunden nachmittags beantwortet er Fragen der mündlichen Prüfung.

Das Gremium zieht sich zur Beratung zurück. Nach 20 Minuten darf Sonderprüfling Goetsch wieder eintreten. Bescheid: Deutsche Sprache: Sehr gut. Mathematik: Sehr gut. Nautik: Sehr gut. Seemannschaft: Sehr gut. Gesetzeskunde: Sehr gut. Gesundheitspflege: Gut. „Mit Auszeichnung bestanden."

Zwei Jahrzehnte durchkreuzte das Strandgut der geschlagenen Kriegsmarine die Meere. Allein mit dem Zeugnis der See-Offiziers-Hauptprüfung. Von seefahrenden Nationen geduldet. In internationalen Yachtkreisen beliebter sogar als Patente der zivilen Frachtschiffahrt. Von Schiffsversicherungen anerkannt. Höchste Zeit, die „Schwarzfahrerei“ zu beenden. Schrittweise wenigstens. Dabei die Diskriminierung durch das Bundesverkehrsministerium, Abteilung Seeschiffahrt, als Politikum begreifen.

Inzwischen läuft MS „Zurga“ vom Stapel, plumpst querschiffs in den Kanal. Der abgehalfterte Major aber muss Anwälten des Eigners alle bisherigen Aktivitäten offenlegen, für restliche Verpflichtungen persönlich haften. Voll mit Gift, wie eine Speikobra, im Rachedurst des Gedemütigten, schießt der feine Herr quer. Endlos wird schikaniert von aufgehetzten Behörden im kleinbürgerlichen lokalen Filz. Bis zur Übergabe unter die Panamaflagge im Hafen Den Helder mit dem Generalkonsul in Paradeuniform. Die neue Mannschaft mit Gepäck wartet auf der Pier. Bis die Werftbesatzung über die Gangway an Land torkelt, blau wie die Haubitzen. Übel gehaust hat die Meute im Logis. Gestank von Genever, leere Flaschen, Müll und Dreck in Kammern und Gängen. Von wegen Reinlichkeit im Lande der Windmühlen.

U-Boots-Ass Jost Metzler fungiert als Ehrenkapitän. Goetsch, als Vertreter des Eigners, übernimmt Steuermannspflichten und Funk für die Reise. Kapt. Jürgen Jürgensen von der Seefahrtschule Leer/Ostfriesland dreht eine Ehrenrunde auf dem neuen Schiff seines Schülers. Steigt bei der Ansteuerungstonne wieder ins Lotsenboot. Maschinist Walter Schley mit seinem Motormann Mauch führt den technischen Betrieb. Als eigener Garantie-Ingenieur auf der Jungfernreise ist ein C6-Schiffsingenieur mit angeheuert. Ein hochdotierter Badegast ohne Geschäftsbereich, vermittelt ausgerechnet von der Hamburger Gewerkschaft. Den Werks-Monteur für die längere Non-Stop-Reise stellt die Firma MAN. Gezielte Sabotage liegt in der Luft.

Am ersten Abend besucht der Hamburger Schiffsingenieur die Brücke, fällt ungeschickt auf den Rücken bei der etwas rauen See. Weder Rippenbrüche noch andere Frakturen hat der gute Mann abgekriegt, klagt und stöhnt aber wie ein Infanterist mit Bauchschuss. Ab in seine Kammer, vorsichtig auf der Tragbahre. Steward Pospischil versorgt das jammernde Opfer. Entsetzt lehnt der technische Offizier die Schmerzspritze ab. Der Funkarzt von Ostende Radio verordnet Eisbeutel auf Prellungen, zur Sicherheit einen Rucksackverband und vor allem Bettruhe.

Trawler-Type M.Y. „Zurga“ unter Panama-Flagge, Mittelmeer 1962.

„Ich glaube, der Chief markiert, dem ist schon längst pudelwohl.“ meldet der Helfer am zweiten Seetag. Bei Kontrollbesuchen aber stöhnt der Schwerkranke. Verlangt Heimflug 1. Klasse, von einer examinierten Krankenschwester betreut. Unfähig sei er, sich zu bewegen – armer Kerl. Steward P. meldet sich kurz vor Mitternacht: „Kommen Sie bitte schnell, schauen Sie sich unseren Todkranken mal an.“ Lautlos schleichen wir die letzten Meter. Und siehe da – in der Kombüse tanzt der „Sterbende“ zur Musik vom Koffer-Radio. Bedient sich vom Kühlschrank, lutscht fleißig aus der Rotweinflasche, quicklebendig. – Bemerkt nicht die Späher hinten im Halbdunkel…

Steward, seine Kammertür abschließen! Ich hole die Kamera! – Schnell wie die Schleichkatzen. – Grelles Blitzlicht, erste Aufnahme im Kasten. Noch ein Porträt vom erstarrten Chief im langen Hemd beim Nachtvergnügen. – Im Schweinsgalopp jagt der Ertappte durch den Gang, rüttelt fluchend an seiner Kammertür. Vergebens. – „Herr L., Sie sind in Ihre Kammer entlassen. Weiteres hören Sie morgen früh nach Wachwechsel.“ Kommentarlos, nach Luft schnappend, verschwindet der Laienschauspieler in seine aufgeschlossene Kammer.

Aus der wohldurchdachte Traum vom Heimflug 1. Klasse, die süße Krankenschwester als Zugabe! Zuhause dann einen Versicherungsbetrug organisieren, Schmerzensgeld und lebenslange Rente. Wie schön wär's wohl gewesen.

Warmes Wetter mit mittleren Winden begünstigt die Jungfernreise auf 2300 Seemeilen. Beide MAN-Hauptmaschinen schieben „Zurga" zuverlässig mit 13,5 Knoten.

Aber, au Backe! – Wichtige Anlagen fallen dutzendmal aus, manche auch endgültig. Schlamperei einer Bankrottwerft. Ob Kreiselkompass, Selbststeueranlage, Rudermaschine, Stromversorgung, Pumpen oder Fahrtlichter. – Ein Feuerwerk mit durchbrennenden Sicherungen, Salzwasserfontänen aus Druckleitungen. Der Darbietungen ist kein Ende.

Steuern mit hand-hydraulischem Notruder ist pure Schinderei. Stündlich lösen sich die Rudergänger ab, wenn die Rudermaschine zum x-ten Mal streikt. Dazu ermüdet das Starren nach oben, in die kleine Notkompassanzeige an der Decke über dem Steuerstand. Ähnlich einer Hypnose. Einem Seemann müssen gewaltsam die verkrampften Hände vom Ruderrad gelöst werden.

Ausnahmslos alle nehmen die Unbill fröhlich und gelassen hin. Auch Badegast Jost Metzler junior steuert den Pott bald souverän, wie der Stamm. Und das bei seiner ersten Seefahrt! Ein Spaßmacher von Mehrzweck-Smutje sorgt nebenbei für Stimmung, mit lukullischen Genüssen ohne Ende.

Keineswegs überraschen gefährliche Baufehler der Billigwerft am Kanal. Punkt für Punkt sind alle, ausführlich aufgelistet, der Bauleitung längst mitgeteilt. Überlegen, süffisant lächelnd, weisen die Herren auf Abnahme durch die Klassifikations-Gesellschaft hin: „Höchste Klasse, 100 A1."

Obwohl Bullaugen und Rahmen, bei einer Abwrackwerft für ein Butterbrot erworben, mit ihren Stärken und Abmessungen nur für Binnenfahrt zulässig sind – die „unfehlbare" Aufsicht verleiht die höchste Klasse für Seeschiffe. Bei leichter See knallen die Sicherheitsgläser gleich reihenweise. Trotz fest aufgeschraubten Stahlblenden rinnt jede Menge Seewasser ins Innere.

In einem der wasserdichten Querschotten entdeckt Maschinist Schley ein Riesenloch von 2 x 3 Fuß, sittsam versteckt hinter einer Gruppe von Rohren. – Pünktlich alle 10 Minuten gibt die Feuerlösch- und Hauptlenzpumpe ihren Geist auf: Ansaugrohre sind ständig von Werftdreck verblockt.

Von insgesamt 123 Baufehlern vermindern 19 schwerwiegend die Seetüchtigkeit. Wochenlang nach Ankunft in Cannes besichtigt ein Notar die Mißstände, zeitweise mit einem Veteran einer skandinavischen Klassifikationsgesellschaft. Die Herren prüfen, messen pedantisch, fotografieren und nehmen Materialproben. M. Allard wird massiv klagen, seine Yacht auf Kosten der Verantwortlichen in wirklich seetüchtigen Zustand bringen lassen. Zieht sich die Bauwerft, wie oft üblich, mit Rettungskonkurs aus der Schlinge, ist die Klassifikationsgesellschaft dran. – Höchst peinlich für die sonst Unberührbaren.

Mit ihrer 6-köpfigen Stammbesatzung liegt die 400-BRT-„Zurga“ drei Wochen lang auf Ankerplätzen im Umkreis von Cannes. Hin und wieder geht der Skipper ankerauf, für Probefahrten mit Sachverständigen oder Ausflüge mit dem Baron. Die Unterkünfte der Besatzung sind großzügig, mit geräumigen Einzelkammern, einer freundlichen Messe gegenüber der praktischen Crew-Kombüse. – Und, verkehrte Welt: Der Baron mit den Seinen lebt dürftiger als seine Vasallen. Unglaublich spartanisch sind die Privatquartiere. Nackte Böden ohne Teppiche, in riesengroßen Gemächern nur wichtigste Möbel, auch im 14 Meter langen Decks-Salon. Die Eignerküche hinter dem Brückendeck scheint keinesfalls für sonst übliche Festessen gedacht. Selbst, von diensteifrigem Personal unbehelligt, wollen die Herrschaften Kartoffel schälen, brutzeln und kochen. Ungezwungen nach Lust und Laune. Oft schnappt sich der große Chef einen Teller vom Mannschaftsmenü, verzehrt alles genüsslich alleine im Deckstuhl. Dann schleppt er brav ein halbes Dutzend Brathähnchen an für seine Leute. Frisch und heiß vom Traiteur (Speisewirt) beim Hafen besorgt. Belgier lieben nun mal Geflügel, auch vom Hühnerstall.

Monatelang schwärmen Experten durch's Schiff. Landbetriebe setzen Wichtigstes instand, unter notarieller Aufsicht, nota bene. Kostenvoranschläge und beglichene Rechnungen füllen schnell zwei Aktenordner. Nur zwei Reisen von Cannes nach Marseille unterbrechen die zermürbende Hafenzeit. Unser bewährter Maschinist Schley, der absolute Glücksfall, wirft bald das Handtuch. Heuert bei einer Yankee-Reederei drüben an, für doppelte Heuer. Dafür erscheinen Jimmy Palmer als Chief, Kurt Meister als Elektriker. Beide verstehen sich, vom ersten Augenblick an. Jimmy, der Geleitzugveteran aus Aberdeen, dreimal im Nord-Atlantik torpediert und abgesoffen – und der blutjunge Idealist mit goldenen Händen, Kurt aus Friedrichshafen.

In der Nacht zum 17. März 1962 strandet das Passagierschiff „Venezuela“ vor dem Canner Hafen. Bei ruhiger See und prächtiger Sicht. Reihen von ausgesetzten Rettungsbooten pendeln mit Passagieren zwischen Wrack und Übersee-Steg im Hafeninneren. Hell erleuchtet, direkt vor der Nase, die „Venezuela“ mit leichter Schlagseite.

Einfach typisch bei der Seefahrt: Der italienische Kapitän auf seiner letzten Reise vor dem Ruhestand, übergibt, wie so oft, die Wache seinem bewährten Ersten Offizier, dem Dritten und der Brückenbesatzung. Bei jeder Reise nach den USA hat der Alte für den Zwischenstopp in Cannes Passagierlisten und Ladepapiere zu unterschreiben.

Plötzlich rumst der Liner über Felsenriffe der Insel St. Honorat. – Ein unglaublicher Fehler des Wachhabenden und seinem Dritten – trotz Radargeräten, Landsicht und eindeutigen Feuern an jeder Küstenecke. Zig-mal befährt der Unglücksrabe dieselben Kurse, mit seinem Kapitän im Büro hinter der Brücke. Eindeutiger Fall von Betriebsblindheit, was auch für Ausgucksmatrose und Rudergänger gilt. Nur der „Dritte“ kommt mit druckfrischem Patent von der Seefahrtschule Genua.

Seltsam, immer wieder kracht es auf Fähren und Schiffen, die jahraus, jahrein dieselben Routen befahren, mit denselben Kapitänen und Steuerleuten. Schiffsversicherer zahlen sich dumm und dämlich für solche Verluste an Leben, Schiffen und Ladung. Ja, früher einst an Land! War der Kutscher sternhagelvoll, seine Rösslein trabten mit der Schnapsleiche sicher zurück zum heimatlichen Stall.

Der Kapitän der „Venezuela“ beweist sein Können nach der Havarie. Verliert nicht die Übersicht. Schafft die Meile auf die rettende Sandbank. Trotz Wassereinbrüchen durch den aufgerissenen Schiffsboden, trotz abge-

Spartanisch einfach... Schwerwetterschiff „Zurga".

bogenen Propellerflügeln. Setzt sein waidwundes Schiff präzise auf den Grund. Ohne Verluste an Leben, ohne Verletzte und materiellen Werte seiner Passagiere.

Im Morgenlicht passiert „Zurga“ das festsitzende Wrack, beim Auslaufen zur Großreparatur im Trockendock zu Marseille. Harte Wochen bei Lärm und Schmutz. Schweißer und Nieter arbeiten Tag und Nacht. Überdies gleicht die phönizische Hafenstadt einem Heerlager. Aus einem Schiff nach dem anderen strömen Rückwanderer aus Algier und Oran. Hunderttausende drängen sich im Hafengebiet, Familien mit Kindern, Sack und Pack, Armee-Einheiten, Beamte und privilegierte Algerier. Nicht selten knallt's auf den belebten Straßen. Oft ist am hellichten Tag der Teufel los.

Später, längsseits am Quai Fabron, zieht jeden Abend die Sicherheitswache an Bord. Der Wachmann in blauer Uniform mit einer Latte bunter Kriegsorden auf der Heldenbrust, ist schwer bewaffnet. Leider findet ihn der Skipper laut schnarchend im leeren achteren Salon. Eindringlich der süßliche Mischgeruch von Anislikör und Schweiß. Geradezu verlockend die „Mauser“ P 38 im Cowboyhalfter. Möge Gott dem Sünder verzeihen. Vorsichtig zieht der Skipper den Knaller an sich, lädt durch, entsichert und schießt in eine Holzkiste – verschwindet unbemerkt im Dunkel.

Morgens meldet der tapfere Wächter, dass er zwei Individuen – „sicher Algerier“ vom Schiff verjagt hat. Man lächelt, legt ihm seine „aufgefundene“ Pistole auf den Kaffeetisch.

Inspektor Baretge von Lloyds Marseille beaufsichtigt die Reparaturen Tag für Tag. Bald sind die gefährlichsten Bausünden der Schlickrutscher-Werft ausgebügelt. „Zurga“ ist endlich seetüchtig mit höchster Lloyds-Klasse – ohne Gemauschel.

Zurück in Cannes, unter der Villa „Mariposa“, steigen Olivier Allard mit Prinz Charles von Belgien über's Fallreep. Unauffällig vom Boot aus. Das zweite Boot bringt Gepäck und Vorräte, kistenweise. Mit ihren 13.8 Knoten Marschfahrt zuckelt „Zurga“ in die Nacht. Kurs auf Cap Corse. Lange stehen der Baron und der Bruder des abgedankten belgischen Königs Leopold III. an der Reling. Besuchen vor dem Schlafengehen den Skipper mit Wachgänger auf der geräumigen Brücke. Im großen Naturhafen Porto Vecchio setzen tagsdrauf beide Herren über an Land. Begleitet vom langjährigen Matrosen und Mann ihres Vertrauens: Marc Vital Garcin. Der Alleskönner Marc wird für beide sorgen im großen neuen Anwesen über dem Cerbicale-Felsen, unter alten Pinien versteckt. Die übrigen Negerlein, Skipper Goetsch, Chief Palmer, Elektriker Meister, Matrose Escudero und Koch Ijserbit, verbleiben als Wachmannschaft an Bord. Immer eine Hälfte ist dienstfrei zum Landgang, Schwimmen und Wandern. – Bezahlter Erholungsurlaub!

Später kreuzt „Zurga“ nach Sardinien, um Sizilien und zurück nach Cannes, von Insel zu Insel der italienischen Westküste. Der Baron muss mal wieder seinen Tresor an Bord mit einem Koffer voller 500 NF-Scheine nachfüllen. Für Ausgaben der kommenden Wochen in der griechischen Inselwelt.

Beinahe können wir die tonnenschwere Stahltür des Monster-Geldschranks in der einsamen 20-Zimmer-Villa nicht mehr verbolzen und dicht kriegen. Stapel von Geldscheinen sind nach vorn abgerutscht. Und Olivier Allard hat's eilig. – Rücklings stemmt er die Tür zu, der Skipper stopft die wertvolle Papierlawine mit einem Lineal ins Innere. – Endlich.

Mit frischen Vorräten für den durstigen Prinzen aus dem Hause Sachsen-Coburg übernimmt „Zurga“ auch dessen Staffelei, Leinwand und Rahmen zusammen mit einer Kiste voller Malerutensilien. Der große ruhige Herr malt leidenschaftlich, oft stundenlang abwesend in seine Arbeit vertieft. Sicheren Blickes wählt er Motive seiner lichtdurchfluteten Bilder. Rund um das Landhaus über Uferfelsen am tiefblauen Thyrrenischen Meer, im Licht-Schattenspiel mächtiger Pinien. Nur ein Heer von Grillen zirpt durch die Einsamkeit ums niedrige Gebäude im altkorsischen Stil. Zwei Bäume wachsen mitten durch's Haus aus dem Ziegeldach, keiner der Riesen darf dem Bau weichen. Kein Garten oder Park verdrängt friedliche Gottesnatur.

Dann fährt Monsieur Allard alleine mit seiner Besatzung durch die hellenischen Meere bis zum Dodekanes. Der durchtrainierte Langstreckenschwimmer hechtet über Bord, verschwindet für Stunden. Dann und wann entsteigt er den Fluten, wandert auf verlassenen Stränden – ein kleiner Punkt im Fernglas. Ausdrücklich unterzeichnet der korrekte Baron Eintragungen im Schiffstagebuch, dass er auf eigenes Risiko seine Yacht zum Schwimmen verlässt, kein Begleitboot zur Sicherung wünscht und vor möglichen Gefahren gewarnt ist.

Haifischverdächtige Zonen im Umkreis von Ankerplätzen der Kreuzfahrtschiffe vermeidet M. Allard grundsätzlich. Besonders im Riesenkrater von Thira lauern Blauhaie und Tresher-Haie auf ankernde Musikdampfer mit über Bord geworfenen Küchenabfällen. Ein Filet-Biss aus der Lende des ahnungslosen Schwimmers oder ein abgetrennter Unterschenkel wäre als Abwechslung vom Kombüsenmüll nicht unwillkommen.

Bei Hochwasser schleicht „Zurga“ durch den engen Flaschenhals der Insel Astipalia in eine Art Binnensee. An Steinen vorbei, mit gerade einem Fuß Wasser unterm Kiel. Öde verkarstete Berghänge ringsum, ein paar meckernde Ziegen, keine Menschenseele. Draußen orgelt der Melteme mit 8 Stärken südwärts über die Ägäis. Kaum ein Brisenhauch im Naturhafen. Ein, zwei Tage jedesmal träumt „Zurga“ mittendrin verankert. Der einzige Passagier schwimmt Stunden im glasklaren Wasser. Oder stolpert durch’s Geröll der steilen Abhänge – selig zufrieden. Seine Männer warten derweil geduldig auf bewohnte Eilande, lachendes Leben und griechische Gastlichkeit, irgendwo unter Platanen am nächtlichen Wasser. Geduldig hält dann unser Baron Wache an Bord, schreibt und schmökert. Gedränge im Gewühl vieler Menschen verunsichert Naturfreund und Einzelgänger Olivier Allard.

Mit seiner engsten Familie hat er nicht viel am Hut. Unter keinen Umständen darf die Besatzung seinen eigenen Sohn an Bord lassen. Schlechte Erfahrungen. Nur der Skipper ist unterrichtet. Seine Frau Maggy, Edelpariserin, wohnt in der Riesenvilla St. Anne, mitten in Nizza, umgeben vom gepflegten Park mit einem Kilometer Zufahrtsweg vom mächtigen Tor aus. Eingesäumt von prächtigen meridionalen Palmen. In der Metropole Paris betreibt Madame das größte Fernstudium-Institut des Landes. Nach den Worten ihres Gatten: „Une grande éscroquerie“ (eine große Gaunerei). Dafür scheffelt Madame die Scheine waschkörbeweise. Ohne Gewissensbisse kassiert sie Kindergeld beim Pariser Bezirks-Sozialamt. Standesgemäß im Cadillac mit livriertem Chauffeur. Klar, dass ihr Göttergatte vor Scham auf die Palme geht und lieber alleine die Villa „Mariposa“ bewohnt, weil er dort ungestört seinen Tätigkeiten nachgehen kann.

Eine Sommerreise ist Madame mit zwei ihrer Bekannten zugestanden. Vor Ankerlichten braust der Baron im Rennboot „Cobra“ heran, klettert über die Lotsenleiter an Bord und ruft beide, Madame mit Skipper, aufs Achterdeck: „Monsieur Goetsch, lassen Sie nie die Zügel aus der Hand, verstanden. Sie fahren die ‚Zurga‘ nach Ihrem Plan und Gutdünken. Denken Sie immer dran, Maggy ist ein ‚Pétrolier‘ (Öltanker), will alle überfahren. – Wenn Sie mit ihr genug haben, setzen Sie Maggy im nächsten Hafen an Land! Hast Du gut mitgehört, Maggy? – Mach' ja keinen Ärger!“

Beklemmend. – Wie ein begossener Pudel steht sie im Reisekleidchen an Deck, barfuß: „Oui Chéri Olivier“ – Der klettert eiligst runter in sein Boot, winkt kurz „bon voyage“. Knallt den edlen Renner mit Vollgas gegen die Ankerkette. – Egal, trotz Splittern und Schrammen rast der Baron mit Brassfahrt weiter. Schnurgerade zu seiner Strandvilla am Eden-Roc.

Madame lässt sich von einem griechischen Tempel zum nächsten kutschieren. Von Paestum im Golf von Salerno, Taormina und Agrigento auf Sizilien, bis zu den wichtigsten Ruinen der Antike im griechischen Archipel. Ihre Begleiter sind Geschichts-Koryphäen der Pariser Sorbonne. Überraschend charmant und pflegeleicht ist das Trio. Kleine Kaprizchen hier und da gehören mal zur Damenwelt, wie lockende Tröpfchen „Magriffe“ hinter den Ohrläppchen. Der Baron in Cannes staunt bei den Lageberichten aus der Ferne, frühmorgens über Funk: „Wenn Sie wollen, braucht meine Frau nicht schon in Korfu zum Rückflug aussteigen …“

In seiner Hängematte an Deck während der Siesta beobachtet der Skipper gespannt, wie dann und wann ein hungriger Moskito auf seinem Unterarm landet, sich genüsslich die Wampe vollsaugt. – Seltsam aber: Kein einziger schwirrt gesättigt in die Lüftc. Alle torkeln ermattet vom behaarten Arm. Chief Jimmy unten in der Messe erzählt vom selben Erlebnis. Die anderen ringsum grinsen – dickes Seemannsgarn – Frechdachs Kurt: „Die sind von Eurem Saft blau wie die Haubitzen.“

Auf der Reede von Delos holt sich der Skipper ein belegtes Brot und Tee von der Kombüse. Smutje Jan Ijserbit hantiert eifrig mit der Sprühdose DDT. Im Jagdfieber zielt der gute Mann auf jede einzelne Fliege, ob auf plattgeklopften Schnitzeln, bereit für die Pfanne, auf Spaghetti oder Salat.

Sichtlich stolz meldet Jan, dass keiner der lästigen Brummer in seiner Küche überlebt. Will partout nicht glauben, dass der Sprühnebel giftig ist, für Mensch und Tier: „Voyez, capitaine, hier steht geschrieben – Unschädlich für Menschen.

Zurück in Cannes schickt Baron Olivier den Skipper zum Flughafen Nizza. Mit der Cadillac-Limousine. Den 300 SL braucht er selbst, und beide Peugeot 403 sind bei der Wartung. Eine nette Abwechslung vom Yacht-Alltag. Gemütlich surrt man mit dem feudalen Schlitten auf der Route Nationale Nr. 7 längs der Küste. In Golfe Juan, kurz vor der Ampel, rumst es. – Winkelstahlstangen brechen durch die Windschutzscheibe, genau vorbei am Skipperhaupte. Auch das Dach ist aufgeschlitzt wie Papier – vom Radio tönt weiter leichte Musik, ungestört …

Ruckartig hat der Camion (Lkw) gestoppt, mit einer Ladung Langstahl auf seiner Pritsche – und hat den Luxus-Caddy achtern aufgespießt. Ampel steht auf Rot. Eigentlich kann die langbeinige rassige Schöne im leichten Sommerkleid und wiegenden Hüften auf dem Trottoir nichts dafür. Oder doch? Ohne ihr Weichbild hätte der Depp am Volant nicht zur Seite geschaut, hätte genau so scharf gebremst wie sein Vordermann.

Schaulustige kommen auf ihre Kosten, wie der Täter mit stückweise „voll zurück“ von den stählernen Eindringlingen freikommt. Unter Splittern und Krachen. Ein Tourist knipst sich sein Andenken. Nicht mal die Papiere will der Flic an der Kreuzung, fragt nur nach der Versicherung. Keine Schäden am Lastwagen. Der Fahrer wünscht seinem „Confrère“ (Kollegen) viel Spaß mit dem Chef.

Bedrückt, wie seinerzeit Quax der Bruchpilot, Meldung beim Baron auf der Terrasse: „Das ging aber schnell, konnten Sie alles erledigen?“ – Nichts beschönigen, Klaus, nur die klare Wahrheit: „Monsieur, ich habe einen Unfall gebaut. Die Limousine steht böse beschädigt auf dem Hof.“

„Et quoi donc? (Und was nun) – Sind Sie verletzt? Soll ich Sie zum Arzt bringen?“ – „Merci Monsieur, non.“ – „Gut, ein Peugeot ist zurück, hier die Wagenschlüssel. Können Sie trotzdem fahren?“ Lächelnd hört er den genaueren Bericht, von wegen Ablenkung durch die lustwandelnde Schönheit: „Ist mir auch schon passiert. – Accident passionel, c’est normal.“ (Leidenschafts-Unfall, sowas gibt’s).

„Übrigens, können Sie die ‚Zurga' nach der Winterüberholung in die Karibik bringen? Und Anfang Mai wieder zurück an der Côte sein? „Certainment (sicherlich), Monsieur." – „Dann bereiten Sie die Reise vor, bitte".

Karibik-Yachtkreuzfahrt ohne Passagiere

Die 4000 Seemeilen von Marseille nach Puerto Rico sind ein wahres Vergnügen. „Zurga" ist voll seetüchtig, jetzt endlich zuverlässig. Daheim in Cannes notiert der Baron täglich die Positionsmeldung, bespricht dies und jenes mit dem Skipper. Kinderleicht sind Überseegespräche mit dem 400-Watt-Sender unter dem Nachthimmel nach S. Lys Radio in der Bretagne.

Als Ehrengast des Eigners und Supercargo fährt Kapt. Metzler bis Puerto Rico mit. Eisern geht er zweimal 6 Stunden Brückenwache zusammen mit El. Eng. Kurt Meister. Eisern, 13 Tage lang. Durchkreuzt doch der U-Bootskommandant von U-69, der legendären „Lachenden Kuh", seine Einsatzgebiete vor nun schon 21 Jahren.

Der gute Baron hat schon nach 3 Tagen durch die Leeward Islands die Nase voll. Nicht nur ungewöhnlich lang anhaltende Regengüsse versauern sein Sonnenanbeterleben, auch Schlingern und Rollen auf sonst ruhigsten Ankerplätzen.

Kurz entschlossen übergibt er Schlüssel und Anweisungen für seinen Privat-Tresor. Die Bargeldreserven sollen unerwartete Ausgaben decken. Setzt über an Land in St. Maarten. Abschied am Taxi: „Au-revoir, Monsieur Goetsch. À bientôt! Je vous attends à Cannes le douze Mai. Entrc temps une plaisante croisière á travers les Antilles, pour vous et votre équipage." (Auf Wiedersehen bis bald, ich erwarte Sie in Cannes am 12. Mai. Ihnen und Ihrer Besatzung inzwischen ein angenehme Reise durch die Antillen).

Dreizehn Tage lang spielen sechs Seeleute ihre Rolle als Karibik-Touristen der gehobenen Klasse. Von Insel zu Insel, einer Tropenbucht zur nächsten, hinter Korallenriffe. – Auf quasi eigenem Kiel einer 400-BRT-Motoryacht! – Borddienst und Wachen abwechselnd mit Freizeit an Stränden und geselligen Tränken. Die Skandinavier wollen überhaupt nicht mehr nach Hause in den kalten Norden. Weiße Sände unter schlanken Palmen, Steelband-Klänge, Rum und Coca-Cola, lachende Naturkinder im gemächlichen Lebensrhythmus sind wie Klebstoff im Gemüt sachlicher Nordländer.

Von Barbados zuckelt „Zurga" im Großkreis über den Nordatlantik gegen raue See im frischen Passatwind. Durch die Gibraltarstraße weiter zur Riviera. Zuverlässig schiebt Kurt Meister seine Brückenwachen als „acting mate" (diensttuender Steuermann). Zwölf Stunden täglich, neben seinen technischen Aufgaben. Smutje Jochen Brose vorn im Schiff, mit Karabinerhaken vom Feuerwehrgurt am Herdgeländer gesichert, lässt sich nicht beeindrucken. Beim metertiefen Wegsacken in ein Wellental nach dem anderen verliert er oft den Boden unter den Füßen, knallt dann und wann mit dem Kopf gegen die Decke. Herrlich trotzdem seine Gulaschsuppe, Spaghetti aller Spielarten, Hühnerfrikassee mit Reis sind Genüsse für hungrige Matrosenmägen.

Sieben Seemeilen östlich von Cabo de Gata, gut außerhalb der spanischen Dreimeilenzone, mitten auf dem Schiffahrts-Treck, der Zwischenfall: Spanischer Zerstörer F 41, „Luis Pinzon" kommt mit hoher Fahrt von achtern auf, überholt gefährlich nahe und schneidet „Zurga's" Bug. Mit Signalen und Megaphon befiehlt der Kommandant zu stoppen. Aus nächster Nähe ist eine Flak-Doppellafette auf „Zurga's" Brücke gerichtet. Bedient von Marinesoldaten mit deutschem Stahlhelm und roten Schwimmwesten. Wir stoppen.

Drüben geht ein Boot zu Wasser. Mit einem Oberleutnant und seiner bewaffneten Eskorte. Alle entern die Jakobsleiter hoch aufs Seitendeck. Der spanische See-Offizier, gefolgt von Marinesoldaten mit umgehängten Karabinern Typ 98 K, grüßt beim Betreten der Brücke. Prüft Schiffsdokumente, Besatzungslisten und Pässe. Blättert im Schiffsjournal. Proteste des Skippers wegen illegaler Behinderung der Schifffahrt außerhalb der 3-Meilenzone erwidert der Führer des Enterkommandos mit einem Lächeln. „Befehl ist Befehl." – wie eh und je.

„Zurga“ sei vom Vertrauensmann in Gibraltar der „armada“ (Flotte) avisiert, als der Konterbande höchst verdächtig! – Beim Streifen durch die Räume der friedlichen Yacht findet der brave See-Offizier nur gähnende Leere, nicht hunderte Kisten voller Ami-Zigaretten, wie vom Gibraltar-Spitzel gemeldet. Bei der Besatzung vorn im Logis dasselbe: Ein paar Flaschen Rum, Zigaretten, Rasierwasser – völlig normal und legal.

Die 12 Kisten à 12 Flaschen „Ronrico“-Rum aus Puerto Rico sind in der Schiffs-Zoll-Liste aufgeführt. Also legal im Sinne der Gesetze. Dass diese Ladung für Beamte der Douane Française in Cannes bestimmt ist, als Geschenk der dankbaren Madame Moineau, lässt den braven Offizier der spanischen Armada verständnisvoll lächeln. Gebräuche sind grenzüberschreitend.

Korrekt trägt er die „Durchsuchung auf höheren Befehl“ ins Schiffstagebuch ein, salutiert stramm und klettert als Letzter zu seiner Eskorte ins schwankende Boot. Qualmend zieht Zerstörer F 41 „Louis Pinzon“ mit voller Kraft an „Zurga's“ Steuerbordseite vorbei, entschwindet vor hoher Hecksee in Richtung Küste. Wie Kuhfladen auf der Alm kleben seine ausgeblasenen Schweröl-Klekse überall auf weißgescheuerten Decks. Zur lieben Erinnerung.

Pünktlich, einen Tag früher als befohlen, ankert „Zurga“ bei Cannes unter der Villa des Eigners. Auf den Tag genau nach zwei Monaten endet der 10 190 Seemeilen Ausflug hinüber in die Karibik. Mit gesunder, braungebrannter Bemannung. Ohne nennenswerte Ausfälle.

Im Stapel der wartenden Schiffspost findet der Skipper drei wichtige Briefe. Er muss von seiner braven „Zurga“ abmustern, dringende Familienangelegenheiten klären. Eines Morgens, auf der Terrasse der Villa Mariposa kurz vor Sonnenaufgang, meldet er sich schweren Herzens bei Baron Olivier Allard ab. Übergibt Dokumente, Abrechnungen und Schiffskasse. Eine Stunde lang plaudern wir über gemeinsame Erlebnisse, über die Welt. Bei einigen Tassen obligatem Mate-Tee. Olivier begleitet seinen Skipper bis zum mächtigen schmiedeeisernen Portal: „Bonne chance, Monsieur Goetsch.“ – „Merci, Monsieur le Baron.“

Drei Jahre ziehen ins Land. Im Hafen von St. Georges-Bermuda liest der Skipper die vielen Briefe nach Wochen ohne Post. Auch die Männer des Dreimast-Schoners „Rara Avis“ hocken irgendwo im Schatten der Sonnensegel an Deck. Muttis zu Hause sorgen sich um ihr Seelenheil, liebevolle Häslein zurück an Land hauchen Romantik vom duftenden Papier.

Ein großer Briefumschlag mit zahlreichen Stempeln trägt unverwechselbar die klaren Schriftzüge von Baron Allard: „Cher Monsieur, Madame Stalherm konnte erst jetzt Ihre Abrechnungen der Zurga-Zeit von 1961–1963 mit allen Rechnungsbelegen durchsehen. Mit beigefügtem Scheck der UBS, Union Banques Suisses, Quai du Rhône, Genève, darf ich Ihnen die Summe aller Kommissionen auf bar liquidierte Lieferantenrechnungen erstatten, die Sie der Schiffskasse wieder gutgeschrieben hatten. Mes respects et compliments … gez. Olivier Allard.

Siehe da, es lohnt sich …

Norwegen-Intermezzo

Ein Schweizer Segler vom Genfer See lässt sich in terrestrischer Navigation mit allem Drum und Dran der großen Küstenfahrt unterrichten. Der ältere Herr ist ungewöhnlich aufmerksam. Kartenaufgaben löst er peinlich genau, lernt fleißig Gesetze, Signale und Lichterführung. Ein liebenswürdiger Musterschüler. Verdiente seine Brötchen als Bonbon-Fabrikant in der Schweiz und in Nigeria. Mit der französischen Freundin segelt er seinen „Lacustre“ auf dem sommerlichen Lac Leman. Die nächste Lebensphase aber soll seine Jugendsehnsucht erfüllen: Meere bereisen auf eigenem Kiel mit kleiner Besatzung.

In der Christensen-Werft zu Risør, Süd-Norwegen, wird sein kleiner Motorsegler „Bompai“ derzeit fertiggestellt. Ein seetüchtiges Fahrzeug vom Typ des „Colin-Archer“-Lotsenseglers. Mit ausgesuchten Hölzern, jahrzehntelang gelagert, ein Muster überlieferter Schiffbaukunst. Ohne die üblichen verkaufsfördernden Kinkerlitzchen, die Schlamperei und böse Baufehler zu tarnen haben. Rundherum ist „Bompai“ ein verlässliches

Motorsegler „Bompai“.

Fahrzeug, als Ketsch getakelt einfach zu handhaben. Während der Probefahrt durch den frühlingshaften Oslo-Fjord zum Hafen des Königlichen Yachtclubs der Hauptstadt ist der seekranke Koch das einzige Problem. Im Beisein des Schweizer Konsuls und anderen Persönlichkeiten geht die norwegische Flagge nieder. Dafür steigt das weiße Kreuz auf rotem Grund der Confédération Helvétique in die Gaffel. Drei Kisten Schampus beenden den offiziellen Teil.

König Olav V. und Kronprinz Harald, beide im Seglerdress ohne jeden Tam-Tam, besuchen Ketsch „Bompai“ überraschend anderntags. Die gewieften Rennsegler und Kenner von Yachten aller Typen sind geborene Unterhalter, lustig ungezwungen. Beim Abschied schultern Seine Majestät und Kronprinz ihren Segelsack, wandern über den langen Holzsteg zum Wagen. Kein Chauffeur wartet, kein Detektiv – Glückliches Norwegen!

Einerlei, ob bei rauhem Wetter, schlechter Sicht oder starken Stromversetzungen – die werftneue „Bompai“ bewährt sich unter ihrem Eigner-Kapitänsschüler. Sicher lotst der Eidgenosse den Motorsegler von Oslo über Kopenhagen, Kiel, Cuxhaven, Newhaven, Dartmouth, El Ferrol, Vigo, Lissabon, Gibraltar nach Cannes. Selten nur muss der „Lehrer“ eingreifen, täglich werden seine Entschlüsse sicherer. Während der letzten Praxiswoche auf See führt der begeisterte Mann seine Yacht alleine. Voll anerkannt von einer anfangs skeptischen Mannschaft. Mit günstigen Winden wird gemütlich gesegelt, sonst schiebt eine Maschine. Begleitet von seinem Mentor erledigt der Eigner-Skipper Formalitäten mit Zoll- und Hafenbehörden. Abends im Hafen speisen beide in Spitzen-Restaurants bei mitreißender Folklore. Wie es sich mal gehört. Gourmet Monsieur X lässt sich nicht lumpen.

Auftrag erledigt. Monsieur X schippert alleine weiter durch’s Mittelmeer, nach Kleinasien, durch den Suezkanal ins Rote Meer. Ein lang gehegter Jugendtraum erfüllt sich.

Harte Zeiten aus freien Stücken.
6 Monate Norwegen-Winter. MS „Delia".

„Better have your brains examined…" (Lass besser Dein Gehirn untersuchen)… sagen Freunde während des Gala-Dinners beim Tanker-Magnaten Goulandris in dessen Villa beim mittelalterlichen Mougins. – „Warum ausgerechnet als drittes Rad am Wagen für ein Butterbrot auf einem dreckigen Frachter schuften? Im Nordwinter? Du kannst Dir doch die schönsten Yachten und Jobs geradezu aussuchen. – Oder einfach ein reiches Mädchen erhören. Bist ja wieder zu haben…"

Leichtlebiger Hühnerstall! Zum Gähnen langweilig auf die Dauer. Also aussteigen! Mal Pause machen nach Jahren schillernder Yachtfahrt. – Neues lernen, den Ernst der Christlichen Seefahrt auf einem Frachter im unwirtlichen Norden erleben. Die wirkliche Welt, die Bescheidenheit lehrt.

Im Büro der Dampfschiffahrtsgesellschaft „Neptun" wird dem Exoten von der „Lustfahrt" auf Anhieb eine Anstellung als 3. Offizier auf MS „Delia" vermittelt. In Bremen besorgt er sich Ausrüstung für die Winterfahrt und eine zu erwartende Dreckarbeit in Laderäumen und an Deck. Die blaue Uniform, vorgeschrieben von der Reederei, sollte nur ein einziges Mal getragen werden: Bei der Weihnachtsfeier auf stürmischer See.

Im Nachtschnellzug von Bremen nach Antwerpen sitzt überall Schiffsvolk, unverkennbar. In der Polsterklasse Steuerleute und Kapitäne, in der 1. Klasse dann und wann ein Reederei-Inspektor mit dicker Zigarre. Genau nach Hackordnung. Schon vor Mitternacht muss der Speisewagen-Chef dichtmachen. Sämtliche flüssigen Vorräte sind leergefeiert.

Auf der Pier von Platz 123 warten Ketten von Güterwagen. Dahinter im schmuddligen Regengrau ein Schornstein, Aufbauten und Masten mit getoppten Ladebäumen: Der Norwegenfrachter „Delia". Mit leichter Schlagseite zur Pier hin, tief im Gatt achtern, hochragend das Vorschiff. Zweifellos ein Bau der ersten Nachkriegsjahre, vom Sieger-Kontrollrat zu Potsdam gnädigst genehmigt. Man braucht dringend zuverlässige Tonnage zum Nachschub fürs Koreagemetzel. Die „Potsdamklasse" ist bis ins Kleinste durchkonstruiert, seetüchtig, solide, sparsam und gewinnbringend. Mit den 1380 BRT bei über 2100 Ladetonnen, 21 Mann Besatzung und Kabinen für 10 Passagiere ist das Mehrzweckschiff ideal für jede Art von Ladung, auch nach kleinsten Häfen.

Jetzt hieven Laufkräne Stahlrohre von Tiefladewagen, schwingen die Tonnenlasten über Ladeluk 2, bugsieren die langen Monster zentimetergenau hinab in den Raum. Spielerisch fast, den Handzeichen des flämischen Staumeisters am Lukensüll folgend. Schwere Regensegel sind über die Luken 1 und 3 geriggt. Wie Zirkusartisten arbeiten geschäftige Stauer zusammen. Höllenlärm, triefende Nässe und Schlammpfützen gehören zum Alltag einer Schicht.

Der „Neue“ steigt den glitschigen Landgang rauf aufs stählerne Hauptdeck. Ein Seemann im verschmierten Takelzeug taucht auf: „Sind Sie der neue Dritte?“ – schnappt wortlos das Gepäck. In der leergeräumten Hauptdeckkammer mittschiffs bemerkt er beiläufig: „Ich bin Matrose Dannenberg oder einfach Günther. Willy, der Steward, wird sich gleich melden. Kapitän Warns ist an Land, der Erste, Herr Schauer, im Ladebüro, Steuerbord Hauptdeck". Zuerst will Dannenberg das Fünfmarkstück nicht annehmen. Schließlich doch: „Sie sind der erste Offizier, der mir je ein Trinkgeld gibt.“ – „Und Sie, Günther, haben einem Wildfremden nett geholfen“.

Steward Willy Ehrlich schnappt seinen Fünfer ungeniert: „Vielen Dank, Herr?“ – „Goetsch – mein Türschild hängt später.“

Der erste Steuermann auf Ladewache nimmt die Meldung des neuen Dritten zur Kenntnis, beinahe abwesend: „Bis Kapitän Warns an Bord ist, übernehmen Sie Luke 2“. – Keine Zusatzanordnung, keine Einweisung – seltsamer Vogel! Egal, hinein ins Takelzeug, Handtuch um den Hals, Arbeitshandschuhe… Ein Mann im gelben Ölzeug ist über’s offenen Ladeluk gebeugt. Gibt seiner Gang (Arbeitsgruppe) tief unten im Raum Anweisungen in einer Art Gehörlosensprache. Blickt dann rauf zum Kranführer hoch oben im Glashäuschen. Ein Dirigent ohne Taktstock.

Freundlich lächelnd hört er den Unbekannten an: „Ich bin der neue Dritte. Klaus Goetsch. Offen gesagt, von Ladung, Fracht und allem Drum und Dran kenne ich etwas Theorie, von der Praxis aber hab’ ich keine blasse Ahnung.“ – „Ich bin Jan, der Stauer-Vormann. Seit vielen Jahren arbeite ich auf der ‚Delia‘, kenne den Dampfer in- und auswendig.

Schauen Sie nur zu. Den Laden schmeiße ich sowieso. Staupläne, Reihenfolge der Löschhäfen, Ladepapiere – fragen Sie einfach mich, den alten Jan! Man kann alles lernen, wenn man will.“

Mit Seefahrtbuch und Heuerschein geht's zum Alten nach oben. Kapitän Warns sitzt am kleinen Schreibtisch hinter einem Stoß von Schreibkram. Der stämmige Mann schaut den Ankömmling von oben nach unten an, blättert durch das Seefahrtbuch. „Dienten Sie bei der Kriegsmarine.“ – „Jawohl, Herr Kapitän!“ – „Auf welcher Einheit?“ – „Schwerer Kreuzer Prinz Eugen, dann U-Bootwaffe.“ – „Ich sehe keine Fahrzeiten auf deutschen Kauffahrtei-Schiffen. Haben Sie Erfahrung von Ladung und damit verbundener Seemannschaft?“ – „Nein, Herr Kapitän, nur theoretisch.“ – “Na, ja, Sie werden sich aber Ihre gepflegten Hände ganz schön zurichten bei uns, Goetsch.“ – „Es kommt auf einen Versuch mit mir an, Herr Kapitän. Mag' sein, Sie ändern dann Ihren ersten Eindruck.“ – Der alte Seebär versteht den Unterton: „Nichts für ungut, Herr Goetsch. Willkommen an Bord und viel Glück.“

Neugierig peilt der Koch aus seiner Mittschiffskombüse: „Sie sind der neue Dritte, nicht wahr? Bitte Ihren Namen für die V-Liste.“ – „Ist das alles, Herr, Herr?“ – „Karl Emshoff, Entschuldigung.“ – „Was gibt es heute abend zu futtern, Herr Emshoff? Noch etwas: Eine Kiste Bier beim Steward holen, für Sie zum Einstand.“ – „Man dankt. Heute abend gibt's Gulaschsuppe, gefüllte Pfannkuchen, Frischobst.“ Ein paar Jährchen älter ist Smutje Emshoff, see-erfahren und ruhig.

Vor der ersten Seewache legt Käpten Warns meisterhaft von der Pier ab. Der Hafenlotse schaut nur gelangweilt. Hinein in die kleine Seeschleuse zur Schelde. Mit drei Mann arbeitet der Dritte auf Manöverstation Achterschiff. Mit Stahldraht-Trossen, Wurfleinen und Holzfendern. Kleine Fische nach so viel Jahren Seefahrt. Matrose Moritz, Leichtmatrose Wild und der blasse Decksjunge Haels kennen jeden Handgriff. Viele Monate auf dem Norwegenfahrer schaffen eben Routine.

Draußen im Scheldestrom meldet sich Neuling Goetsch auf Seewache. Auf Anordnung des Kapitäns soll ihn der Erste in den Brückendienst einführen. Sein einziger Befehl: „Jede passierte Fahrwassertonne und Uhrzeit in die Logkladde eintragen, mit Nummern, Toppzeichen, Farben und Kennungen" – sonst nichts. Der Rudergänger grinst, der Schelde-Lotse in der Backbord Nock(Ecke) schaut verwundert. Am Maschinentelegraph döst Leichtmatrose Erdmann.

Kein Kommentar, nur: „Zu Befehl, Herr Schauer, passierte Seezeichen notieren." – Unverkennbar, eine Art Minderwertigkeitkomplex, unnötig wie überflüssig, bewegt den Ersten. – Reine Milieufrage. Ein Vorgesetzter sollte seinen untergebenen Einstreifer vor Mitarbeitern nicht der Lächerlichkeit preisgeben. Unbeachtet seiner hoffentlich guten Schulung mangelt es dem Offizier an Bildung und Erziehung, fehlt ihm das Gespür für Fairness.

Käpten Warns taucht kurz in der Brücke auf, spricht mit dem Lotsen, schaut sich um: „Was machen Sie denn da, Herr… Herr… Goetsch?" – „Ich notiere befehlsgemäß Fahrwassertonnen und Seezeichen, Herr Kapitän, mehr nicht." – „Ihre nächste Seewache draußen fahren wir zusammen. Ich weise Sie ein." – „Jawohl!" – Elegant hat der 1. Offizier seinen wohlverdienten Rüffel weg.

Tatsächlich erscheint der Alte auf der Brücke beim nächtlichen Wachwechsel auf der diesigen Nordsee. Lässt den Neuen ungestört fahren, Rudergänger und Ausguckposten überwachen, mit Funkpeilungen, Consol-Funkfeuer und Lotungen Schiffsorte bestimmen. Später Kurse und Fahrt von Fahrzeugen im 12-Seemeilenbereich des vorsintflutlichen Radargerätes feststellen und Kollisionen nach internationalen Regeln vermeiden. Nach knapp zwei Stunden zieht sich der Salzbuckel in seine Kammer zurück: „Fahren Sie weiter so, mit Ihnen auf Wache kann ich ruhig schlafen. Wecken Sie mich bei Schwierigkeiten durch's Sprachrohr, ungeniert."

Matrose Gillen auf Ausguck: „Der Alte ist voll zufrieden. Sie können also doch fahren!" – „Warum denn nicht, Gillen?" – „Es heißt, der neue Dritte hätte keine Ahnung, hätte noch nie gefahren." – „Abwarten und Tee trinken, Gillen, wetten wir eine Kiste Bier?" – „Lieber nicht, Herr Goetsch, Sie kommen dem Volk im Logis sowieso etwas spanisch vor. Wo haben Sie denn zur See gefahren?" – „Abgesehen von drei Jahren Kriegsdienst bei der Marine, unter der Bundesflagge schwarz-rot-senf nur auf Filmyacht ‚Etsi' als Kapitän auf mittlerer Fahrt, sonst als Skipper dreizehn

Jahre lang unter allen möglichen Flaggen: Costa Rica, Honduras, Panama, Liberia, Belgien, England, Schweiz. Meist als einziger Deutscher mit Besatzungen aller Sprachen." Es musste ja kommen: „Jede Menge toller Weiber auf Lustyachten?" – „Mensch Gillen, Weiber sind auch eine Art Ladung, empfindliche sogar, manchmal gehören sie unter die Rubrik ‚Gefährliche Güter'. Unsere Ladung hier ist berechenbar, nicht launisch und herrlich stumm. Arbeiten Sie doch mal in einer Schokoladenfabrik! Bald hängt auch Ihnen der süße Schmelz zum Halse raus. Letztlich ist die Verpackung Ihrer Phantasiewesen meist wertvoller als der entblätterte Inhalt. – Nichts für ungut, Gillen, immer wieder fahren auch entzückend natürliche Ladies mit."

Unter der verschleierten Küste Norwegens kommt Leben in die Bude. 419 Tonnen müssen im Hafen von Stavanger gelöscht werden: Schwere Drahtrollen, Zinkbleche, Profilstahl, Glas. Ladebäume werden aufgetoppt, tonnenschwere Lukendeckel angepickt und abgehoben. Der Zweite, Kausch, ist Ladungsoffizier. In aller Ruhe dirigiert der drahtige Mann den Laden. Geduldig erklärt er die Ladungspartien im Stauplan, ihre Reihenfolge beim Löschen in den verschiedenen Häfen.

Norwegische Stauer kennen auch die Eigenheiten ihrer „Delia". In Sachen Geschicklichkeit und Arbeitstempo aber können sie ihren flämischen Kollegen von Antwerpen nicht das Wasser reichen. Kaum ist die Fracht gelöscht und neues Gut geladen, gehen die Leinen los. Mit noch offenen Luken und aufgetoppten Bäumen wird abgelegt. Zeit ist eben Geld. Seeklar gemacht wird erst beim Auslaufen im noch ruhigen Fahrwasser.

Seltsam, dem dolce-vita-Goetsch gefällt die Hetze von Hafen zu Hafen, der Zirkus mit Löschen und Laden. Trotz eiskaltem Dauerregen, Schneeschauern und wenigen Stunden Tageslicht. Trotz Trinkgeld-Heuer, Dreckarbeit an Deck und in den Laderäumen. Dafür fährt er auf Wache durch enge Fahrwasser zwischen mächtigen Steinen, vorbei an dunklen Steilhängen tiefer Fjorde, dann wieder viele Meilen über offene See. Zusammen mit dem norwegischen 70-jährigen, knurrigen Seebär-Lotsen.

Kapitän Warns besitzt das norwegische Lotsenpatent, spricht fließend die Landessprachen Skandinaviens. Eingeweihte wollen wissen, dass er zu

Kriegszeiten schwere Einheiten durch norwegische Gewässer lotste, darunter die „Tirpitz“ und „Scharnhorst“. Jetzt erspart er seiner Neptun-Reederei Abertausende mit Zusatzwachen als zweiter Zwangslotse.

In stockfinsterer Regennacht gehen in Haugesund 100 Tonnen verschiedenster Partien an Land. Regensegel bedecken die Luken zum Schutz empfindlicher Ladung. Kaum fertig, geht's weiter in die Nordnacht. Lukendeckel werden unterwegs aufgesetzt, nach bewährtem Muster.

422 Tonnen Zinkstaub werden in Odda gelöscht. Im Hafen von Bergen 429 t. Hopfen, Kaffee, Soda, Kupfersulfat, Gusseisenrohre, Isolierglas. Dazu zur Weiterfracht bis Tromsø und Hammerfest 22 t. Immer Tempo-Tempo! Ein Spaß, bei der „Christlichen“ Geld zu verdienen für die Reederei und ihre Beschäftigten. Vernünftiger, als Unsummen für die Lust einiger Auserwählter auf ihren schwimmenden Palästen zu verbraten.

Im Fjord vor Bergen Morse-Anruf der Signalstation: „what ship?“ – Gespannt ruhen die Augen der Brückenwache auf dem Dritten. – Kann er auch morsen? – Von wegen, meine Ungläubigen! Mit der großen Morselampe klappert er die Zeichen klar hinauf zur Wachstation, im Kriegsmarine-Tempo eines versierten Signalgasten. Nach der Schiffsmeldung unterhält er sich noch ein bisschen mit dem blinkenden Signäler oben im Fels. In Englisch. Unwichtig die kleine Episode. Doch beim Frühstück in der Off.-Messe kennt sie schon jeder. Der exotische Dritte hat doch einiges auf dem Kasten.

Im schönen Hafenstädtchen Ålesund liegen die 32 t Fracht in kaum 80 Minuten auf der Pier beim Lagerhaus. Weiter geht's nach Steinhamm, 46 t Stahl aus Luke 1. Schnell ablegen nach Trondheim, zu fünf verschiedenen Lösch-Piers. 580 t erleichtern den Dampfer. Sonntagsruhe, Landgang für Wachfreie bis Mitternacht. Immer noch unberührt der U-Boots-Bunker-Koloss vom Kriegs-Stützpunkt der Murmansk-Boote.

Altgediente Nordlandfahrer schleppen zollfrei eingekauften Cognac, Rum und Aquavit heimlich an Land. Freundinnen bezahlen das Vier- bis Fünffache des Antwerpener Einkaufspreises. Einige auch in natura. Manch einer, früher vom gewieften Zoll geschnappt und zu hoher Geldstrafe verdonnert, kann seine Verluste wieder ausgleichen. Mit demselben Spielchen.

Montag morgen, Schlag 0600 Uhr, bei Finsternis und Eiseskälte, schwingen Laufkräne neue Fracht über offene Luken, hinunter in die nächtlich gereinigten Räume. Die Rückreise nach Antwerpen beginnt. In allen Häfen südwärts wird geladen: Aluminiumbarren, erbärmlich stinkende Häute, tonnenweise Edelfisch in Dosen, Sperrholz, Fertigtüren und -Fenster, Ersatzteile, Kugellager. – Manchmal ganz diskret ein Zinksarg. Seeleute und Stauer halten dann kurz inne, entblößen ihre Häupter.

Smutje-Veteran Emshoff versorgt seine 21 Mann, dazu die paar winterharten Passagiere. Die Schiffskost ist erstklassig, manche Gerichte mit Edelfisch übertreffen gerne die 3-Sterne-Klasse. Bäcker Peterdamm schmeißt einige Male den Betrieb alleine, wenn sein Chef mit einem Kasten Bier mehr als gewöhnlich niederkommt. „Delia's" Kommissbrot, die stets frischen Brötchen, Kuchen und Advents-Naschereien sind für die mitreisenden Lotsen ein non-plus-ultra.

Heinrich Meyer ist Leitender Ingenieur. Nur selten steigt er hinab in den lärmenden Maschinenraum. Sonst sitzt er am Schreibtisch in seiner Kammer, umgeben von liebevoll gehegten Topfpflanzen in kardanischen Schlingerbehältern. Die drei Ing. Offiziere mit zwei Assistenten und dem Motorenwärter kümmern sich um Hauptmaschine, Generatoren, Pumpen, Kühlanlagen, Ladewinschen an Deck und jede Reparatur. Jahraus, jahrein geht alles seinen Lauf. Zeit verlieren gilt nicht. Fahren muss der Frachter, die Kasse muss klingeln.

Viele Jahre schon sitzt der Leitende bei den Mahlzeiten im Salon seinem Kapitän gegenüber. Steward Gensior weiß, dass beide Herren kein Wörtchen wechseln, außer einem reservierten „Mahlzeit" zu Beginn und wieder beim Erheben von Tisch. Eingefleischte Dickköpfe könnte man meinen, das aufeinander angewiesene Gespann. Noch verrückter: Rein Dienstliches schreibt jeder auf eine Briefkarte, schiebt sie, fein säuberlich im Umschlag unter die Kammertür des anderen.

Blödsinnig ist die traditionelle Distanz zwischen Decks-Offizieren und technischem Personal auf altbackenen Frachtern. Grundlose Überheblichkeit auf der einen und eingefleischter Korpsgeist der „schwarzen Gang" auf der anderen Seite. Eine Art unblutiger Religionskrieg. – Vielleicht ein Rückzugsgefecht der einst alleinführenden Nautiker gegen unaufhörlich anstürmende Technik mit ihren hochgeschulten Männern? Ein einziges Mal tappt das Greenhorn von Drittem Offizier mitten hinein ins Fettnäpfchen, bricht ein ungeschriebenes Gesetz, ignoriert ein Tabu: Auf Brückenwache bittet er Masch.-Assi Baake auf die heilige Brücke! Ganz bieder, zur Suche nach einem Massenschluss zwischen Funkpeilrahmen auf dem Peildeck und dem Funkpeiler im Kartenraum. Baake opfert seine Freiwache, misst Stück für Stück mit dem Milli-Ampèremeter, findet und repariert den Schaden. Toll! – Nach Wochen lähmender Betriebsblindheit der Schiffsführung arbeitet das Gerät wieder perfekt. Das sogenannte „Minimum“ ist messerscharf wie seit Jahren nicht, Peilungen der Funkfeuer gehen schnell und sind präzise. Als Dank des Dritten darf sich Assi Baake den Kasten Bier beim Steward holen. Doch die Zigarre vom Alten folgt auf dem Fuß.

„Assistent Baake, verlassen Sie sofort die Brücke!“ – und „Goetsch, was erlauben Sie sich auf Ihrer Wache?“ – „Der Funkpeiler ist wieder in Ordnung und seeklar, Herr Kapitän.“ – „Was erlauben Sie sich, Herr… Herr! Ohne meinen ausdrücklichen Befehl kommt keiner der Maschine auf die Brücke!“ – „Jawohl, Herr Kapitän. Diese Order war mir nicht bekannt.“

Ein zwei Tage herrscht Funkstille zwischen uns. Außer „Guten Morgen, Herr Kapitän“ oder knappste Meldungen auf seine Fragen. Nur der I. Off. schwimmt auf Wolke sieben: „Hat Sie der Alte endlich fertiggemacht, Goetsch?“ – „Klar, Herr Schauer, nur eins für alle Zukunft: Bitte ‚Herr‘ Goetsch.“ – Hart in die Augen geschaut, lächelnd wie ein Japaner. – Seitdem der Dritte mit selbstgebasteltem künstlichen Horizont einen sauberen Schiffsort zustande gebracht hat, trotz tiefliegendem Nebel, ist Herr Schauer nicht nur sauer. Mit Vorausberechnungen des abnehmenden Mondes und der Venus scheint er allemal überfordert.

Verankert im Scheldestrom erwartet „Delia“ das Ende des Antwerpener Hafenstreiks. Eine Brückenwache, geschaffen zum Dösen. Plötzlich die Stimme des Kapitäns: „Herr Goetsch, bitte einen Augenblick zu mir.“ – Zwei Gläser Cognac auf dem Tisch. „Bitte nehmen Sie Platz, auf Ihr Wohl! – Wie gefällt Ihnen die Arbeit an Bord?“ – „Gut, Herr Kapitän, danke. Ich kann viel Neues dazulernen und mich einarbeiten. Pflichten an Bord machen Spaß. Manches fiel mir anfangs schwer, nach vielen Jahren Fahrzeit in fast grenzenloser Freiheit." – „Was planen Sie weiter? Ab 1. Mai ist Ihnen eine Anstellung als 2. Offizier bei der Neptun-Reederei sicher. Nach Jahrzehnten undankbarer Schufterei kann ich meinen Ruhestand zu Hause in ein paar Monaten genießen. Vielleicht fahren Sie während der ersten Zeit auf der ‚Delia' bei mir".

„Vielen herzlichen Dank, Herr Kapitän. Ich möchte Ihnen allerdings morgen meine Kündigung zum Quartalsende überreichen." – „Ja, was denn! Ist Ihnen die Laufbahn bei der Reederei nichts wert? Wie wollen Sie dann Ihr Leben sichern?"

„Es müsste schon strikt unter uns bleiben. Aber Anfang Mai werde ich drüben in den Jungfern-Inseln einen Dreimast-Schoner übernehmen, auf großer Fahrt. Die Abmachnung steht."

Der alte Seebär kann's kaum fassen, schenkt mehr Cognac nach. „Eine Yacht? Wie groß? Welche Flagge? Wieviel Besatzung? Heimathafen? Reeder? – Prost, Sie Glückspilz! Vor 42 Jahren segelte ich als Leichtmatrose in der Salpeterfahrt ums Hoorn nach Chile und wieder zurück nach Rouen und Hamburg. Meine härteste, aber schönste Seefahrtszeit."

Während der letzten drei Rundreisen nach Norwegen verbringt der weitgereiste Salzbuckel Stunden auf der Brücke. Gespannt lauscht die Wache seinen Erzählungen aus längst vergangenen Zeiten, von Schiffen und Schicksalen. Aus dem wetterharten Gesicht leuchten dann seine stahlblauen Augen. Von Hunger und jahrelanger Arbeitslosigkeit im Gefolge des Wallstreet Börsenkrachs 1929, nach ausuferndem Spekulantentum der einschlägigen Jobber, von harter Seefahrt für nur Butterbrot und Ei und endlich dem langersehnten Aufschwung der dreißiger Jahre. Ehrlich und nüchtern spricht der gute Warns von den Schicksalsjahren seines Seemannslebens.

An einem frühlingswarmen Vormittag verabschiedet sich der „Dritte" von den Bordkameraden, zuletzt oben vom unvergesslichen Käpten Warns. Geht gedankenvoll von Bord der ihm lieb gewordenen „Delia".

„Rara Avis" – Der seltene Vogel

Quai d'Orleans, Paris. Im verlassenen Innenhof des ehrwürdigen Gebäudes endlich der Haupteingang. Auf dem blank gewienerten Messingschild neben der altmodischen Bimmel nur ein Name: „Georges Lillaz". Treffpunkt zur Vorstellung 10 Uhr, Sonntag.

Ein bejahrter Hausgeist, Engländer nennen sowas Butler, öffnet. Freundlich: „Vous êtes Monsieur le Capitaine?", will mein Handgepäck abnehmen. Oben im großen Salon mit hohen bemalten Decken und Blick auf die Seine unter den Platanen knickst lieb ein rassiges Kätzchen mit weißgestärktem Servierschürzchen, wie aus dem Bilderbuch. Lacht den Seemann spitzbübisch an: „Vous désirez du café ou du thé avec votre petit déjeuner?" (Möchten Sie Kaffee oder Tee mit Ihrem Frühstück?). Harter Borddienst in Eiseskälte, Regen, Schneeböen, Dreck, Lärm und ewige Nordnacht ist augenblicklich Schnee von gestern. Alles versickert lautlos in spielerisch blitzenden Mädchenaugen, in der Schwerelosigkeit zwischen Licht und Schatten.

Aus einer Nebentür tritt ein mittelgroßer, athletisch gebauter Mann in marineblauen Leinenhosen, weißem Polohemd und typisch meridionalen Segeltuchschuhen mit Bastsohlen. Mustert den Wartenden sekundenlang: „You are Captain Goetsch? I am George Lillaz – did you have a pleasant trip? Would you be ready to leave for the United States on the midday plane? (Sie sind Capt. Goetsch? Ich bin Georges Lillaz, hatten Sie eine gute Reise? Wären Sie bereit, mit der Mittagsmaschine in die Vereinigten Staaten zu starten?). Auffällig, ein Vollblutfranzose, der ungeniert und sehr gut Englisch spricht.

In kaum 30 Minuten am Mahagoni-Tisch mit der alten bunten Weltkarte unter Glas, sind die Pläne seines 3-Mast-Schoners „Rara Avis" eingehend betrachtet, wichtigste Punkte besprochen. Auch Einstellungsbedingungen, Versicherungen für die Segelyacht und Besatzung. – „Wollen Sie einen schriftlichen Vertrag, Captain?" – „Danke, nein, Sir. Worthalten genügt."

„Die ‚Rara Avis' segelt unter belgischer Flagge, Heimathafen ist Gent. Mein belgischer Freund Jean de Groote fungiert in den Dokumenten als

Monsieur Georges Lillaz beim Auslaufmanöver St. Croix.

Eigner. Mit Frau und Tochter will er zwei Wochen nach der Osterzeit in ruhigen Wassern der US- und British Virgin Islands segeln. Hier Ihr Scheckbuch auf die Virgin Island National Bank, für alle Ausgaben. Sie sind bei der Bank in St. Thomas gemeldet. Dort stellen Sie sich für Unterschriftsproben und banktechnische Formalitäten bitte vor".

Madame Geneviève Fieffe, Direktorin des „Basar Hotel de Ville" und rechte Hand von Georges Lillaz, fliegt zusammen mit dem neuen Skipper gen New York. Mit Anschlussmaschine dort nach San Juan/Puerto Rico. Eine natürliche Dame der alterslosen Klasse im kleidsamen Coco-Chanel-Kostüm. Lebhaft ist die Lady, blitzgescheit obendrein. Gegen Mitternacht im Foyer des San-Juan Hilton verabschieden wir uns zum Kurzschlaf bis morgens. Zum Abflug mit der Chartermaschine nach St. Thomas.

Dass Madame Fieffe eine halbe Stunde später an der Strandbar unter Palmen im nächtlich lauen Passat ihr Sorgenkind erspäht, ist nicht eingeplant. Es lässt fast das Glas Rum-Orange fallen, als ihm jemand von hinten auf die Schulter tippt. – „Das habe ich mir gleich gedacht – les marins!" – (Die Seeleute). Sie gesellt sich auf den Nebenhocker beim Glas vegetarischen Fruchtcocktail, plaudert fröhlich. „Maintenant au lit, capitaine, bonne nuit." (Jetzt ins Bett, Käpten, gute Nacht).

Längsseits am Westindien-Dock zu St. Thomas der lichtblaue behäbige Schoner unter drei ocker-gemalten Masten, schützende Sonnensegel von vorn bis achtern. Die angelsächsische Crew ist ausgesprochen reserviert und abwartend. A german skipper! Dass ein paar von ihnen während der nächsten 15 Monate dreimal über den Nordatlantik schippern werden, ahnt keiner. Der letzte Skipper, Wynand van Westering, fährt nun die amerikanische Motoryacht vom Boss der Caribbean Airlines. So kann der ex-Pilot nebenbei nach Herzenslust fliegen.

Vernachlässigt, heruntergekommen an allen Ecken und Enden ist der bedauernswerte schöne Segler. Schon die erste Überprüfung könnte jeden Seemann entmutigen. Die Männer der Crew spüren die Gedanken des wortlosen neuen Kapitäns, weichen seinen Blicken aus. Madame Fieffe bemerkt die Enttäuschung: „Bitte, bleiben Sie bei uns, Capitaine, wir hatten große Schwierigkeiten seit Monaten. Die Besatzung ist neu, nur

Drei-Mast-Bermuda-Schooner „Rara Avis“ mit Damenbrise.

zwei Wochen an Bord. Schaffen Sie bitte Ordnung. Für Ihre Entscheidungen haben Sie ‚carte blanche‘ (unbeschränkte Vollmacht) mit allen Geldmitteln. Monsieur Lillaz möchte endlich mal segeln mit der ‚Rara Avis‘. Im Mittelmeer und der Karibik“ – „Ihr schönes Schiff hat jede Mühe verdient, Madame. Versuchen wir's.“

Ein Blick ins Logbuch genügt. Sage und schreibe 21 Monate Fahrzeit zwischen Long Island, New York – Miami (zum Teil auf dem Küstenkanal) – Bahamas – Virginischen Inseln, Antillen und zurück sind auf 35 Seiten primitiv geschmiert: Abfahrt – Ankunft, Fahrzeit – basta. Immer unter Maschine, mit Segeln festgezurrt. Im Intracoastal Waterway (Küstenkanal) bei Brunswick, Georgia zwei Starkstrom-Kabel mit den Mastspitzen abgerissen. Beinahe drei Millionen Dollar Versicherungsschaden. – Armer Eigner! Die vorige Besatzung verschwindet spurlos ganze sieben Tage vor der Abmusterung des Skippers. Außer dem Koch aus Martinique, Jean Clement. – Seltsam! Auch der hat scheinbar die Hose gestrichen voll beim Gedanken an Segeln, obendrein des Nachts und über den weiten Ozean. Ab geht's nach Hause zu Mutti.

Mike Beal aus Walthamstow-England, gelernter Drucker und seit zwei Jahren Yachtmatrose der Atlantik-Segelei, verkörpert mit seinen 29 Lenzen seemännische Erfahrung, Reife und Verlässlichkeit. Gerne möchte er auf „Rara Avis" weiterarbeiten, Neues lernen und endlich mal segeln. Noch einer vom schnell zusammengewürfelten Haufen scheint kompetent und vertrauenswürdig: Schwede Alf Karlsson aus Göteborg hat drei Jahre Dienstzeit bei der königlichen Marine abgerissen. Sieben Monate als Kampfschwimmer im Polareis. Der breitschultrige Athlet von 22 Jahren muss drüben in Europa unseren Schoner verlassen, leider. Für ein Steuermannspatent zwei Jahre lang die Schulbank drücken.

Seetauglichkeit, Können, Fleiß und Sauberkeit der übrigen vier Männeken wird sich erst später auf See herausstellen: Motorman William O'Keefe, aus Washington DC, besitzt einen US-Passport, basta. Der kräftige 25-Jährige mit dem offenen Blick kann zweifellos hart zupacken. Ob die GM-Maschinen und der Mercedes-Generator seine Kenntnisse durchhalten, steht auf einem anderen Blatt. Im Land der unbegrenzten Möglichkeiten kann sich jeder mit „engineer" betiteln, der mal weggeworfene Motoren vom Schrottplatz wieder in Gang gebracht hat. Beruhigend aber: R.A. bewegt sich unter Segeln.

Steward Frank Griffiths aus Anglesey-North Wales ist mit seinen zwei Monaten Fahrzeit der Dienstälteste auf den Planken. Sein Arbeitsbereich in Eigner-und Gästequartieren erscheint annehmbar, so-so-la-la, in Skipperaugen leicht müde verschlampt. Abwarten!

Von der bretonischen Hochseefischerei stammt Smutje Julien Tanguy, der lebhafte Bilderbuch-Franzose aus Finisterre. Katzengewandt turnt

Julien zwischen Masten und scheinbarem Gewirr von Tauwerk über Deck, hantiert gekonnt in der engen Kombüse. Seine pünktlichen Mahlzeiten schmecken bestens. Etwas störend allerdings: Juliens Cognac-Fahne schon beim Frühstück, von Pfefferminztabletten keusch überlagert. – Bretonische Fischer spucken wahrlich nicht ins Glas! Ausgerechnet geboren am 4. April ist der „Widder“ von der Dekade Alkohol gefährdeter Männer. Die haben dort statistisch gesehen die größte Dichte aller Tierkreiszeichen.

Der Letzte der Mohikaner steht auf der Westindian Pier. Ein langer, schlacksiger Amerikaner vom Typ Jung-Hippie, jedoch gepflegt. Fragt den Skipper, wohin die Reise geht und ob er als Deckhand (Deckarbeiter) einsteigen könnte. Francis Kolowrat, genannt Tom, verdient derzeit seine Brötchen als Hilfsbarman der Straßentränke „Carousel“ am Hafen. Tom ist selbstsicher, gewandt, mit dem frechen Maulwerk eines verwöhnten Landjünglings. Er kann als Leichtmatrose für 165 Dollar sein Glück versuchen. Zwei Stunden darauf schrubbt Tom den Rumpf mit Schmierseife, vom kippligen Floß längsseits.

Ohne Rücksicht auf Tropenhitze, festgemacht an der Pier, üben die Greenhorns Segelssetzen, Reffen und Bergen. Bis zur Erschöpfung, zuletzt mit verbundenen Augen. Boote werden ausgesetzt, wieder an Bord gehievt, Feuerdrills veranstaltet. Es geht rund! Monsieur Jean de Groote mit Frau Carmen und Töchterchen Isabel sind zur 14-tägigen Kreuzfahrt angesagt. In genau zwei Tagen. Koch und Steward besorgen Vorräte im „Dorf“, einen Lastwagen voll. Bis spät abends ist alles im Schiff verstaut. Gemeinschaftsarbeit. Keiner geht an Land. – Kein „high life“ – nur schlafen. Frühstück 0600 Uhr, Arbeitsbeginn 0630 Uhr, 0930–0945 Tee, 1230 Lunch und Ruhe bis 1430, 1900 Ausscheiden vom Dienst, Deck-Nachtwachen nach Plan, unerbittlich. Wer den Druck nicht durchsteht, kann mit seinem Seesack zurück ins dolce vita an Land. Später mal draußen, gibt's kein Zurück mehr.

Doch unter der „german slavery“ (deutschen Sklaverei) formt sich ein Korpsgeist der jungen Männer, eine innige Verbindung zu „ihrem“ Dreimast-Schooner, beinahe über Nacht. Meckern und Murren über den „total verrückten“ Skipper schweißt die bunte Schar zusammen. Einer hilft dem Nächsten, ungefragt. Jung-Hippie Tom hilft Smutje Julien beim Töpfeschrubben. Der wieder fällt fast aus allen Wolken, wie der „Cowboy“ auf französisch loslegt, fliessend. Die Taucherei ohne Gerät während der Mittagsruhe verbindet Alf aus Göteborg mit dem Yankee-Motorenmann O’Keefe. Der diensttuende Steuermann Mike Beal ist freundlich zu jedem, mit der den Briten angeborenen Distanz zu untergebenen Mitarbeitern. Sogar die gute „Rara Avis“ scheint stolz auf ihre neuen Mannen. Nach wenigen Tagen kann sie sich schon wieder sehen lassen.

Mit Monsieur Jean de Groote, Freund und Pro-Forma Eigner, schippern wir durch die Leeward Islands zu den Windward Islands und die französischen Antillen. Nur wenn unumgänglich, mit Hilfsmaschine. „Rara Avis“ ist beileibe kein Rennpferd unter Segeln, aber zuverlässig und urgemütlich. Madame de Groote und Kleintochter Isabel fühlen sich auf dem geräumigen Segler wie zu Hause. Auf dem Achterdeck, im windgeschützten Cockpit, beim Herumtollen an Deck und in luftigen Salons. Auch ohne Klima-Anlage herrscht unter Deck erfrischende Kühle, trotz tropischer Frühlingshitze. Windhuzen (Windfänger) leiten den Luftstrom von vorn bis achtern in alle Unterräume. Schattenspendende Sonnensegel über isoliertem Hauptdeck tun ihr übriges. „Airconditioning trouble“ (Kühlungsleiden), wie Erkältung, steif verspanntes Genick sind unbekannt. Genial.

Während ihrer ersten Karibikreise mit neuer Besatzung zeigt sich „Rara Avis“ von bester Seite. Sichtlich beeindruckt ist Jean de Groote: „Da können Sie gleich von St. Thomas loslegen über den Teich nach dem Mittelmeer, Capitaine.“ – „Monsieur, erst wird der Schiffsboden vom dicken Muschelbewuchs befreit, dann frisch gemalt. Schwachstellen der Takelage sind gefährlich und werden in Ordnung gebracht, kein Leichtsinn.“

„Manfred the Sailmaker“ (Segelmacher) begleitet „Rara Avis“ nach San Juan/Puerto Rico. Seine „sailmaker loft“ (Werkstatt) auf Hassel Island betreibt der Altgeselle Tim. Im Gemäuer der HAPAG-Westindien-Kohlestation des damals dänischen Charlotte Amalie/St. Thomas ist der Blauwassermann endlich sesshaft. Seit gemeinsamen Dreharbeiten in der Nordsee 1953 auf Ketsch „Etsi“ und der Atlantikübersegelung mit Karibik-Törns auf der Wishbone-Ketsch „Nike“ 1959 sind Jahre verflossen. Monatelang näht Manfred neue Segel auf Ozeanyachten, unterwegs im

„Rara Avis" hoch und trocken, Werft Puerto Rico, April 1965.

westlichen Atlantik und den Weiten des Pazifiks. Neben seinen Steuermannspflichten. Ob an Deck im Schneidersitz, oder im engen Logis bei schwerem Wetter. Verdient sich redlich einen dicken Packen „Greenbacks" (Dollar). Kaum an Bord, ist der drahtige fröhliche Seemann Mittelpunkt und echtes Vorbild. In Wagner's Shipyard südlich der Isla Grande im Hafengebiet S. Juans rollen Slipwagen unter dem Rumpf des 120 Tonnen schweren Schoners langsam aufs trockene Land. Los geht's mit der Sklavenarbeit. Alle Mann, ohne Ausnahme, schrappen, unter dem Schiffsboden im Dreck knieend, zolldicke Lagen steinharter Muscheln vom Unterwasserbereich. Zwei Tage drauf können Werftarbeiter anfangen, die

Bodenfarben aufzubringen. Im Stadthaus eines Gönners steigt dann zur Belohnung eine rauschende Party mit netten Mädchen.

Neun Stunden pro Tag hängt der Segelmacher hoch oben in den Masten. Spleißt neue Drahtstagen, ersetzt durchgeriebenes Gut und überholt jeden der 74 Blöcke im Rigg. Stets ausgelassen und guter Dinge, trotz erbarmungslos knallender Sonne. – Sein „handy man“ (Handlanger) unten an Deck sichert dabei den Bootsmannsstuhl 30 Meter über ihm.

Matratzen und Bettzeug werden ausgeklopft und gesonnt. Das Mannschafts-Logis mit Seifenlauge geschrubbt, Kakerlaken und ihre Ei-Ablagen im Heißdampfstrahl erledigt. Zwei Chinesen karren Säcke voller Schmutzwäsche in die Wäscherei. Die letzten Tage Werftzeit vor der ersten Nord-Atlantik Etappe bringen Schwung in den Laden.

Die einen schlafen an Land beim Bratkartoffelverhältnis. Werden von ihren Schönen in klapprigen Karossen pünktlich zum Dienst um 0600 Uhr an der Werft abgeliefert.

Andere pennen in Hängematten an Deck, nackt unterm Leintuch. Moskitonetze schützen vor blutdürstenden Schwärmen aus nahen Ufersümpfen – wenigstens zum großen Teil. Zur morgendlichen Unterhaltung gehört gelegentlich ein Skorpionstich beim in die Schuhe schlüpfen. Beim nächtlichen kleinen Geschäft vor dem Schiff sind schmerzhafte Bisse der großen „centipedes“ (Tausendfüßler) für Barfußläufer gang und gäbe. Würgeschlangen im meterhohen Bambusgras um die Fußpfade oder am Rattenparadies der Mülltonnen scheuen sich vor nächtlichen Heimkehrern. Es sei denn, ein beschwipster Dussel tritt versehentlich mitten drauf.

Nach 12 Tagen schwimmt „Rara Avis“ in ihrem Element, seetüchtig und voll ausgerüstet für die lange Reise. Im Morgengrauen geht Manfred von Bord, als Letzter, mit Handwerkszeug und kleinem Gepäck. Ankerhieven, Segelsetzen – Freiheit!

Mit Vollzeug langsam durch’s Hafengebiet, in die Fahrwasser-Enge, vorbei unterm altspanischen Fort. Signalstelle anmorsen … Auslaufmeldung absetzen … schon heben atlantische Wellenbuckel den stolzen Segler, weggelegt im frischen Passatwind. Seewachen ziehen auf, der Rudergänger steuert auf Generalkurs am Steuerkompass, nach magnetischen Fehlerberichtigungen und Vorhaltewinkel für Westversetzung auf der

Seekarte Nord zu Ost – Bermuda-Inseln. Es duftet nach Rührei mit Schinken, nach Kaffee, Bratkartoffeln mit Zwiebeln. – Erstes Seemannsfrühstück draußen auf den Weiten!

In Paris zeigen die Uhren 11 Uhr vormittags, Georges Lillaz in der Chef-Etage vom „Basar Hotel de Ville" schiebt Papierstöße mit Alltagskram auf dem mächtigen Schreibtisch weit von sich. Funkgespräch mit seiner „Rara Avis" – die Geschäfte können warten. Dafür notiert der Boss Koordinaten der Anfangsposition für die Steckfähnchen der Atlantik-Wandkarte, mittlere Fahrtgeschwindigkeit, Kurse und erwartete Tagesetmale. Als Jagdflieger 1939/40 im „drôle de guerre" (drolligen Krieg) mit einem „Morane"-Jäger über Frankreich hat er ähnliches gelernt. Wir verabreden Zeiten für tägliche Meldungen über Scheveningen- oder S. Lys-Radio – „Monsieur, wenn Sie jeder Funkstation eine Kiste Champagner schicken, im Namen der ‚Rara Avis' – OSRB, klappen Verbindungen besser und schneller." – „Gute Idee, Captain, wird sofort veranlasst."

Hunderte Seemeilen mit atlantischen frischen Winden aus dem Steuerbord-Bereich, Sonnentage nach Sternennächten, mit Vollzeug von 435 qm Segelfläche über lange müde Dünung. Durch Tangfelder im Sargasso-Meer, faul paddelnde Schildkröten und geheimnisvolles Meeresleuchten.

Steuermann Mike Beal hat das Decksvolk im Griff. Seewachen ziehen pünktlich auf mit griffbereiter Schwimmweste, Messer und Marlspieker. Tagsüber picken die Wachen Rost, malen und arbeiten „aloft" (oben) im Rigg. Motorenmann O'Keefe pflegt Maschinen, lädt tagsüber Akkumulatorenbatterien mit dem Generator. Dafür herrscht des Nachts geheimnisvolle Stille, außer den plätschernd dahinziehenden Wassern längs der Bordwand, der klatschenden Bugwelle und dem leichtem Ächzen der mitwiegenden Takelage. Seelenreinigender Tiefschlaf, meilenweit entrückt vom Schwergewicht weltlichen Alltags.

Steward Frank Griffiths aus Wales und Fischdampferkoch Julien stehen Stunden ihrer Freiheit vom Innendienst am Ruderrad. Glücklich, das leicht wegggelegte Schiff unter Wolken voller Segel zu steuern. Derweil träumen abgelöste Rudergänger im Netz unterm Bugspriet, oder schauen elegant dahinschießenden Delphinen im Spiel um den Vorsteven zu. Ausgerechnet der Steward ist bester Mann am Ruder. Frank „erfühlt“ geradezu die schnellstmögliche Fahrt im Ausgleich mit dem befohlenen Generalkurs. Auch bei Waschbordlage in rauher See. Singt dabei lauthals Weisen seiner walisischen Heimat. Unter vielen „stories“ ist sein Lieblingsgarn die Geschichte aus der Jalta-Konferenz 1945, überliefert vom Onkel Paddy, seinerzeit „footman“ (Diener) von Prime-Minister Winston Churchill: „The boss was full up to the rim as usual at that time of the day. ‚Joe‘ Joseph Stalin helped him, leading his hand with the blue-pencil right across Europe. Roosevelt just watched, like a skinny Buddha, nodding.“ (Der Chef war voll bis an den Rand, wie gewöhnlich zu dieser Tageszeit. „Joe“ Joseph Stalin half ihm, führte seine Hand mit dem Blaustift mitten durch Europa. Roosevelt schaute nur zu, wie ein abgemagerter Buddha, und nickte…)

Politik ist an Bord kein Thema. Ohne Tageszeitungen und nur wenigen Radiostationen sowieso. Aber Thomas Kolowrat, Nachkomme altböhmischen Adels, bemerkt bescheiden: „Damit haben sie das sowjetische Millionenmassaker der Nachkriegszeit kaltblütig sanktioniert. Alle meine Verwandten wurden vom NKDW Stalins liquidiert.“ – Einfach und treffend platzt der Franzose Julien in die Unterhaltung: „Salle Politique!“ (Dreckspolitik). Die bunte Besatzung ist sich einig.

Um die Westküste der Bermudas schnellen Ungetüme senkrecht aus den Fluten, klatschen zurück in meterhohe Gischtwellen. – Wale! – Oft fliegen die tonnenschweren Akrobaten nebeneinander über der Oberfläche. Auf kleinem Raum tummelt sich eine ganze Herde. Überall Blasfontänen, immer wieder springen rastlose Ozeanwanderer hoch hinaus, spielerisch vergnügt. Auch ein 12-Fuß-Hai zieht gemächlich seine Bahn durch's glasklare Wasser bei Paget Island,vor der Hafeneinfahrt. Unberührte Natur. Erst später erklärt der alte Hafenkapitän von St. Georges, Capt. McCallan das Phänomen: „It's mating season of Greenland wales here, year after year“. (Jedes Jahr ist hier Paarungszeit der Grönlandwale.)

„Rara Avis“ westwärts im Nordatlantik. Januar 1966.

Freundliche Bermudas – S. George's Harbour

Mit kleiner Fahrt gleitet „Rara Avis“ am Gates Fort vorbei durch die Enge in den geschützten Naturhafen der Insel St. Georges. Besonders vorsichtig, denn Seekarten großen Maßstabs und Hafenpläne fehlen an Bord.

Die weite Bucht vor der kleinen alten Stadt erscheint wie ein träumendes Idyll, zwei weiße US-Coastguard-Kutter liegen längsseits am Pennos Wharf. Dazu leuchtend rot blühende Rhododendron-Büsche und verwitterte Steinmauern auf lichtgrünem Kurzgras, hellrosa Häuschen mit weißen Steindächern. Atlantikstürmen trotzend in sanft abfallende Uferhänge geschmiegt, mit der sonst kargen Insel-Landschaft innig verschmolzen. Auffällig dabei: Keines der jahrhundertealten Steinhäuser bedacht mehr als zwei Stockwerke. Nur der Glockenturm von St. Peter's

Church überragt bescheiden das Städtchen. Hier und da ein gemächlich fahrendes Autolein. Kinderlachen vom kleinen Schulhof…

Von der Ecke eines Hafengebäudes winkt eine Gestalt, bedeutet „Rara Avis“, hinter der winzigen Insel festzumachen. Ein bejahrter Herr in Bermuda-Shorts, mit Golfjackett und obligatem Binder. Mit Gesten eines befahrenen Seemannes lotst er, vom festen Land aus, den Schoner mit seinen festgegeiten Segeln um die Steinpier herum an den 50 Meter langen Kai. Längsseits am ehrwürdigen Clubhaus des „St. Georges Dinghy & Sports Club“, Schritte nur vom weißen Holzbrücklein rüber zur historischen „King's Square“. Geschickt fängt der Gentleman Wurfleinen, stülpt die Spring fachgerecht über den Poller.

Nach einem Sprung an Land stellt sich der Skipper formell dem Hafenmeister und Clubvorsitzenden Capt. Ralph McCallan vor. Beim Rum-Punsch an Bord hilft der alte Seebär mit Formalitäten für den jungen Beamten der Bermuda-Police. Der Crew schreibt er Landgang-Permits, für den Skipper gibt’s eine Ehrengastkarte des Clubs. Von Anfang an versteht man sich, ohne große Worte, ist tief berührt vom seltsamen Magnetismus der Bermudas mit ihren freundlichen, stolzen Insulanern.

Ein Telegrammbote von Cable & Wireless liefert die Botschaft vom Boss in Paris: „captain and crew ss rara avis st. georges stop well done stop increase salaries fifty dollar a week stop thanks regards lillaz“ (Kapitän und Besatzung SS Rara Avis St. Georges stop gut gemacht stop erhöhe Gehalt um fünfzig Dollar wöchentlich stop Dank und Grüße Lillaz).

Ein moralischer Volltreffer! Jeder Mann packt beim Großreinschiff mit Frischwasser und Schmierseife zum Schrubber. In Rekordzeit blitzt „Rara Avis“, frischgewaschen vom Masttopp bis zur Wasserlinie. Neugierige von benachbarten Schiffen der US-Küstenwache trauen ihren Augen nicht. Ausgerechnet auf einer belgischen Segelyacht wird mehr geschuftet als beim harten Drill unter den Stars and Stripes!

Ganz einfach: Das Wörtchen „shoreleave“ (Landurlaub) mit den ersten 50 Dollars zusätzlich in der Tasche, sobald der Kahn pikfein in Ordnung ist, bringt neues Leben in die Bude. Erste Touristenmädchen in Bermudahemden, weißen Shorts und Sandalen sammeln sich auf der Pier mit ihren Motorfahrrädern. Verabreden sich mit den braungebrannten athletischen

Matrosen bei der Arbeit. Treffpunkt in der „White Horse Tavern" hinter der Brücke. Pinke-Pinke gibt's beim Skipper im großen Deckscockpit gegen Unterschrift ins Heuerbüchlein.

Hochbetrieb herrscht auf der Kindley US-Airforce Base auf David's Island, ein Katzensprung nur westlich unseres Hafens. Dicke vierstrahlige Brummer starten und landen, Tag und Nacht. Genau so dick ist die Luft. Die Weltmacht unterm Sternenbanner ist voll dran, Vietnam und Südostasien mit Napalm-Bombenteppichen, Entlaubungsgiften und massivem Truppeneinsatz für die allein-seligmachende Demokratie kirre zu kriegen und nun „Freiheit" für die unterdrückten Bauernvölker um den Mekong zu schaffen. 4000-jährige Kulturen endlich zu amerikanisieren, dem neuen Lebensglück mit Big-Mac, Kaugummi und Coca-Cola näher zu bringen. Oder nicht? Erfahrene Kolonial-Franzosen holten sich schon blutige Nasen in Dien Bien Phu, zogen sich aus „Indochine" nach Hause zurück. Von der japanischen Besetzung 1940–45 gar nicht zu reden. Leidenskraft und Lebenswillen eines fleißigen klugen Volkes überwinden alles.

William O'Keefe quält sich mit dem Gedanken, ob er als guter Amerikaner nicht unter die Fahnen zur Army eilen sollte. Im US-Stützpunkt Kindley Airbase müssen sich junge Amerikaner stellen, werden dort verpflichtet und kostenlos nach den USA geflogen. Tom Kolowrat sieht die Sache nüchterner: „Lass' doch Politiker und Kriegsgewinnler bluten. Niemand hat die USA angegriffen." – Echte Blumenkinder verachten Blutvergießen. – Julien der Franzose, wie Schwede Alf raten ihrem Buddy William von unüberlegter Handlung eisern ab: „Bleib' besser an Bord, vergnüg' Dich in Europa. Für den dreckigen Kolonialkrieg bist Du zu schade." Auch Bini, O'Keefes Bermudagirl, gibt ihm die letzte Ölung: „You join up and I'll go, right away." (Du gehst in den Krieg und ich verlasse Dich, auf der Stelle).

Einwohner der blitzsauberen britischen Kronkolonie sind fröhlich durch die Bank, überwältigend gastfreundlich. Originell der Verkehr auf Motorfahrrädern zum Gaudium amerikanischer Touristen. Streng begrenzt die Zahl der Automobile, sogar die Größe. Straßenkreuzer: Oh, nein! – Verluderte Rostkutschen müssen auf dem Seeweg nach den USA. In Autofriedfriedhöfe, das ist Gesetz. Auch Abfälle, Schutt und Müll belasten weder Land noch Strand. Drakonische Strafen, bis zum Verlust des Daueraufenthalts im atlantischen Paradies, werden im Eilverfahren verhängt. Eine achtlos weggeworfene Zigarettenschachtel ist ein Monatseinkommen wert. Unnachgiebige Härte funktioniert, wie geölt.

Tauchen mit Atemgeräten und Druckluft-Harpunen zum Durchspießen friedlicher Fische gilt als schwere Wilderei, wird ebenso gnadenlos verfolgt von Behörden wie Insulanern. Die einmalige Unterwasserwelt im kristallklaren Element über Quadratmeilen weißer Sände mit unzähligen Riffen bleibt unberührte Natur. Ein Erlebnis für Schnorchler und Beschauer im Glasboden-Boot. Alle Fische sind zutraulich und neugierig. Alte schwere Seebarsche fressen aus der Hand, lassen sich gerne streicheln.

Drollig, wie Handwerker vom Bau beim Mittagspfiff schnell den Bermuda-Chowder von Mama auslöffeln, mit Golfschlägern aufs freie Gelände eilen und die letzte halbe Stunde auf dem idealen atlantischen Grün friedlich zusammen golfen. Volkssport auf den Bermudas, wie Hockey in Pakistan, Kricket in Barbados oder Fußball in Argentinien.

Auf gepflegten Golfanlagen exclusiver Clubs, von Coral Beach bis Mid Ocean oder beim Bermudiana-Hotel, tummeln sich gelangweilte Millionäre im sündteuren Dress, mit schwerbepackten Caddies (Trägern) im Schlepp. Ein Verein für sich, wie überall in der Welt. Gesellschaftliches Pseudo-Ansehen für die einen kostet 'ne schöne Stange Geld. Andere, Golfer aus Leidenschaft für den edlen Sport bei Wind und Wetter, können nur lächeln.

Mit neuen Freunden und sportlich-natürlichen Freundinnen fühlt sich die Crew pudelwohl. Jede freie Stunde gehört dem sonnigen Landleben mit Schwimmen, Tauchen, Tanzen, Essen und Trinken. Lauschige Nächte auf einer Holzveranda über gurgelnd glitzernden Wassern zusammen mit Senior-Flugkapitänen der Trans-World-Airlines und ihren rassigen, unverbildeten Flugbegleiterinnen. Barfuß in Sandalen, Tropenhemd und Shorts, leise Gespräche, melodisches Lachen, Stille. – Einer greift zur Gitarre: „Yellow bird, high up in banana tree“ – Calypso-Klänge – Wir singen oder summen leise mit, verzaubert. Meilenweit weg ans Riff donnern atlantische Brecher, der mächtige Orion in Süd-Süd-Ost, der feurige Sirius daneben und die strahlende Venus, gerade über der Kimm, vermelden den nahen Tag. Schlanke Mädchenarme, sonnenduftende Samthaut, salzige Lippen. – Schwer fällt der Abschied mit Pfeilen im Herzen.

Noch eine Saturday-Night-Party im Clubhaus, Preisverteilung für die Sieger der jährlichen Traditions-Regatten. Die Wellen schlagen haushoch, bis in den Sonntagmorgen. Egal: Auslaufen um 10:00 AM. An der Pier versammelt die Getreuen, schwankend manche, aber mit Haltung – British self respect (britische Selbstachtung) – weinende Mädchen. Die 12-köpfige Dudelsackkapelle der Bermudas steht auf der Pier, alle im Schottenrock, stilecht mit allem Drum und Dran. Der Tambourmajor unter dicker Bärenfellmütze. – Der alte Squarerigger-Shanty „Farewell Australia", alle Mann hüben und drüben singen mit, dann, dem Skipper bleibt die Spucke weg – „Muss i denn zum Städtele hinaus" mit Beifall, zuletzt „God save the Queen" – Man entblößt die Häupter, steht ruhig. Tom dippt langsam die belgische Flagge, intuitiv, ohne Befehl – richtig! Dann klatschen Freunde und Zuschauer. Von „Rara Avis" schallt ein dreifaches „Hurra" – Leinen los und ein! Über den Achtersteven unter Maschinenkraft zieht ein glückhaftes Schiff aus dem engen Hafenbecken, dreht und verschwindet durch die Enge aufs offene Meer. Vom alten Gates Fort über dem Town Cut Kanal winken die Letzten, Bermuda-Girls werfen Kusshände.

Segelsetzen, auf Großkreiskurs gehen durch die Azoren. Seewachen ziehen auf. Alle Mann heiser und sichtlich geschafft vom herrlichen Remmi-Demmi letzter Bermuda-Tage. Freiwachen verziehen sich ins warme Körbchen, schlafen traumlos. Seewachen halten wacker ihre Stunden an Deck durch. Keiner lässt sich was anmerken, einschließlich des ausgelaugten Skippers. Südwestliche Winde 3–4, See 2–3, alte Nordwestdünung 3, bedeckt bis stark bewölkt, Vollzeug mit leichten Beisegeln. Die „Rara Avis" zieht dahin mit 5–6 Knoten. Glückliche Inseln versinken unter der Kimm im Westen.

Der arme reiche Boss bei seinen Geschäften in Paris segelt im Geiste mit uns über den großen Teich. Unsere Funkgespräche nach der Positionsmeldung täglich sind knapp, fast militärisch. Unnötiges Gesabbel ist verpönt. In Gibraltar wird Monsieur Lillaz zusteigen, vor der Mittelmeer-Kreuzfahrt noch den Rio Quadalquivir flussaufwärts fahren nach Sevilla.

Gemütlich mit Maschinenkraft. Madame Lillaz, Kunstsachverständige amerikanischer Herkunft, ist in die altspanische Stadt vernarrt. Schon jahrelang seit ihren unvergesslichen Erlebnissen der andalusischen „Ferias“ auf Avenidas und Plätzen der Hauptstadt. Rund 3060 Seemeilen in sommerlichen Schönwetterbreiten mit meist günstigen Winden bei täglich sechs Gratismeilen im östlich setzenden Strom könnten, über den Daumen gepeilt, in 23 Tagen abgespult sein. Vorausgesetzt, Neptun drückt ein Auge zu.

Mit südlichen Brisen am südlichen Rand eines flachen, langsamen Tiefs schippern wir mit Tages-Etmalen von 140 Meilen im Durchschnitt ostwärts, treffen dann tatsächlich auf frische Winde ums stabile Azorenhoch. In einer nächtlichen Gewitterböe bergen alle Mann die größten Segel in Rekordzeit, zwei Stunden später segelt unser Untersatz wieder unter Vollzeug. Ohne besondere Ereignisse. – Vorbei an Azoreninsel Faial, dann südlich von Pico. Steuermann Beal übt während seiner kargen Freizeit auf der atlantischen Koppelkarte, rechnet Kompasskontrollen, Nordsternbreiten, Kurs-Umwandlungen – mit Hingabe und Erfolg. Smutje Julien ist Tag für Tag mehr besoffen, kocht trotzdem wohlschmeckend. Lange hält er nicht mehr durch. Nutzlos sind Verwarnungen, Flaschenkind bleibt Flaschenkind – armer Sack. Brillant geradezu seine Verstecke: Cognac-Flaschen unten im großen Mülleimer, in der Kartoffelkiste, im Eignersalon unter der Tischplatte, hinter Büchern auf Regalen. Allmorgendlich plumpsen 2–3 leere Buddeln diskret zu den Fischen.

Ohne Halt an den Azoren vorbeizuschippern, ist alles andere als populär … Schnurzegal! In Gibraltar warten Luftfracht, Reparaturen, Vorräte und dringende Malarbeiten vor der Mittelmeer-Kreuzfahrt. Bald auch sollte einer der Jünglinge zum Hafenarzt: Liebes-Schnupfen, abgeholt in den Bermudas, vom Skipper unterwegs mit hohen Dosen Penicillin I.M. behandelt. Großes Sonntagsgeschenk, drei Tage vor Einlaufen in Gibraltar: Ausgiebig dürfen alle Mann heiß duschen. Von 6000 Litern Frischwasser sind 2000 Liter gespart. Mit Kochen, Trinken, Körperhygiene und Mini-Zeugwäsche an Deck aus der Pütz (Eimer) sind täglich 173 Liter verbraucht. Rund 28 Liter pro Nase und Tag. Wohl reichlich im Vergleich mit anderen Fahrzeugen ohne Seewasser-Entsalzungsanlagen auf Langfahrt.

Doch ohne Rationierung überraschend diszipliniert – Briten. Neun Tage Hafenzeit in Gibraltar. 48 Stunden davon sind dienstfrei. Dann wird „Rara Avis“ von den Mastspitzen bis zur Wasserlinie gemalt. 10 Mann des norwegischen Hochsee-Bergungsschleppers „Atlantik“, auf Station gegenüber an der Pier im Zerstörerhafen, packen mit an. Für 1 Gibraltar-Pfund pro Stunde, damals stolze DM 13,50 – bar nach Dienstausscheiden.

Ein strahlender Georges Lillaz dankt jedem Mann der Crew, Madame lädt Skipper und Mate zum Abschiedsdinner hoch oben im Rock-Hotel. Am besten sind die Drinks dort. Über die dargebotenen Köstlichkeiten lachen wir alle später an Bord beim Gute-Nacht-Gläslein. Madame: „Bei der Heilsarmee schmeckt's besser.“ – Keiner meckert, nur Mike Beal als stolzer Brite ist sichtlich bedeppert.

Auslaufen in aller Herrgottsfrühe, durch die Meerenge, „um die Ecke“ vorbei an Cadiz zur Mündung des Rio Guadalquivir. In Bonanza klettert der Flusslotse an Deck, sichtlich zufrieden auf dem frisch gemalten Dreimaster. Gemütlich vom Deckstuhl auf dem Salondeck gibt er Ruderbefehle, trinkt Unmengen rabenschwarzen Kaffee. „Gut gegen die Hitze“ behauptet er. Schwüle 47 Grad lasten über der andalusischen Flussniederung, unter Sonnensegeln im Schatten gemessen. Nach 7 Stunden unter Maschinenkraft mit auflaufender Flut liegt „Rara Avis“ festgemacht im bescheidenen Hafen von Sevilla. Mittenmang unter wuchtigen Mauern und atemberaubenden Bauten jahrhundertealter spanischer Weltmacht.

Zwei Tage später kriecht Alkoholopfer Julien an Deck, sichtlich bedrückt, aber mit Haltung. Bittet um Abmusterung und Heimreise nach der Bretagne, voll erwischt vom Teufelsdurst. Schade, hat doch Smutje Julien alle Mann gut versorgt als stets fröhlicher Kamerad. Im engen dörflichen Familienkreis am Meer will er wieder Tritt fassen. Bis auf weiteres schafft Neu-Amerikaner Tom den schweren Kombüsendienst, freiwillig. Der Jung-Hippie überrascht mit einfachen wohlschmeckenden Speisen. Glück im Unglück.

Spiegelglatt die sommerliche See, kein Windhauch, tagelang. Vibrierende Luft, Fata Morganen über blauen Bergen Afrikas. Unter festgemachten Segeln wird „motort“, tagsüber mit dem zuverlässigen dänischen Selbststeurer. Skipper oder Mate spielen Ausguck. Seewachen arbeiten gemächlich im Schatten. Derweil kutschiert das Eignerpaar im voll klimatisierten Straßenkreuzer kreuz und quer durch Andalusien. Zur nächsten Einschiffung in Valencia.

Endlich meldet Malta Radio GYR Schwerwind für den Löwengolf und mittleren Nordost für Südost-Spanien. Haargenau auf die Nase. Hoffnungslos für die schwerfällige „Rara Avis“ alter Bauart. Gegen den Wind aufkreuzend schafft der Schoner mit fünf Seemeilen auf Kreuzkurs gerade eine Seemeile hin zum Ziel, fünf Stunden knüppeln heißt es, um eine Stunde auf Generalkurs gut zu machen. Nur die letzten 30 Meilen bis Valencia schieben günstige Winde den Eimer elegant unter Vollzeug.

In kleinen idyllische Buchten der Baleareninseln liegt R.A. verankert, die Passagiere baden im glasklaren Wasser oder wandern stundenlang an Land. In ein paar Häfen werden körbeweise Früchte und herrliches Frischgemüse vom frühen Markt an Bord geschafft und Frischwasser übernommen. Passagiere speisen an Land, nächtigen oft in Hotels. Die wachfreie Crew genießt das Nachtleben im Städtchen. Jetzt sind wir nur noch sechs Mann. Nach Juliens Heimkehr von Sevilla entschließt sich O'Keefe in Palma, dem Aufruf der USA zur Army zu folgen. Der gläubige Patriot will nicht zurückstehen, sein Heimatland im fernen Vietnam zu „verteidigen“. – Das altbewährte Strickmuster für Nachschub von Kanonenfutter. Die einen verdienen, die anderen beißen ins Gras.

Ersatz-Motorenmann Hans-Jörg ist von Anfang an vom Pech verfolgt. Die hydraulische Ruderanlage fällt aus, dito Stromgenerator, dazu Maschinen mit Luft im Brennstoffsystem und dauernd verstopften Filtern. Schließlich gibt die Notstromversorgung ihren Geist auf – die Batterie-Hauptsicherung ist im Eimer, kein Ersatz an Bord. Aber wir können noch segeln, Petroleumlichter setzen, Port Mahon auf Menorca anlaufen. Dort beheben wir die Schäden, zumindest provisorisch, und können nach zwei Tagen wieder absegeln nach den Inseln im Golf von Neapel, kreuz und quer. Vorbildlich der Eigner mit seiner Gemahlin. Dauernde Schäden und Ausfälle tun ihrer Reisefreude nichts an, eigene Beschwernisse dadurch nehmen sie gelassen. Sie hätten schon Schlimmeres erlebt, sagen sie. Auch scheint dem Boss verminderte Lebensqualität nichts anzuhaben. Hauptsache, wir wissen uns zu helfen und bringen ihren Segler an gewünschte

Ziele. Zu den Pontinischen- und Liparischen Inseln, Häfen und Buchten um Sizilien, rund um Malta und Gozo.

Neue Gesichter melden sich zum Dienst in Malta, andere mustern ab. Mick Molloy, Freund von Mate Beal, früher Berufssoldat Ihrer Majestät in den Dschungeln Malaysias und Schiffszimmermann, Roland Wölfle, befahrener junger See-Maschinist.

Massive Gewitterfronten von Norden im Golf von Taranto, Böen bis 11 Beaufort, mit fliegendem Regen im Sperrfeuer ununterbrochener Blitzschläge. Segelbergen bis auf Stagfock und Besan. Auch unter diesen „Taschentüchern“ legt sich „Rara Avis“ bis über die Reling, schiebt Tonnen von Wasser aufs Leedeck. Akute Kentergefahr mit dem Flachboden-Schwertschiff! Nehmen das Unwetter von achtern, eine Stunde lang. – Geschafft – und was dazugelernt.

Die geplante Herbstreise durch's Ionische Meer wird abgebrochen. Anweisung vom Boss auf Bitten seiner tapferen Gattin. Segeltrocknen in der Sonne unterwegs nach Sizilien, ein paar Ankerplätze in Taormina und Syracusa, Malta und Gozo. – Schliesslich fest im T'ax Biex-Yachtbecken bei La Valetta.

Schnaufpause Malta

Sicher verankert im T'ax Biex Yachtbecken als dickster Brocken der aufliegendenYachten und Boote kann Steuermann Beal als Erster auf wohlverdienten Heimaturlaub nach Essex. Seit der ersten Ausreise vom tropischen St. Thomas erfüllt der konservative Brite jede Aufgabe, Tag und Nacht, ohne zu murren. Fleißig und hilfsbereit, geschickt wie erfinderisch. Ein echter Glücksfall, genau wie Thomas Kolowrat. Wochenlang anfangs macht ihn der Skipper jedesmal zur Minna, bis der „Grass-Hippie“ spurt. Mit Tränen kämpft Tom, wie ihn der „Alte“ tatsächlich mal lobt. Im Morgengrauen an Deck, als Tom zwei große Beisegel setzt, ohne einen Kameraden zu wecken. Der letzte Anpfiff ziert heute noch den Riesenschreibtisch des inzwischen zum Produzenten gewandelten Seemannes: „I don't want my orders to be understood – I want them to be executed – at once." (Ich will meine Befehle nicht verstanden wissen, ich will sie ausgeführt haben – sofort). Dann erzählt er seinen Besuchern vom „German Skipper" seinerzeit.

Tagsüber arbeiten alle Mann für die zweite Atlantik-Überquerung. 56 Stunden pro Woche. Ausgerechnet zum Jahreswechsel soll's losgehen. Von wegen tagelang verkatert in sauer liegen. Nette Tränken an Land fehlen nicht, genau wie Kirchen – 61 Stück! Überall genügend lockere Gesellschaft, Unterhaltung, Tanz, Einladungen. Nette „Royal Navy"-Marinehelferinnen, ein ganzer Stall voll, leicht verrückte Yachtleute und „Billig-Versumpfer" von der Pirateninsel jenseits des Kanals. Preise tief, Stimmung hoch. Genau das richtige Erholungs-Klima – Oberstes Gebot: Kein Eis im Drink, kein Leitungswasser, nur Selters. Die Hauptwasserversorgung wird vom Friedhof darüber „beeinflusst". Im natürlichen Kreislauf sind Bestattungsgeschäfte stets belebt. Zu Malta gehören eben mal Leberschäden, wie Flohbisse zu Kretas Hafenstadt Heraklion.

Mick Molloy belebt hingegen das Mietwagengeschäft Maltas auf seine Art. Fährt in 8 Wochen nachts im Suff 3 Leihwagen zu Schrott, einen nach dem anderen. Kulante Versicherungen erneuern den halben Fuhrpark des Klein-Unternehmers. Sonst ist unser Schütze-geborener Molloy ein stets fleißiger Mann, hilfreich und beliebt im Kreis der Besatzung. Wahrscheinlich hat er bei den Jahren Partisaneneinsatz in Fiebersümpfen Malaysias was „mitgekriegt". Rastet aus, wenn seine Sicherung durchbrennt. Noch eindrucksvoller die „Kepi blanc's" (Weißmützen) der französischen Fremdenlegion. Nach Jahren in Dschungeln und Wüsten seelisch ausgelaugt, sind die „têtes brûlées" (verbrannten Köpfe) für Yachtbesatzungen garnicht zu empfehlen.

Tom verdient alle paar Abende netto 50 Malta-Pfund am Spieltisch. Dann wird aufgehört, eisern. Zusammen mit dem Skipper an der anderen Ecke, unauffällig. Der eine setzt auf Zahl oder Carré, der andere deckt das Risiko mit geschicktem Einsatz auf die Dutzend und Transversalen. „Tandemspiel" ist ungern gesehen, lohnt sich dafür im Kleinen. Nach der Arbeit wird im Hotel „Phönicia" edel getafelt mit Freunden und WREN's

(Marine-Nachrichtenhelferinnen). Bis punkt Mitternacht dürfen kleine Dienstgrade ausgehen, dann ist Sense. Leider verliebt sich die vom Steuermann Angebetete in unseren Maschinisten, setzt sich zu ihm, himmelt den zurückhaltenden Jungen an – pausenlos. – Tief sitzt ein Stachel der Eifersucht in Mike's Fleisch, während Jenny ganz offen von Roland Besitz ergreift. Unheilbare Lage, auch für Monate später auf See. Immer die Weiber!

Noch zwei Mann melden sich an Bord: Rolf Zink als Steward, Wolfgang Baumgarten als Koch. Beide Greenhorns bei der Seefahrt, aber tüchtig im Arbeitsbereich. Am Tag der Abreise, 28. Dezember 1965, wird Jack Lee Gore als 20-jähriger Leichtmatrose angemustert. Mit schriftlicher Erlaubnis seiner Mama, nota bene. Jacks Vater arbeitet als Chief-Pusher auf amerikanischen Bohrtürmen in Lybiens Wüste des alten König Idris.

Silvester begeht die Crew im Hafen von Annaba (früher Bone) an der Küste Algeriens. Ein totes Loch, gottverlassen, heruntergekommen bis zum Gehtnichtmehr, nach den drei Jahren algerischer Herrschaft seit dem Auszug der Franzosen. Auf einem Balkon der 2. Etage meckern Ziegen, Küchenabfälle klatschen von oben auf die Straße, in stinkenden Lüften wehen neue algerische Flaggen… Nur westliche Schwerwinde, mit äußerst grober See gegenan längs der nordafrikanischen Küste, halten „Rara Avis“ in diesem Schutzhafen.

Erst am Dreikönigstag 1966 liegen wir im Zerstörerhafen Gibraltar. Stunden später steigen Passagiere nach Las Palmas über. Mit George Lillaz der französische Konteradmiral Sacaze, im Krieg Kommandant des U-Bootes „Casablanca“. Ein furchtbar netter Mann, von der Fortbewegung unter Segeln nicht gerade belastet. Viele Stunden an Deck erzählt er von seinem U-Boot, dem traurigen Schicksal seiner „Marine Nationale“ im Krieg. Nicht nur einmal klingt sein offenes Missfallen über Englands Rollenspiel durch. Peinlich. Vom übelriechenden Bockmist Politik möchte der Skipper nichts hören: „Nous devrions tourner cette page, votre Excellence.“ (Wir sollten diese Seite umblättern, Eure Excellenz). – Thema ist durch.

Zwischenhalt in Las Palmas für frische Vorräte und drei neue Passagiere. In den überquellenden Postfächern beim Hafenkapitän findet Tom einen Brief an den Skipper mit Colleens Handschrift, 12 Jahre lang im dicken Packen Post verstaubt. Bildchen von der kleinen Nicola.

22 Tage auf westlichen Kursen gemütlich bei anfänglich müdem Passatwind. Die Herren Passagiere de Groote, Michelis und Chesnau steuern dann und wann tagsüber unter Aufsicht. Fügen sich nahtlos ein in die Schiffsroutine. Auch in die Disziplin im Verbrauch von Frischwasser. Keine nennenswerte Vorkommnisse. Nur Smutje Baumgarten kriegt den schweren Gefrierschrankdeckel auf den linken Oberarm geschmettert, beim Überrollen in einer steileren See. Verweigert die schwere Schmerzdosis Obligon, dafür trinkt er in zwei langen Zügen beinahe eine halbe Flasche Wiskey. Lallt noch stundenlang äußerst seltsames Zeug.

Einen Vormittag lang spielen fünf dicke Wale mitschwimmend ums Schiff, blasen auftauchend hohe Fontänen, die eleganten Kolosse. Nie aber beißt ein Bonito auf den Blinker im Schlepp. Dafür sind oft Fischhaken mit Drahtvorlauf über Nacht abgebissen. Zweimal auch der Logkörper achteraus im Kielwasser. Frisch gelandete fliegende Fische, gebraten herrlich mundend, finden keinen Anklang beim Schiffsvolk. Der Skipper alleine verzehrt sie zum Frühstück nach langen Nächten an Deck.

Endlich, gejagt von einer 20-stündigen Regenbö, läuft „Rara Avis“ mit verkleinerter Segelfläche in die Bucht von Bridgetown/Barbados. Ankert auf der weiten Reede im prasselnden Tropenregen. Vergessen der Atlantik subtropischer und tropischer Breiten. Umständliche Formalitäten mit gelangweilten Behörden, Hafenwache. Der Rest vertritt die Beine an Land. Versumpft langsam bei Barbados-Rum, aufwühlenden Steelband-Klängen und Café au lait-Schönen. Mick steigt erst am hellen Morgen darauf an Bord. Von einem Boot längsseits. „He had gone native.“ (Er ist zum Eingeborenen geworden.), bemerkt Mate Beal augenzwinkernd.

Mit Madame Kitty Lillaz und ihrer New Yorker Freundin, beide pflegeleicht und sportlich, schippert „Rara Avis“ von einer Antilleninsel zur nächsten, von Bucht zu Bucht, ankert innerhalb ruhiger Riffe. Später erst steigt Georges Lillaz ein, erholt sich vom Geschäftsalltag der Seine-Metropole in Buchten und an Stränden. Krault wie ein Weltmeister, chartert einen Hochsee-Fischkreuzer zum Angeln schwerer Fische, verschenkt die Beute Insulanern in Spanish Town. Lädt neue Freunde überall zum Apéritif an Bord. Wir lieben und achten den oft schrulligen Chef. Seine Devise „leben und leben lassen“ ist spürbar in der fast unbegrenzten Freiheit nach dem Dienst. Zuletzt kreuzen wir hin und her von den US-Virgin Islands zu den British Virgins. Schreiben jedesmal Stöße von Papieren, Ladungsunterlagen und eidesstattliche Erklärungen für jeweilige Behörden. Die 650 Seemeilen von St. Thomas nach Port Royal auf Jamaica segeln wir mit raumen Winden, südlich entlang von Puerto Rico, S. Domingo, Haiti. Gemächlich, ohne Passagiere. Eine Urlaubsreise fast. Später, auf der nächsten Etappe von Jamaica, kreuz und quer durch die Bahamas, wird das Eignerpaar wieder dabei sein. Fristgemäß kündigen Koch und Steward für die kommende Atlantikreise ostwärts. Sichern sich ihren Rückflug auf Schiffskosten. Veteran Kolowrat: „Denen geht wahrscheinlich die Muffe.“

Außer dem auf der Reede von Port Royal heimlich des Nachts geklauten Schlauchboot mit Aussenbordmotor kommt „Rara Avis“ im Mörder- und Halunkennest Kingston glimpflich über die Runden. Gruppenweise fährt die Besatzung über Land, auf die blauen Berge, zum Crocodile-River und durch die einmalige Vegetation der fruchtbaren Insel. Vermeidet einschlägige Gebiete unkontrollierbarer Gesetzlosigkeit. Einmal, auf der Taxifahrt um die große Bucht nach Kingston, hält plötzlich der Fahrer vor dem riesigen Steinbruch im Osten der Stadt. Bekreuzigt sich. Der Skipper deutet die Sirenensignale als Warnung für eine bevorstehende Sprengung – bis der Fahrer auf einen Körper zeigt, unter dem Kran zuckend baumelnd – einen Mörder haben sie hingerichtet – Raue Sitten!

Himmlisch dagegen die Welt der 1000 Bahamasinseln, vergessen vom Trubel unserer Zivilisation. Riffe und meilenlange Strände. Ideal für „Rara Avis“ mit ihrem kleinen Tiefgang. Überall kann das Schiff anlanden oder ankern. Mr. und Mrs. Lillaz streunen über karg bewachsene Dünen, sammeln Muscheln auf den weißen feinen Sänden. In Shorts, verwaschenen Hemden, Sandalen, einen zerdrückten Strohhut im Genick, selig. Im smaragdenen, hüfttiefen Wasser suchen beide dann und wann Kühlung. Seit dem plötzlich aus dem Nichts erschienen, neugierigen 5-Fuß-Hai, nur Meter vor ihnen unter der schillernden Oberfläche, ist Mme. Lillaz jetzt aber bedeutend vorsichtiger. Im Hogsty-Riff schwimmt Madame nur unter Obhut von Mike Beal, bewaffnet mit seinem schweren Pressluft-Speer.

Haie werden aber nie gesichtet. Abends hockt Kitty im Kreise ihrer Leute am Lagerfeuer von gesammelten Treibholz. Man kommt sich menschlich näher. Nie die unsichtbare Linie verletzend.

Vom Exuma Sound durch die Warderik Wells Passage loten wir unser braves Schiff über die Bahamas-Bänke. Tom mit dem Sprachrohr erspäht vom Mastkorb aus dunkelbraune Riffköpfe in den wenig Meter tieferen hellen Sänden. Selbst am Ruder, weicht der Skipper den gefährlichen Hindernissen aus. Vom Bugspriet singt Molloy laut die geloteten Wassertiefen. Fünf Stunden lang gleitet „Rara Avis“ über bezaubernd smaragdgrüne Wasser, viele Meilen, ohne Land zu sichten. Dann wird die See tiefblau, letzte Riffe verschwinden achteraus. Geschafft ist die Bahamasbank. Über die großen Tiefen der „tongue of the ocean“ (Zunge des Meeres) segeln wir nordwärts im weichen Licht des sinkenden Sonnenballs an Backbord.

In der Osterzeit verabschiedet sich George Lillaz. Sichtlich schweren Herzens, dafür braungebrannt und voll erholt. Von den Bermudas möchte er alleine an Bord über den Nordatlantik segeln, ohne Privilegien eines Eigners, normal als „deckhand“. Kitty Lillaz kann noch eine Woche von Nassau aus umliegende Inselchen besuchen. Ihre alte Freundin aus New York mit vier Schützlingen vom dortigen West-Side-Milieu leistet ihr Gesellschaft.

Die äußerst gepflegten Herren zwischen 20 und 30 massieren sich gegenseitig die Rückenpartien mit erlesenen Lotionen der neuesten Lady-Arden-Linie, äußerst behutsam, wenn nicht liebevoll. Aalen sich auf den Achterdecks oder im gepolsterten Cockpit vor dem Besanmast. Beide Damen bemühen sich rührend um die duftenden Gäste, schwesterlich, wie Gleichgesinnte. Tom spricht von „New York Gays“ oder „Fags“. Lieblinge alleingelassener Damen der Gesellschaft nach ihrem Verfallsdatum.

Im Grunde sind alle pflegeleicht. Allerdings fangen die Herren an, Besatzungsmitglieder bei der Arbeit verträumt anzustrahlen, in den Wanten aufenternden Seeleuten in Shorts seufzend nachzublicken. Mick Molloy beschwert sich beim Skipper: „If any of these queers call me darling again or fondle my hand, I am going to throw him over the rail.“ (Wenn mich einer der Schwulen wieder „Liebling“ ruft oder meine Hand streichelt, werde ich ihn über Bord werfen). „Mensch Mick, mach' keinen Ärger, ich werde alles abstellen." Madame Lillaz unter vier Augen darauf angesprochen, versteht wohl unsere Sorgen. Allerdings weniger als das Vergnügen ihrer Gäste. Beim täglichen Funkgespräch mit Paris erkundigt sich der Boss: „Alles klar an Bord?" – „Ja und nein, Sir." – „Raus mit der Sprache!" – „Sir, New Yorker Hinterlader passen nicht auf Ihre Yacht." – „Bitte rufen Sie meine Frau und hören Sie zu." – „Kitty dear, by tomorrow you and your friends will be ashore." (Liebe Kitty, bis morgen wirst Du mit Deinen Freunden an Land sein). – „Ich habe den Kapitän angewiesen, alsbald nach Bermuda weiter zu segeln." – Kurz und bündig. George hat die Hosen an, zweifellos.

Im Golfstromgebiet und später auf offener See nur leichte süd-östliche Winde bis hin zu den Bermudas. Laufen unter Segeln und Maschine, spürbar gebremst vom dicken Bewuchs der warmen tropischen See.

Maschinist Roland ist der Dritte im Bunde der Bermuda-Aussteiger. Von dort will er die Vereinigten Staaten bereisen, kreuz und quer. Die anderen Germanen an Bord, Steward Rolf und Koch Baumgarten, hoffen auf Saison-Anstellungen in Hotels der Inseln. Roland Wölfle hinterlässt seinen technischen Bereich in hervorragendem Zustand: mit selbst gefertigten Plänen und genauen Anweisungen für seinen Nachfolger.

Jack Lee Gore ist amtlich zur US-Army einberufen für Vietnam. Als Besatzungsmitglied unter belgischer Flagge dürfte Jack wohl weiterfahren. Bei Nachbarn und im Freundeskreis daheim im kleinen Montana-Städtchen möchte Jack aber nicht als Drückeberger gelten. Ex-Dschungelkämpfer Mick kann den Kameraden nicht vom Unsinn des fernen Krieges überzeugen. Nichts zu machen! Wir müssen auf den guten Jungen und „Buddy" verzichten. Die letzten treuen Mohikaner sind Steuermann Mike Beal, Schiffszimmermann Mick Molloy und allround-man Kolowrat. Nach Monaten großer Fahrt, dazu auf Küstenfahrt im Mittelmeer und der Karibischen See sind wir vier aufeinander eingearbeitet, könnten die „Rara Avis" über den Nordatlantik segeln. Alleine, ohne Probleme. Mit 16 bis 18 Stunden Wachen und Arbeit pro Tag. Der durchtrainierte, kräftige Eigner wird zudem als O.S. (ordinary seaman, also Leichtmatrose) eingesetzt. Ohne Privilegien – auf seinen besonderen Wunsch.

Zeit genug, unseren Schoner in der kleinen Werft aufs Trockene zu holen. 19 schwere Schubkarren, gefüllt mit abgeschabten Bewuchs vom Unterwasserschiff gehen auf Halde, drei Lagen Giftfarben werden sorgfältig aufgebracht. Landgang für alle, bis zum Wecken. Ein alter Portugiese, früher auf Walfängern unterwegs, bewacht das Schiff des Nachts an Deck. Glücklich mit dem überdurchschnittlichen Honorar, gutem Essen und Wein vom alten Europa.

Genau genommen sind Wachen in S. Georges überflüssig. Lichtscheues Gesindel gibt's nicht. Eigenartig aber die Leutchen, die abends auf dem Gelände herumstreifen, Pflanzen pflücken, wie Botaniker, friedlich. Tom Kolowrat, ex-Hippie, klärt den Skipper auf: „Die Leute von der US-Airbase drüben holen Vorräte fürs Wochenende. Sehen Sie nicht den hohen Haschisch-Hanf ringsum? Erstklassige Ware – kostenlos von Mutter Natur." Seltsame Idylle.

„Tom, wenn ich Dich erwische, mach' ich Dich fertig." – „Don't worry, I am off it for good." (Keine Sorge, ich bin weg davon für immer). – „Hauptsache Skipper, dass kein Kindley-Base Pilot, von der ‚grass-party' noch ‚high', beim Starten auf uns abschmiert."

Captain Earle der US-Coastguard liegt mit seinem Patrouillenschiff längsseits an der kleinen Stadtpier. Drei Monate Wachdienst in bitterkalter arktischer Nacht vor den Küsten Labradors bis tief hinauf in die Baffin-Bay Grönlands zeichnen Männer wie Schiff. Wochenlang festgekeilt im Packeis bei Schneestürmen, im Kampf gegen meterdicke Vereisung und bei grenzenloser Einsamkeit zeigt sich der wahre Mensch mit seinen inneren Kräften.

Zusammen mit seinem „Exec Officer" pullt Capt. Earle rüber zur „Rara Avis". Im Whaler (Walboot), sportlich nach alter Sitte. – „May we come aboard?" (Dürfen wir an Bord kommen?) – „Of course, Sir, welcome." (Natürlich, Sir, willkommen).

Ihm gefällt die aussergewöhnliche „Bermuda"-Takelage. Dabei erkennt er Vor- und Nachteile, mit einem Blick. Unverkennbar ein Seebär, von der Pike hochgedient. Kapitäne werden selten rudern oder segeln und mit kleinen Booten zurechtkommen können. Beim kühlen Bier stellt sich heraus: Capt. Earle kommandierte jahrelang die US-Dreimastbark „Eagle"

Wendemanöver gegen frischen Wind. „Rara Avis", Karibik 1966.

der Coast Guard, die ehemalige „Horst Wessel", eines der Kadetten-Ausbildungsschiffe der ehrenhaft unterlegenen deutschen Kriegsmarine. Seit der Beschlagnahme nach der Kapitulation. Die Stammbesatzung mit ihrem Kommandanten, Kapitänleutnant Schnibbe, unterweist die neue Besatzung unter Capt. Earle: „This crew was excellent." (Diese Besatzung war vorbildlich) und tiefbetrübt, die Planken ihrer „Horst Wessel" zu verlassen. „C'est la guerre ... but let's remain friends." (Aber lasst uns Freunde bleiben).

Zwei junge Bermudianer, Percy und Mike, stehen schüchtern vor dem Schiff: „They say you require crew. Would coloured men be considered too?" (Man sagt, Sie brauchen Besatzung. Würden Farbige auch in Frage kommen?) – „Warum denn nicht? Kann denn einer von Euch kochen? Seid Ihr schon mal draußen rumgeschaukelt?"

Percy ist gelernter Koch, Hotelausbildung bei österreichischem Küchenmeister, Mike hat zwei Jahre auf Frachtern zwischen Hamilton und der US-Ostküste gefahren. Beide zeigen Zeugnisse und gültige Pässe, ehrlich offen lächelnd in ihrem frischgewaschenen Khaki-Zeug. Geschnittene, saubere Fingernägel, sichtlich gut erzogen, bescheiden selbstbewußt. – Die richtige Mischung! Abends schon klettern beide mit Seegepäck über die Reling. Die Familien warten auf der Pier, winkend, bis „Rara Avis“ ablegt, in die Nacht hinein verschwindet.

Voll dabei beim Segelsetzen draußen ist unser Eigner. Tom Kolowrat, im Dienst und bei Manövern stets wachsam an seiner Seite. Mit wieder vollzähliger Besatzung ist George Lillaz von Nachtwachen befreit. Er ist unser „Tagelöhner“. So manche frühe Morgenstunde steht er an Deck mit seinem Humpen Tee. Schaut schweigend an den Segeln hoch in die verblassende Sternenwelt. Oder notiert auf „Achtung… Null!“ sekundengenau die Chronometerzeit, bis der Skipper gemessene Gestirnshöhen am Sextanten abliest und aufschreiben lässt: „Beteigeuze 57 Grad, 14,3 Minuten“ – „Mondunterrand 34 Grad 53,9 Minuten“. Bald weiß George, mit Zeitzeichen von NSS auf 5000 kHz Chronometer-Fehler festzustellen – gelehrig, geradezu fasziniert. Mit widrigen Winden und tagelangen Flauten in zusammenlaufender Dünung unter Maschinenkraft erlebt der Chef die Kehrseite der Medaille. Dann wieder reißen Stagsegel in nächtlichen Böenfronten. Raus an Deck mit der schlaftrunkenen Freiwache, Fetzen bergen, Reservesegel setzen. George Lillaz ist dabei.

Ungewöhnlich im Frühsommer: Das sonst solide Hochdruckfeld über den Azoren mit Winden im Uhrzeigersinn ist einem Tiefdruckgebiet gewichen. Statt mitlaufenden und raumen Winden auf der angesteuerten Nordhälfte weht die Vollzeugbrise jetzt voll gegenan. Und George Lillaz darf seine Maschine nach Paris auf keinen Fall verpassen. Zwei Tage Holebug auf südlichem Kurs liegen nicht drin. Dafür knüppelt das behäbige Schiff 36 Stunden gegen Wind und See, zerrt an den Nerven aller.

Im Hafen von Gibraltar ist die Mission des Skippers vorerst beendet. Reif ist er für den ersten Urlaub nach 15 Monaten! In Vila do Porto auf Santa Maria steigt sein Vertreter an Bord. Der belgische Handelsschiff-Kapitän wird auf den nächsten Seemeilen als „Badegast“ sein künftiges Schiff kennenlernen. Nach über 19 000 Seemeilen quer durch's Gelände klappt jedes Manöver, jeder Handgriff der Crew. Ohne viel Rufen, auch bei regenfinsterer Nacht und dickem Wind. Verlassen kann man sich auf Mike

Beal, den Steuermann. Inzwischen beherrscht Mike nicht nur die terrestrische Navigation, sondern auch grundlegende Astro-Ortsbestimmungen: Mittagsbreiten, Nordsternbreiten, Mittagsbesteck mit versegelter Standlinie. All das neben seinen Einsätzen an Deck. Des Skippers ganzer Stolz sind seine treuen britischen und amerikanischen Seeleute.

Thomas Kolowrat kennt inzwischen seine zur Heimat gewordene Arche in jeder Ecke. Ob schwierige Segelmanöver, Ankern, Boote ausbringen, unser Tom beherrscht jede Lage. Sein Kreuz ist breiter geworden, die früher zarten Hände sind schwielig vom Zupacken. Trotzdem oder gerade deswegen fliegen die nettesten Mädchen in jedem Hafen auf den schlacksigen Amerikaner.

Der bärenstarke Seemann Mick Molloy, eigentlich als Notlösung für die Wartung der technischen Anlage abgeordnet, fährt die Maschinen einwandfrei. Genauso gut, wie die Profis vor ihm. Ein stiller Korpsgeist verbindet uns alle, ohne großes Getue. Die Seefahrt macht Spaß.

Seit seinem Hitzschlag beim Kompass-Kompensieren ohne Hilfe in der Bucht von Kingston kippt der Skipper dann und wann aus den Latschen. Liegt sekundenlang an Deck, frierend, bibbernd. Dann geht's wieder. Die Stunden, über den Kompass gebeugt, unter fast senkrechter Tropensonne, haben ihn geknackt. Null-Missweisung damals in Jamaica vereinfacht wohl die Arbeit, aber wer döst, muss leiden.

Sechs Monate Heuer mit beträchtlichem Bonus steckt „Leichtmatrose" George Lillaz dem Skipper zu, bevor seine Maschine vom Flugfeld auf Santa Maria nach Lissabon und Paris abhebt. Mit ausdrücklicher Bitte, zuerst von Gibraltar nach London zu fliegen. Sich dort in der Tropenklinik untersuchen und behandeln lassen. Dann erst den überfälligen Heimaturlaub anzutreten. „If you like, relax a few weeks in Cannes, as my guest up in Plan de Grasse." (Wenn Sie möchten, spannen Sie ein paar Wochen in Cannes aus, als mein Gast oben in Plan de Grasse).

Beim offiziellen Kapitänswechsel im Gibraltar-Hafen übergibt der Skipper alle Schiffspapiere, Besatzungsunterlagen, die Schiffskasse und Inventarliste dem Vertreter. Nochmal geht er in die Knie, den Sektkelch in der Hand, ohnmächtig, vor versammelter Gemeinde. – Höchste Eisenbahn für die Klinik!

Notfall, dringend! Erbitten Hilfe!

Im freundlichen Krankenzimmer der Privatklinik bei Wembley leuchten frische Sommerblumen am Fenster, über dem Schreibtisch das Porträt der Queen, blau-weiß-rote Seidenbänder in Rosetten ringsum. Duftender Tee auf dem Tablett, Toast in der Serviette, Butter, Marmelade, eine liebenswürdige Schwester… „You slept like a baby, Sir. Two days and one night." (Sie schliefen wie ein Baby, zwei Tage und eine Nacht.) – „Gaben Sie mir eine Dosis Schlafmittel, Schwester?" – „War unnötig bei Ihnen, Sir. Kaum im Bett vorgestern, waren Sie weg im Reich der Träume." – „Hab' ich im Schlaf gesprochen, Schwester?" – „Sir, lovable, pretty amusing" (Sir, liebenswert, ziemlich unterhaltsam). Wie eine Sphynx lächelt der Frechdachs unterm gestärkten Häubchen.

Ein paar Meilen weiter in Wembley das Endspiel der Fußball-Weltmeisterschaft: England gegen Deutschland. „Wir stellen Ihnen ein Fernsehgerät ins Zimmer, Sir, allerdings nur schwarz-weiß." – „Thank you, dear, nicht nötig." Besorgt kommt der junge Assistenzarzt ins Zimmer, fühlt den Puls: „Everything alright, Sir, how do you feel?" (Alles in Ordnung, Sir, wie fühlen Sie sich?) – „Hervorragend, noch etwas schläfrig, Doktor." Anscheinend ist man verdächtig reif für die Klapsmühle, wenn man das Massenspektakel weder sehen noch hören möchte. Überdies als Deutscher. – „Doktor, morgen lese ich alles in der Presse."

Ein paar Tage drauf: „Geheilt entlassen." – Sieben Pfund abgespeckt als Gratiszugabe. Kein Wunder, wenn Engländer klapperdürr umherstelzen. Bei ihrer sagenhaften Küche…

Mitten in der Urlaubs-Idylle ein dringendes Telegramm: „Rara Avis stuck in Venice stop please call Paris day or night stop Lillaz" (Rara Avis sitzt in Venedig fest. Erbitte Anruf Paris Tag oder Nacht. Lillaz).

Eine böse Geschichte. Auf Veranlassung des Kapitäns ist unser braves Schiff von italienischen Hafenbehörden „an die Kette gelegt" worden. Grund: „Rara Avis" ist, über alles gemessen, 6 Zoll länger als im Schiffsmessbrief vermerkt. Allerdings ist die Länge in der Wasserlinie mit 94 Fuß korrekt. Der Kapitän hat das Weite gesucht. Unglaublich, aber wahr.

Flugscheine für zwei Personen liegen abholbereit am Swissair-Schalter Zürich-Kloten. Ein Barscheck beim Agenten in Venedig, Adriatic Shipping.

Schulkamerad Helmuth Bostel, jetzt Zahnarzt, will aushelfen. Macht seine Zahnklempnerei für zwei Wochen dicht, wegen „dringenden Familienangelegenheiten". Schickt die Helferin auf Sonderurlaub und steht Stunden später an der Marina de Salute. Mit kleinem Gepäck, zusammen mit dem Skipper. Von der verankerten „Rara Avis" gegenüber im Abendlicht der Lagunenstadt löst sich ein Boot.

Pico-bello aufgeräumt die Kapitänskammer. In der kleinen Messe altvertraute Gesichter, Lachen, keine langen Reden. Über zwei Monate der Trennung sind wie verdunstet. Steuermann Beal überreicht den Umschlag vom Telegrammdienst. – Letzte Order vom Boss in Paris, telegrafisch kurz: „your funds at agents stop try to free ship quickly regardless of cost stop proceed cannes asap stop more instructions air mail special delivery stop regards lillaz." (Ihre Geldmittel beim Agenten. Versuchen Sie Schiff schnell zu befreien ohne Rücksicht auf Kosten. Auslaufen nach Cannes so bald wie möglich. Mehr Anweisungen per Luftpost-Eilbrief. Grüße Lillaz).

Beim Schiffsagenten früh morgens: „Capitano, wir haben den besten Anwalt für Sie." – Kein Wunder, man wittert dicke Geschäfte mit einer Yacht in der Klemme, besonders angesichts der Kapitäns-Mappe prallvoll mit Banknoten. „Rara Avis" – das goldene Kalb vom Himmel gesandt – „Grazie Signori, piu tardi forse." (Danke meine Herren, später vielleicht.)

An den Haaren herbeigezogen diese Vermessungsgeschichte! Würden alle im Registro Italiano vermessenen Schiffe nachvermessen, die Meere wären blankgefegt. Das zwitschern die Spatzen von den Dächern. Aber nicht die Hafenbehörden haben kontrolliert, warum auch. Der Kapitän zeigte sein eigenes Schiff an… Geduldig treppauf, treppab im Hafenamt, anschließend Besuch bei der Handelskammer Venedig, Abteilung Tourismus. Man hat Verständnis für das Anliegen des eilends herbeigerufenen früheren „capitano", überall, leider erfolglos. Zuletzt Vorstellung beim Kommando der Marina Militare di Venezia. Ein sympathischer Oberleutnant z. See hört sich die Geschichte an, überlegt, zwinkert dem Skipper zu:

„Sie wollen doch zur Werft M. in Genua, für Reparaturen und genaue Vermessung?“ – Der rettende Strohhalm vom gleichgesinnten Gegenüber! – "Ja, natürlich, Signore, auf die bekannte italienische Werft.“ – „Wann wollten Sie auslaufen?“ – „Möglichst heute abend, Signore, alle Rechnungen bei der ‚Agenzia Marittima Adriatic Shipping‘ sind honoriert und beglichen. Vielleicht beehren Sie uns mit Ihrem Besuch vorher?“ – „Volontieri, grazie (Danke gerne). Ich bringe Ihnen die Papiere mit unserem Boot, sagen wir gegen 1700 Uhr.“

Im weichen Licht des Spätsommerabends schiebt „Rara Avis“ mit halber Fahrt und festgemachten Segeln ostwärts, an San Marco und Venedigs Palästen vorbei zur Ausfahrt in die Adria. Meldet dem ahnungslosen Eigner in Paris per Funktelegramm: „Ausgelaufen Venedig stop keine Kosten stop Grüsse Captain mit Crew.“

Gleich dreimal muss der Skipper den avisierten Luftpost-Eilbrief studieren. – Unfassbar! – Strikte Anweisung vom Boss: Bitte, tun Sie Ihr Bestes, „Rara Avis“ unterwegs in heruntergekommenen, bedeutend wertmindernden Zustand zu versetzen. Mit allen Mitteln soll der äußere Eindruck überall im Schiff verschlechtert werden. Beweisen Sie Phantasie, auch für hoffnungslos defekte Anlagen. – Im Zuge des Wechsels zur französischen Flagge im neuen Port Canto, Cannes, wird der Verkehrswert der „Rara Avis“ amtlich geschätzt. Abgaben an den Fiskus sind dementsprechend…

Ein heikles Ansinnen für eine in Sauberkeit und Ordnung jahrelang gedrillte Bemannung, an die Ehre, mit einem gepflegten schönen Schiff einzulaufen. Aber „Befehl ist Befehl!“ Nur widerwillig gehen die Leute ans Verschandeln auf höhere Weisung. 11 Tage hindurch – unsere arme „Rara“…

Beim Ansteuern der Straße von Messina die Frühnachrichten von BBC-London. – Hauptpunkt: Die Intra-Bank von Beirut ist pleite. Scheinbar haben die Emire Saudi-Arabiens ihre Guthaben abgezogen. Dem Skipper auf Wache fällt der Groschen: Sein Sparkonto dort, seit den Jahren mit den Saudi-Prinzen angesammelt, ist dahin. Pläne für ein eigenes Küstenmotorschiff im karibischen Raum, gechartert von „Cemento-Ponce“ zu Puerto Rico, sind nur noch heiße Luft. Trotz eines Vorvertrages mit dieser Firma.

Zu gewagt wäre ein Jonglieren ohne Eigenkapital für Anfänger im Reedereigeschäft. Schön wär's gewesen!

Kopf hoch, Klaus, jetzt erst recht! Umdenken ohne Panik! Dass die Intra-Bank S. A. Quai du Rhone, Genf, noch was für geschädigte Kunden ihrer Beiruter Zentrale übrig haben könnte – pures Wunschdenken, hirnrissig. Im sittenlosen Klein-Paris des Orients herrschen nur raue Sitten, Korruption und maßlose Geldgier. Beamte der Kommission streifen durch den heruntergekommenen alten Segler, schütteln die weisen Häupter, Verachtung in ihren Blicken. „Dégoûtant" (ekelhaft) oder „degolas" (Saustall) gehören zum Wortschatz. – Wasser im Schiff, Pumpen defekt, Ruder klemmt, nichts geht mehr. Besatzung lungert herum…

Hochbefriedigt jedoch der Eigner mit dem Ergebnis des Schmierentheaters. Nur knapp über dem Schrottpreis schätzt man die Einfuhr. Doch kaum flattert die Trikolore achtern, schuften alle Mann Überstunden, schrubben, waschen, polieren und reparieren manipulierte Schäden. Drei Tage lang…

Unsere Bermuda-Jungs, neu eingekleidet, fliegen heimwärts mit eleganten Lederkoffern, stolz auf ihre Dienstzeugnisse und Verdientes.

Nach 17 Monaten Seefahrt auf seiner zweiten Heimat packt Tom seine Siebensachen. Mutti wird staunen! – Zum gestandenen kräftigen Mannsbild hat sich ihr Hippie-Blumenkind gewandelt.

Mick Molloy, kaum an Land in Cannes, baut Sonntag abends einen Unfall mit dem Mietwagen. Totalschaden nach guter Tradition. Die Polizei-Eskorte leert mit Mick an Bord eine Flasche Whisky auf gute Freundschaft. Molloys Alkoholkontrolle wird somit hinfällig.

Eigner Georges Lillaz möchte in Paris kommende Pläne besprechen. Erst dann kann der Skipper nach Hause zu seiner Familie. Königlich belohnt vom großen Chef.

Von Superyacht „La Belle Simone" zum Klassiker der Oldtimer: M. Y. „Rosenkavalier"

Auf den Tag genau vor 15 Jahren wird der Skipper für eine kurze Überführungsreise nach England auf M.Y. „Pilgrim" angeheuert. Aus dem kurzen 1800-Seemeilen-Abenteuer werden viereinhalb Jahre auf denselben Planken unter den Namen M.Y. „Lady Alicia" und M.Y. „Les Amis" plus 10 Jahre mit M.Y. „La Belle Simone" des US-Städtebauers William J. Levitt. Mit beinahe 250 000 Seemeilen im Kielwasser. (Siehe „Zwischen Luxusyachten und VIP's")

Wieder klingelt der Fernsprecher, unterbricht Reparaturarbeiten im seit Jahren verwaisten Elternhaus am Bodensee. Funkgespräch von Motoryacht „Rosenkavalier": Captain Timothy Hickman: „Hello Klaus, could you possibly help out? (Könntest Du möglicherweise aushelfen?) – Wir liegen vor Anker im Norden der Insel Paros, der Naoussis-Bucht. Ich muss eilends nach New York zur Einwanderungsbehörde, sonst verfällt meine Einbürgerung. Könntest Du die gute ‚Rosenkavalier' für die restlichen zwei Wochen unserer Ägäis-Kreuzfahrt übernehmen? Anschließend ins Winterquartier nach Monaco bringen? Stanley, der Eigner, hat Dich mit der ‚L. B. S' beobachtet. Engländer, Japaner und Chinesen der Crew kennen Dich seit Jahren – no problem".

„OK, Tim, ich versuch's. – Ruf' mich in einer halben Stunde zurück. Inzwischen frage ich bei Swissair nach Verbindungen Zürich – Athen morgen früh."

Pünktlich Captain Hickmans ferne Stimme: „Danke, Klaus, der Boss ist hochzufrieden. Heute abend sitze ich im Flieger nach drüben. Unser Sekretär in England, Mister M., begleitet Dich nach Athen und Paros, hat Swissair-Tickets für den ersten Flug fest gebucht und landet heute abend schon in Zürich. Treffpunkt morgen 0930 an der Swissair-Kasse Terminal A. Später an Bord findest Du Schiffsdokumente im Schreibtisch. Dazu mein Memo über Wichtigstes. Versiegelte Schlüssel übergibt Dir Chief-Steward, Mister Li. Im großen Safe liegt Schiffsgeld. Übernahme bitte beim Sekretär quittieren. Bon voyage!"

Sommer 1967. Mit Comte Girard de Loriol auf seiner „Vagrant“.

Der junge Sekretär vermittelt britisches Klassebewusstsein. Fliegt natürlich erster Klasse ganz vorn. Der Ersatzkapitän sitzt cabin class, weiter hinten. Eigentlich schnurzegal. Doch der Ton macht die Musik. – Abwarten, Du eingebildete Null!

Ziemlich hilflos wirkt der Herr im Gedränge des Athener Flughafens. Weiß nicht, wie man eine Privatmaschine nach Paros chartert, flucht und schimpft am Charter-Schalter – auf die „stinkfaulen“ Griechen – ihre Unordnung. Das Personal ignoriert ihn, nimmt sich der nächsten Kunden an. Kein Wunder.

„Captain, you watch the luggage, while I have a cold drink.“ (Captain, Sie passen auf's Gepäck auf, während ich einen Drink zu mir nehme.) – „And you get stuffed, Sir (Und Sie lassen sich ausstopfen, Sir). – Sehen Sie endlich zu, die Maschine nach Paros zu chartern, sonst gibt's Ärger, verstanden!“ – Wirksam, das Umkehrverfahren. Die Luft ist raus aus dem feinen Maxen. Seine Entschuldigungen prallen ab, ungehört. – Höfliches Bitten um Entschuldigung prallt ab – ungehört.

Im Landeanflug zieht der Pilot zwei Schleifen über die verankerte Yacht. Winken von unten: „Verstanden, Barkasse kommt".

Mate Takemoto und Matrose Kinjo, gebürtige Japaner aus Okinawa, sind langjährige Freunde des Skippers. Weltweit befahren auf Pazifik-Fischern und großen Yachten im Mittelmeer und Atlantik. Dementsprechend herzlich heißen beide den Ankömmling willkommen auf ihrer Barkasse zur Yacht.

27 Jahre schon kennt er die „Rosenkavalier", als Gast der jeweiligen Kapitäne und manchmal von Loel Guiness mit seiner aparten Frau. Die Deckplanken der 66-Meter-Yacht mit klassischem Klippersteven könnten nächtelang erzählen:

Nach den Plänen von Cox & Stevens von der Krupp-Germania-Werft zu Kiel gebaut, wird die Yacht 1929 feierlich auf den Namen „Haida" getauft. Als 23. Yacht des extravaganten US-Multimillionärs Max Fleischman kreuzt sie 12 Jahre hindurch längs der amerikanischen Westküste, nach Alaska und zweimal zum Südpazifik. Im letzten der Briefe an Krupp bedankt sich Mister Fleischman für das weitaus beste Schiff, das er je besaß.

Lebenslang erinnern sich Kieler Werftleute und Unterlieferanten an „ihre" Yacht, den Auftrag, der hunderte Beschäftigte in Arbeit und Brot hielt. Durch bitterste Notzeiten der Massenarbeitslosigkeit im Versailles-geknebelten Deutschland. Auch 16 Kieler Seeleute rettet Max Fleischmann vom jahrelangen „Stempeln". Angeheuert auf M.Y. „Haida" werden sie zur Vorzeigebesatzung unter US-Kapitän und Offizieren. US-Staatsbürger sind alle im Blitzverfahren. Geld regiert die Welt, besonders im Land der unbegrenzten Möglichkeiten.

Beim offiziellen Eintritt der USA in den Weltkrieg 1941 versilbert Fleischmann sein Lieblingsschiff an die US-Navy. Nach kurzem Umbau in San Diego wird „Haida" zur USS-„Argus" (PY 14). Mit einer Kanone auf dem Vorschiff, Maschinenwaffen und Wasserbomben achtern patrouilliert USS-„Argus" fünf lange Jahre von Panama bis Alaska. Bei jedem Wetter. Mit 16 mm Beplankung aus bestem Krupp-Stahl plus Eisschutz ringsherum und unübertroffener Seetüchtigkeit ist „Patrol-Yacht 14" bei Uncle Sam's Blaujacken hochbegehrt.

1947 erwirbt der ägyptische Baumwollkönig, Mr. Maurice Adda, das aufgelegte Schiff. Holt eine Elitebesatzung vom darniederliegenden Italien nach San Diego. Umgetauft auf M.Y. „Sarina“ unter blau-weiß-blauer Flagge der Bananrepublik Honduras mit amtlichem Heimathafen Puerto Cortéz schippert die Yacht durch den Panama-Kanal. Ostwärts über Atlantik und Mittelmeer nach Alexandrien. König Farouk und Gefolge feiert an Bord Gelage mit Bauchtänzerinnen, Jahre hindurch. Bis Nagib und Nasser 1952 das Lustmolch-Ensemble vor die Türe setzen.

Nach den sieben fetten biblischen Jahren zieht auch Maurice Adda mit Clan Leine, wohlweislich. Hochwillkommen sind Goldsack-Flüchtlinge in Frankreich. Peinliche Fragen stellt man dort nicht. Wie bei „vorbelasteten“ Freiwilligen der Fremdenlegion… Addas „Sarina“ liegt 16 Jahre im Vieux Port, Cannes. Einmal im Jahr geht's ankerauf zum Trockendock in Genua.

1968 erwirbt Larry Green die alternde „Sarina“ für ein Butterbrot und 'nen Apfel. Mit dem Gewinn einer harten Nacht im Spielcasino beim Hafen. Nach kaum 11 Monaten streicht der Hasardeur das Doppelte seines Einsatzes ein. Rein netto, natürlich…

Loel Guiness, Kommandeur eines Jagdgeschwaders während der Luftschlacht um England und hochgebildeter Sportsmann der britischen „upper class“, ist seit Jahren geradezu versessen auf die klassische „Sarina“ längst vergangener Zeiten. Verkauft seine M.Y. „Calisto“, den zur Yacht umgebauten kanadischen Minensucher und Untersatz jahrelanger Kreuzfahrten und erwirbt die bös' heruntergekommene „Sarina“.

In der eigenen Yacht- und Bootswerft im Hafen von Antibes restauriert der beliebte Yachtmann sein Kleinod. Über Monate und Jahre, nach Originalplänen. Vom Kiel bis zu den Mastspitzen, für ein kleines Vermögen. Im verdreckten Overall hockt er bei seinen Werftarbeitern im Innern der ausgeräumten Yacht, mit Schweisserbrille, im Höllenlärm von Hämmern und Maschinen. Jeden Tank kennt er, jedes Ventil oder Rohrleitung. Nach der Sirene kutschiert Guiness zur Villa im Rolls Royce, einen Werftgrandi als Beifahrer zum Absetzen auf dem Heimweg.

Unterm „White Ensign“, Flagge des Hochadels und der Royal Navy, führt Loel Guiness seine M.Y. „Sarina“, als Kapitän mit amtlichen Patent, kreuz und quer durch's Mittelmeer. Sein erster Steuermann, seit langen

Jahren, ist Franzose mit Befähigungs-Zeugnis zum „Capitaine au cabotage“ (Kapitän auf Küstenfahrt). Dann wirft einer der letzten Yacht-Edlen das Handtuch – krank.

Robert Stigwood, schnell zu Reichtum gelangter und in jeder Hinsicht bekannter Filmmagnat australischer Herkunft mit US-Passport kauft „Sarina“ aus seiner Portokasse, so nebenbei. Mit dem portugiesischen Kapitän Antonio Branco und ausgesuchter Besatzung von Okinawa schickt er die stilvolle Schönheit in eine Genueser Reparaturwerft. Lässt edle Hölzer und Einrichtungen brutal herausreissen, mit grellfarbenen der „Moderne“ ersetzen. Sein New Yorker Dekorateur aus dem West-Side Milieu verdient sich mit der Schändung eine goldene Nase. Auch der Kapitän denkt an Ruhestand. – Wie der Herr, so’s Gescherr! Zu guter Letzt wird „Sarina“ ein zweiter Schornstein verpasst … zur Krönung, sozusagen.

Nach zwei Jahren hemmungslosen Gelagen von Florida bis Acapulco, von New York bis Mykonos, muss Mister Stigwood passen. Aus geschäftlichen Gründen, wie es dann so heißt.

M.Y. „Sarina“ darf in ihrer alten Gestalt den guten Ruf der vergangenen Jahrzehnte wiedergewinnen. In sorgsamen Händen eines die Öffentlichkeit meidenden Kunstsammlers, Privatwissenschaftlers und zugleich begabten Künstlers. Der Philanthrop und Fachmann griechischer Antike ist vernarrt in Seereisen auf den Spuren von Odysseus. Im Gegensatz zur gehetzten Kaste der „nouveaux riches“ (Neureichen), den publicitygeilen oberen Zehntausend, lebt S. spartanisch bescheiden. Frohgemut und aufmerksam im Getriebe großer wie kleiner Ereignisse. Auffällig seine Achtung vor der Schöpfung, vom bunten Kiesel am Strand bis zum Baumriesen. Kompromisslos schützt der Einzelgänger S. die wehrlose Kreatur, groß oder klein. Seelsorger braucht er nicht.

65 Jahre haben die ehrwürdigen Krupp-6-Zylinder-Diesel auf dem Buckel. Immer noch leisten die Veteranen 750 PS je Einheit bei 250 Umdrehungen, schieben den schnittigen Rumpf mit 12,5 Knoten durch die Meere. Wie eh und jeh. So ziemlich alles mussten sie durchstehen, was einer Schiffsmaschine passieren kann: Dann und wann einen Blödmann von Maschinisten. Einmal eine Strandung im Norden von Korfu. Jahre zuvor die Kollision im Nebel beim Golden Gate von San Franzisko.

M.Y. „Sarina“ mit zwei Schornsteinen (Film-Tycoon Stigwood).

Schmierölmangel, Wasser im Brennstoff – bei voller Fahrt Stahltrosse im Backbord-Propeller – seitenfüllend!

Urgemütlich erscheint die 761-BRT-Oldtimer-Yacht. Sauber bis in die letzten Winkel, vorzüglich gemalt, Teakholz-Reling, Türen, Aufbauteile und Boote spiegeln unter gepflegtem Lack. Die japanische Decks-Besatzung von Okinawa ist stolz auf ihren „Rosenkavalier“, fleißig und geduldig. Auch Messingbeschläge und Fenster blitzen im Sonnenlicht.

Der Interims-Kapitän ist wieder mal einziger Deutscher der 18-Mann-Besatzung. Sein Steuermann Seisho Takemoto ist Japaner, Maschinist Shaun Connolly mit zwei Mitarbeitern ist Engländer, der erste Koch ebenso. Sein chinesischer Gehilfe, Mr. Lam Chi Kwong aber schmeißt den Laden souverän. Kolonialverhältnisse. Genau wie im Maschinenraum, wo der japanische Motorenmann Chiaki Maekawa alle Dreckarbeit erledigt. Mr. Li, Chief-Steward seines Zeichens und typisch Hongkong-geschmeidig-servil, hat seine braven chinesischen Vasallen für Sauberkeit, Bedie-

M.Y. „Sarina" in Hafen New York einlaufend.

nung und Schiffswäscherei. Englische Hackordnung und Departmentstil. Doch das Uhrwerk läuft. Eine Art diplomatischer Rassentrennung – man bestimme die jeweiligen Häupter und regiere sorgenlos. Außer dem Vertretungskapitän hat niemand irgendein Befähigungszeugnis oder Patent. Nur Erfahrung und bescheidenes Wissen, während Jahren im Schiffsdienst angeeignet.

So gurken wir durch die spätsommerliche Ägäis von Insel zu Insel, bis zum Dodekanes, Simi, Rhodos. Auf die gleiche Weise auf Kursen nach Piraeus. Für den Skipper eine Luxusreise, hoch dotiert dazu. – Dann und wann eine kurze Unterhaltung mit dem Eigner und seinem Begleiter Ch. – Tagesmeldungen mit Wetterlage, in preußischer Kürze auf Englisch, eine Tasse Tee, ein Glas Wein – nächste Pläne. Sonst himmlische Ruhe! Das Fahren auf der Brücke, tagsüber alleine, durch's Blau der Ägäis, wird angenehmer Zeitvertreib.

Im kleinen Schlauchboot alleine, nicht mit Tam-Tam per Pinass, tuckert der Eigner mit Begleiter vom Ankerplatz zur schönsten Badebucht. Versorgt mit Lunchpaket und Wein im Körbchen. Dann und wann sitzt Ch. im Windschatten auf dem Steuerbord Brückendeck, abwesend vertieft in seine Malerei. Oder er besucht den Ersatz-Skipper bei der Kartenarbeit in der Brücke, sich laut wundernd, wie der Neue aus einem Stremel schneller Morsezeichen den griechischen Wetterbericht aufs Papier fetzt.

Zu guter Letzt beim Abschied in Piraeus: „Thank you for a nice trip, Captain. Safe return to Monaco. We will see you in England or St. Moritz." (Danke für diese angenehme Reise, Kapitän. Gute Rückkehr nach Monaco. Wir werden Sie in England oder St. Moritz wiedersehen.)

Vier Tage später liegt „Rosenkavalier" verankert in Monaco, das Heck fest zur Pier hinter der Außenmole. Ein Yachtagent und der mittlerweile zurechtgestutzte Londoner Sekretär stehen bereit, Logbuch, Schiffsdokumente, Abrechnungen und Bordkasse zu übernehmen. Ihre Einladung ins Schlemmerlokal „Bec Rouge" lehnt der Skipper dankend ab. Seine Mission ist abgeschlossen. Wer weiß, welche astronomische Rechnung betitelt „hospitality to captain" (Gastfreundschaft für Kapitän) später dem Eigner untergejubelt wird. Abschied von jedem Mann der Besatzung und ab nach Hause.

M.Y. „Rosenkavalier" lässt nicht locker

Inzwischen ist Capt. Timothy Hickman amerikanischer Staatsbürger, kann jedoch nicht zurück auf seinen „Rosenkavalier". Bei der US-Küstenwache Miami muss der Geplagte seine alten britischen Patente in gültige US-Papiere umwandeln und sich wochenlang vorbereiten für offizielle Prüfungen.

Skipper Goetsch lehnt höflich dankend ab. Monatelanger Urlaub und das Guthaben aus 14 Jahren mit Levitt-Yachten müssen dringend für Instandsetzungsarbeiten am verwaisten Elternhaus verwendet werden. Winterschlaf im sterilen Hafen des Fürstentums als gelangweilter Operettenkapitän wäre Verschwendung von Lebenszeit gegen erstklassige Heuer und Bedingungen. Außerdem der beruflichen Selbstachtung nicht zuträglich.

Also wird ein junger amerikanischer Kapitän für die verwaiste „Rosenkavalier“ berufen. Während der Hafenliegezeit können einem Anfänger sowieso nicht schwerwiegende Fehler unterlaufen. Von einer eingearbeiteten Crew als unkomplizierter Strohmann geduldet, als gefügiges Wachs in Händen einer ertragsorientierten Agentur – der Idealzustand – nur nicht für den Eigentümer.

Dann und wann klingelt der Fernsprecher im elterlichen Landhaus. Eigner S. oder Begleiter Ch. plaudern mit dem Skipper auf Urlaub, suchen seine Meinung und Ratschläge. „Lighter than air discussions“ (Unterredungen leichter als Luft) nennen beide den Gedankenaustausch. Man trifft sich auf ihrem riesigen Landsitz bei London, schlürft Tee aus hauchdünnem Porzellan oder hochprozentigen Stoff aus schwerem Kristall. Ganz nebenbei erfährt der Besucher aus Deutschlands Süden, dass eine alte Segelyacht, derzeit in den Bahamas, zum Inventar gehört. Im Frühsommer soll die S.Y. „Rosa“ zurück ins Mittelmeer schippern und als zweites Standbein neben der „Rosenkavalier“ in Griechenland bereitstehen. Die fünfköpfige englische Crew sei seit Jahren eingearbeitet.

Letztendlich ein „Gentleman's Agreement“ (Übereinkunft ohne Vertrag): Goetsch übernimmt die stille Aufsicht über beide Yachten, ist kurzfristig bereit, bei Schwierigkeiten, Werftangelegenheiten und anfallenden Reisen vollverantwortlich einzuspringen. Unkosten und Tagesgelder übernimmt der Reeder. Ideal für beide Teile. Über den Daumen gepeilt macht der Skipper 12–16 Wochen pro Jahr Borddienst, Reisen und Werftzeiten. Seinen ersten „Freiflug“ auf M.Y. „Rosenkavalier“ macht Alex, der neue Skipper, im mediterranen Hochwinter unter den wachsamen Augen des beaufsichtigenden „Seniors“. Ein paar Tagesstunden nur, vom Winterquartier in Monaco zur Reparaturwerft zu Genua. Ostwärts vor der Kulisse tief verschneiter See-Alpen. Alex bewältigt seine Aufgabe überlegt und vorsichtig. Alles in allem befriedigend. Schwierigkeiten bereitet nur der Funksprechverkehr mit den „piloti di porto“, der Genueser Lotsenstation. Getreu dem Motto: „Lasst die Yankees auch mal warten oder italienisch lernen.“ Nach bitteren Erfahrungen italienischer Kapitäne vor Häfen des

M.Y. „Rosenkavalier“ 1986.

goldenen Westens. Alex ist verzweifelt. Hat er doch jeden Anruf genau nach Vorschrift abgewickelt. „Let me call them.“ – (Lass’ mich rufen.) – Ein paar Worte des Seniors im ligurischen Seemanns-Lingo – schon rauscht das Lotsenschnellboot mit weißem Schnauzbart aus der Hafeneinfahrt. – Der Ton macht eben die Musik.

Jürgen Mische, seinerzeit Yachtmaschinist beim Senior und für die Probereise als aufmerksamer Begleiter auserwählt, sieht sich jede Einzelheit im Schiffsinneren und Maschinenraum an. Prüft jedes Bullauge und Panzerblenden auf knalldichte Verschraubung, Feuerlöscher und Löschleitungen, Rettungsflöße, Boote mit Ausrüstung. Pumpen, Ventile, Notausstiege vom Maschinenraum. Außer der Kombüse keine Ausstellungen. – Dort aber schwabbt uraltes Frittieröl aus dem Topf über den Beistellherd. Der Chefkoch mit Kaugummi in der Schnauze zuckt lässig mit den Schultern. Weder weiß er von seinen drei Feuerlöschern, noch hat der Kerl das wichtige Brandtuch. Zunächst kriegt er ’nen anständigen Rüffel, eine halbe Monatsheuer Strafe und sofortige General-Inventur mit Bücherkontrolle aufgedonnert. Au weia! Sowas schmerzt einen mit der Muffe hochgedienten Gauner. Er kann ja gerne abzwitschern, wenn's ihm nicht passt. – Und jeder an Bord weiß jetzt, wie die Bälle von nun an laufen. Genau wie die Werftleitung nach Besprechung aller Einzelheiten.

Wochen darauf eine mehrtägige Stichprobe im Trockendock. Üblicher kleiner Ärger mit Dockmeistern und Malereibetrieben. Sie versuchen's immer wieder, gewohnt, mit bestechlichen Auftraggebern und ihrem Bordpersonal zu schummeln.

In einer Mittagspause großes Gelächter draußen in der Sonne. Vergnügt betrachtet die Besatzung drei schreiende junge Kätzchen unter der Wellblech-Hütte beim Dock. Angemalt mit roter Giftfarbe, hilflos, halbblind. Keiner denkt daran, die leidende unschuldige Kreatur zu schützen, den Japanern, Engländern und Chinesen den „Spaß" zu vermiesen.

Alles schaut den Senior aus Deutschland verwundert an, als der, fassungslos wütend, die drei Kleinen in einen Karton setzt und im herbeigerufenen Taxi einen Tierarzt sucht, durch die ganze Stadt. In der Praxis muss der gütige alte Veterinär alle drei Tierlein einschläfern, ihren Schmerzen ein Ende bereiten. Kopfschüttelnd ob der menschlichen Grausamkeit lehnt der Ehrenmann ein Honorar für seine Bemühungen dankend ab. Nimmt endlich aber eine Zuwendung für den kleinen Verband der lokalen Tierschützer.

Auch in den „British Articles" (Brit. Seemannsgesetz) ist noch so brutale Tierqälerei weder Grund zur fristlosen Entlassung der Täter, noch irgendeiner disziplinarischen Bestrafung. Japaner und Chinesen der Crew begreifen nicht im geringsten ein Verschulden, Tiere mit giftiger Schiffsbodenfarbe zu verkleistern, um sich an deren Schmerzenskämpfen zu erfreuen. Asiatische Mentalität unbegrenzter Grausamkeit den Schwächeren gegenüber! – Jetzt erst sind die Briten sichtlich beschämt und betroffen ob ihrer Feigheit unter eigener Landesflagge.

Nach ein paar Wochen Kreuzfahrt durch Dalmatien und den hellenischen Archipel bis zur Türkei hat „Rosenkavalier"-Eigner S. mit seinen engsten Gästen die Nase voll. Steigt aus und fliegt nach Hause, sichtlich erschüttert. Haarsträubende Manöver bei stürmischer See, in greifbarer Nähe von umtosten Klippen und Felsen erscheint dem seit seiner Kindheit seefahrenden Yachtmann lebensgefährlich. Der junge Kapitän in der

Sturm- und Drangzeit seines ersten Bordkommandos will Eigner und Passagieren vorführen, was er kann – seemännisch grundfalsch!

Namhafte Großreedereien verlangen Sicherheitsabstände von Küsten und Kaps. Der langjährige Kapitän eines Passagierfrachters fährt mal dichter als die erlaubten 10 Seemeilen ran ans Cabo Sao Vincente. Nur, um seinen auf der Brücke versammelten Passagieren den Blick auf imposante Felsen mit dem Leuchtturm zu gönnen. Fristlos gefeuert – nach 21 Dienstjahren! Der Kapitän eines vollbesetzten französischen Passagierschiffes beweist bewundernden Damen und Herren der A-Klasse seine Navigationskünste. Braust 1967 mit Karacho zwischen Felsen und Korallenriffen nördlich der Insel Moustique westwärts, greifbar nahe unten im glasklaren Tropenmeer Sände und Klippen. Dann ein sekundenlanger Ruck, „Les Cordillières" sitzt fest. – Propellerwellen drehen ohne Schraubenflügel – der Pianist hinter der Piano-Bar saust mit seinem Flügel vollfett in die Wand. Von den Füßen zu Boden geschleuderte Passagiere krabbeln verwundert hoch und drängen mit ihren Siebensachen zu angewiesenen Rettungsbooten. Der Musikdampfer ist verloren. Besatzung und Passagiere kampieren zunächst auf den Stränden ihrer Schicksalsinsel Moustique, vollzählig, ohne Verlust. Wochenlang brennt das Wrack draußen vor dem Ferienhaus der englischen Prinzessin Margaret.

Und endlos wächst die Liste von Schiffsverlusten mit Todesopfern und Ölverwüstungen. Zu 80% wegen Fahrlässigkeit von Schiffsführungen oder Gewinnsucht unbestimmbarer Reedereien.

Jetzt fährt der Senior-Skipper allein mit großer Besatzung durch's ganze Mittelmeer. Zu Lieblingsinseln der beiden Passagiere. Ab und zu gesellt sich ein griechischer Admiral zu den zweien. Verschönt seinen Ruhestand und erleichtert das Leben des Skippers. Hafenbehörden dienern geradezu, angesichts des allbekannten Hellas-Mariners.

Genau genommen ist der Skipper ebenso glücklich, wie die ihm anvertrauten Passagiere achtern. Stundenlange Wachen oben sind schönster Zeitvertreib. Ohne Hast und Hetze, im Gleichklang mit Wünschen des Eigners, macht das Fahren der edlen, seetüchtigen Yacht riesig Spaß. Zweifellos weiß die Besatzung, wo's lang geht mit ihrem Alten. Sie tut ihre Pflicht und hält die Klappe, wenn sie nicht gefragt wird.

Für eine Kreuzfahrt durch Dalmatien ins Ionische Meer und die Ägäis steigt die Eignerfamilie mit Freunden in Venedig aus dem altehrwürdigen Orient-Express. Wieder ist Veteran Jürgen Mische auf Wunsch der Reisegesellschaft dabei. Hoch oben auf dem Peildeck in der Morgensonne knetet der Künstler alte und jüngere Leiber aus Dallas und London, bringt lahme Enten und Enteriche wieder in Schwung. Jeder ist begeistert.

Am Treffpunkt vor der Onassis-Insel Skropios erscheint pünktlich die alte, gaffelgetakelte Ketsch „Rosa". Mit ihrer sechsköpfigen englischen Crew zurück von den Bahamas. Mr. S. segelt einen Tag lang durch die Gegend, setzt später den jüngeren Teil der „Rosenkavalier"-Gäste auf seinen schweren Segler. Begeistert ist keiner – winzige Kammern und englische Küche sind nicht zu vergleichen mit gepflegtem Luxus der Motoryacht.

Einmal, im ruhigen Herbst an der Côte d'Azur, ruft Mr. S. seinen Reise-Skipper von Deutschland. „Könnte Jürgen vielleicht sich 10 Tage freimachen und mitkommen? Die schwerkranke Freundin meiner Schwester will ein letztes Mal das Mittelmeer und die Riviera erleben. Meine Schwester hält Jürgen für den sichersten Beistand dieser etwas starrköpfigen Dame der Dallas-High-Society."

Mit seinem medizinischen Notfall-Koffer meldet sich Jürgen zum Bordeinsatz als Krankenbegleiter. Abends hilft Mr. S. seinem eleganten Gast aus Texas fürsorglich an Bord. Müde vom Flug und ganz schön klapperig erscheint die Dame. Lächelt die Besatzung auf dem Achterdeck geduldig an, bevor sie mit der Schwester des Eigners, Jürgen und zwei Stewards in ihre Räume entschwindet.

„Fahren Sie nur ein paar Stunden täglich. Nur bei allerbestem Wetter, Captain, ankern Sie bitte in ruhigen Buchten, vorsichtshalber nie weiter als vier Stunden vom nächsten Hafen. Morgen, in Cannes, möchte Mrs. R. noch einmal ihren Tee auf der Terrasse des Carlton-Hotels trinken, wie vor bald 40 Jahren …"

Man wird nachdenklich – seltsam – das riecht nach bewusstem Abschluss einer langen Lebensreise im gewohnten Stil – Jürgen zurück von der Kranken, bestätigt: „Käpten, Mrs. R. macht's nicht mehr lange. Jeden

Ketsch „Rosa" im Heimathafen Georgetown, Cayman Islands, vor englischer Kanalküste West.

Augenblick kann sie in die ewigen Jagdgründe rüberwechseln. Die Arme ist vollgepumpt mit … und … obendrein, schwört auf ihren Leibarzt in Dallas".

„Alte Masche. Sicher hat der Medizinmann ein paar Millionen Dollar für treue Dienste zu erben." – „Jürgen, auf keinen Fall darf die Patientin an Bord ihr Leben aushauchen. Du musst alles Menschenmögliche dagegen tun. Nicht nur wegen den unendlichen Formalitäten mit Behörden und Anwälten, auch ich als Kapitän sitze dann tief in der Tinte, voll verantwortlich, dass die Sterbenskranke überhaupt an Bord durfte. Leichtsinnig, Du kennst mich ja…"

Den kleinen Spaziergang auf der Boulevard de la Croisette in der Nachmittagsonne mit anschließendem Tee auf der Carlton-Terrasse übersteht unser Sorgenkind anscheinend gut. Plaudert angeregt mit der Bordgesellschaft über romantische Tage seinerzeit an der französischen Riviera.

„Mrs. R. is fine, better than we assumed, Captain. We could leave whenever you are ready.“ (Mrs. R. ist gut beinander, besser als wir annahmen, Captain. Wir können weiter, wann immer Sie bereit sind). Mr. Ch., ständiger Begleiter an Bord, übermittelt Wünsche des Eigners in seiner höflichen Art. Als eine Art Liaison-Officer (Verbindungsoffizier) zwischen Passagieren und Brücke. Telefonieren gehört mal nicht zur feinen englischen Art.

Vor Anker in der einsamen Bucht Port Cros, der Skipper liest vor dem Einschlafen in seiner Koje, die Ankerwache dreht ihre Runden an Deck – schrillt doch mal das Telefon: „Alarm! Mrs. R. in schwerer Krise, Jürgen mit Mr. Li, dem Chief-Steward bei der Kranken.“

Alle Mann! Maschinen Achtung! Blitz-Funkgespräch mit französischer Küstenwache in Toulon, Kurzmeldung und Bitte, einen Rettungshubschrauber auf dem Militärflugplatz Hyères bereit zu halten.

Jürgen inzwischen bei der Schwerkranken kämpft verbissen wie konsequent ums flackernde Lebenslichtlein. – Eindeutig, die Patientin will nicht weiterleben. – Ihr Puls ist am Ende – doch sie wehrt sich gegen eine rettende Injektion. Jürgen findet noch eine Vene im zerstochenen Ellenbogen, spritzt. Auf den dicken Kabinenteppich kippt Chief-Steward Li. Aus Mitgefühl. – Die Kranke aber kommt zurück.

„Rosenkavalier“ ist längst ankerauf. Mit großer Fahrt auf Kursen nach Cannes entlang der Küste. Zu riskant, die Patientin in einer Schlinge um den Leib vom Helikopter holen zu lassen, zumal bei Dunkelheit. Als ehemaliger Sanitätsfeldwebel der Fallschirmjäger ist Jürgen mit dieser Prozedur wohl vertraut, aber andere Argumente sprechen dagegen. Mit Funkspruch wird der Hubschrauber abbestellt, dem Einsatzleiter der Rettungs-Staffel gedankt.

Dafür wird vom Canner Agenten die Ambulanz geordert, eine geeignete Privatklinik in Mougins vorbereitet. Kostbar ist jede Minute. Unten im Schiff hält Jürgen die Leidende am Leben, gegen ihren Willen, das ist offensichtlich – tut er das medizinisch Menschenmögliche. Jetzt assistiert Mrs. X., Schwester des Eigners. Umsichtig und ruhig, als hätte sie ihr Leben lang nichts anderes getan, die freundliche Multimillionärin aus Dallas.

Großer Abschied vor „Leinen los“ nach Europa. „Rara Avis“ in St. Georges – Bermuda. Mai 1965.

In Minutenschnelle ist die Gruppe zur Pier gebracht, die Canner Ambulanz mit Sirenengeheul abgebraust. Ankern, tief ausatmen. Für den Skipper einen zweistöckigen Rum-Orange – zu ungewohnter Tageszeit, vor dem Mittagsmahl am Tischchen im Backbord Brückendeck.

Durch den Yachtagenten übermittelt der Chefarzt der Privatklinik auf den Höhen über Cannes allergrößtes Lob für den Kollegen, Monsieur Mische, dessen mutigen, einzig richtigen Einsatz zur Rettung des Menschenlebens.

Inzwischen tuckert und segelt Ketsch „Rosa“ aus dem Mittelmeer, um die iberische Halbinsel über die Biscaya zum Kanal, dann in die Nord- und Ostsee. In der Lübecker Werft des Meisters Grell wird das verrottete Holzschiff von Grund auf repariert. Alte Yachten sind kostspielige Marotte des Kunstsammlers Mr. S., dabei nervenaufreibendes Neuland für den Skipper. Den Neubau einer bis in kleinste Einzelheiten identischen Gaffelketsch, mit Originalteilen vom dahinsiechenden Wrack, hätte Meister Grell ganze 3 Monate später fix und fertig abgeliefert. Reparaturkosten der alten „Rosa“, mit 8 Jahren Werftgarantie, liegen knapp eine Million DM unter dem Preis einer funkelnagelneuen „Rosa“-Yacht mit mindestens 60 Jahren Lebenserwartung. Dabei innen technisch auf neuestem Stand. – Mit nur einem seiner Gemälde könnte Mr. S. zehn neue „Rosas“ bauen lassen. Doch Zeit oder Geldaufwand geben nicht den Ausschlag. Der Philanthrop hängt an Dingen, vom Zahn der Zeit angenagt, nicht an weltlichen Maßstäben.

Auf zwei Hochzeiten tanzt nun der Skipper, schippert Eigner und manchmal Gäste auf der „Rosenkavalier“ über Gefilde des Mittelmeers, pendelt dann zwischen Südfrankreich und der Ostsee mit Abstechern zur Besprechung im alten Bündner Landhaus in St. Moritz. Ein herrlicher Bau vergangener Jahrhunderte! – Kein Holzbalken, kein Treppengeländer – nicht ein einziger Stein ist neu. Von Abbruchhäusern suchen S. und Ch. handgeschmiedete Türschlösser und alle verwertbaren Teile, rauchgeschwärzte Balken, dicke Bretter, Schieferplatten und Nägel. Schleppen erworbene Beutestücke ins Alpenhaus zu den Handwerkern der von weit her ausgesuchten alten Garde, Malern und Restauratoren. Unsummen versickern in den getreuen Wiederaufbau des Graubündner Prachthauses.

Viele Leute vom Fach verdienen jahrelang ihr täglich' Brot, angetan von der einmaligen Aufgabe.

Dass die Kellerhallen unter dem Gebäude, Brocken für Brocken aus dem Fels gehauen, später das halb-olympische Schwimmbecken aufnehmen – nur wenige wissen es. Im indirekten weichen Licht, herrlich warm unter den Sohlen, blau-gold getäfelt – einladend wie im alten Rom.

Stundenlang sitzt Mr. S. oben am Konzertflügel. Komponiert fleißig an einem neuen Werk. Der Skipper nebenan, in einen dicken großen Wälzer niederländischer Kunst vertieft, klimpert im Geiste mit seinem genialen Boss. Schaut dann und wann hinüber zum viertausend Meter hohen Bernina-Massiv in Schnee und Eis. Nach dem herzhaften Mahl am schweren Bauerntisch und letzten Anweisungen geht's wieder talwärts in die raue Wirklichkeit…

Schnell nach Genua zur Werft. Urlauber, zurück von Okinawa, werden für die Frühjahrs-Reise neu eingekleidet. „Rosenkavalier“ verholt aus dem Trockendock zur Brennstoffübernahme am Kai. Lastwagen voller Vorräte vom Schiffshändler werden in die Kühlräume gemannt. Fertig um Mitternacht: „Leinen los!“ Beide Passagiere steigen pünktlich mittags im Hafen von Antibes zu. Für die Geburtstags-Unternehmung nach Sardinien und Korsika.

Zwei Wochen nach der Frühlingsreise durch verlassene Fahrwasser und Buchten der Costa Esmeralda – nach stundenlangen Wanderwegen im duftenden Blütenmeer der Küstenberge, Rotwein und Fisch in einsamen Trattorias – Abreise der beiden einzigen Passagiere vom Flugplatz Olbia. Ch. mit Skipper trinken ihren Espresso an der kleinen Bar in der Halle, Mr. S. setzt sich mit seinem Gläschen Rotwein auf den Steinboden, Rücken zur Wand. Seinen alten Stohhut rechts neben sich, liest er die neuste „Herald Tribune“ – eben einer von vielen. Der eine oder andere sonntägliche Flugreisende wirft taktvoll ein paar Lire-Noten in den offenen Strohhut, unbemerkt vom großen Chef. Zum Gaudium seiner beiden Gefährten an der Bar.

Später kommen ein Flugkapitän mit Co-Pilot und eine Stewardess durch's Gedränge, alle in vollem Ornat. Ch. winkt sic heran, ruft dem „Bettler“ in der Ecke zu: „S., we have to go!“ (S. wir müssen los). Verwundert ob der Liremünzen und Noten im Strohhut erhebt der sich, überlässt sein Handgepäck der Stewardess und trabt mit seiner Ehrengarde durch die Kontrollen. – „See you in Monaco, Captain!“ (Bis in Monaco, Captain).

Einen Tag später liegt die „Rosenkavalier“ wohl im langweiligen Hafen des Zwergstaates. Doch der Skipper, kaum festgemacht, sitzt im Taxi zum Flugplatz. In Lübeck ist „Rosa“ fertiggestellt, abgenommen von Kapt. Koopmann, der Bau-Aufsicht. Drei Mann der Überführungs-Crew aus Okinawa stehen dort seit Wochen bereit zur Reise ins Mittelmeer. Ein Yachtsegler aus Deutschland gesellt sich später zur Gruppe. Dem Skipper fällt der schwarze Peter zu, „Rosa“ schnellstens die 3000 Seemeilen zur französischen Riviera zu schaffen. Unterwegs spielt der Magnetkompass verrückt. Wochenlang rätselhaft, bis zufällig Gleichstromkabel verschiedener Schaltkreise nur 15 cm unter dem Kompasskessel entdeckt werden – säuberlich verlegt unter der Verkleidung. Kein Wunder!

Der jahrelang seeerfahrenen Besatzung von Okinawa fällt die Handhabung des kleinen Seglers nicht leicht. Willig sind sie durch die Bank. Aber mittelschweres Wetter um die Stärke 8 Beaufort, hochgehende See mit überschwemmten Decks, schlägt allen sichtlich auf's Gemüt. Besonders auffällig bei dunkler Nacht. Ausgerechnet der junge französische Koch, Claude l'Enfant, herumgebeutelt in der winzigen Vorschiffskombüse, schlägt sich tapfer bei seiner ersten Seefahrt. Kocht wie ein Weltmeister.

Nur einmal, nachts im englischen Kanal, verweigert der diensttuende Steuermann Takemoto Seisho, das Klüversegel zu bergen und festzumachen: „Captain, sorry, too dangerous.“ (Captain, tut mir leid, zu gefährlich.) – Der 62-jährige Skipper klettert auf allen Vieren ins Klüverbaumnetz, alleine, manchmal im Wasser bis zu den Hüften, birgt und sichert das wild knatternde Tuch – erledigt! – „See, you gallant Nippon-Samurai!“ (Siehste, tapferer Nippon-Samurei!) – Vor seinen Landsleuten hat er das Gesicht verloren – Sorry, Takemoto.

Endlich erlöst Captain W., ein befahrener Nautiker, den Skipper für dessen längst fällige Augenoperation und übernimmt das Kommando der eingefahrenen „Rosenkavalier“. Zunächst für eine Charterreise. Glücklos aber ist der sympathische Seemann. Beim Auslaufen vom Canner Yachthafen mit Fahrt achteraus rumst es gewaltig, ein Maschinist am Dieselfahrstand knallt mit seinem Gesicht in den Umdrehungsanzeiger, das ganze Schiff bockt. Erwartungsvolle Passagiere auf dem vorderen Sonnendeck halten sich mühsam an der Reling. Dann schiebt „Rosenkavalier" weiter aus der engen Ausfahrt. – Nirgends Zeichen von Panik.

Captain W. ankert 150 Meter vor dem Hafen, kontrolliert selbst das Schiffsinnere auf mögliche Wassereinbrüche und sichtbare Schäden nach der Unterwasser-Kollision, schickt den 2. Maschinisten mit Tauchflasche und Schwimmflossen ins Wasser zur ersten Besichtigung. Aufsteigende Luftblasen zeigen den Weg von Trevor Betts. Mittschiffs an der Steuerbordseite verbleibt der Taucher minutenlang, kommt dann hoch: „Starboard stabilizer fin bent fully to forward." (Steuerbord Stabilisatorenflügel voll nach vorn gebogen.)

Unglaublich, ein 10-zölliger Stahlschaft umgebogen wie Knetmasse. Mitgerissene Fundamente und Stahlplatten, Wassereinbrüche durch ein Leck? – Fehlanzeige! Kruppstahl, vor 60 Jahren bei der Germania-Werft verbaut. – Jede moderne Yacht wäre durch den Massenschub aufgerissen, schlimmstenfalls abgeblubbert. Zu nahe an den Steinquadern unterm Molenkopf vorbei schob sich „Rosenkavalier" mit zweimal kleiner Fahrt. Blieb einfach hängen. Schnell kann's geschehen …

Der Chartervertrag platzt. „Force majeure" (höhere Gewalt). Unglücksrabe Capt. W. darf gehen, in allen Ehren. Und Senior-Skipper Klaus „darf" wieder mal Lücken büßen, die Operation verschieben bis auf den St. Nimmerleinstag. Begleitet vom kleinen Schleppboot geht's ins Schwimmdock der Werft La Seine bei Toulon. Werftingenieuren und Besichtigern von Lloyds bleibt die Spucke weg: „Quelle coque solide! La bonne vieille qualité." (Was für ein solider Rumpf! Die gute alte Qualität.)

Noch mehr wundert man sich, wie der Skipper Tage später auf der kleinen, 23 Meter langen „Rosa" beim selben Schwimmdock festmacht. Zwei Fahrzeuge gleichzeitig überholen lassen, spart Zeit und Kosten.

Mitten ins Werftgetümmel an der Ausrüstungspier platzt exotischer Besuch aus Japan. Mister H. Isaka, begleitet von Töchterchen Toko besichtigt „Rosenkavalier" über alle Decks, durch Quartiere und den Maschinenraum. Wochen zuvor, daheim in Tokio sendet „Nippon Television" einen Bericht über Yachten an der Côte d'Azur. Ein bestechend schönes Motiv der „Rosenkavalier“ in Fahrt auf grauer bewegter See, im Licht eines Sonnenflecks zwischen dunklen Regenschleiern, verzaubert den Großindustriellen des Mitshubishi-Konzerns. Alle Hebel setzt er in Bewegung, die „antike“ Yacht aufzuspüren.

Durch die Agentur von Nigel Burgess mit ihrem Experten, Capt. Poncheau, macht Mister Isaka ein Kaufangebot. Vorbehaltlich Besichtigung und Erprobung. Jetzt sitzt sein Töchterlein ergeben, aber bibbernd vor Mistralkälte, im achteren Salon, während Papa die Yacht durchstreift, stundenlang. Begleitet vom diensttuenden Steuermann Takemoto Seisho. Dankbar nimmt sie den molligen Wachmantel des Skippers um die Schultern, eine Wolldecke um ihre hochgezogenen Beine. Mit der herbeigezauberten heißen Wärmflasche im Schoß und einer Tasse Lapsang-Suchon-Tee lächelt die junge Schönheit glückselig – „You come to Japan?“ (Kommen Sie nach Japan?)

Ein Sommer mit üblich-schönen Mittelmeer-Reisen auf „Rosenkavalier“ zieht in die Lande. Vergessen ist Mister Isaka. Im südfranzösischen Stützpunkt Antibes liegen beide Schiffe. Auf „Rosa“ heuert ein neuer junger Koch der Elite-Klasse: Mark Rommelspacher, herangewachsener Sohn von Hermann „the German“ vergangener Reisen mit dem Skipper auf „Pilgrim“, „Lady Alicia“ und „La Belle Simone“ in karibischen Gewässern. Auf Wunsch seines Vaters soll sich Mark auf einem kleinen engen Schiff die ersten Sporen verdienen.

Geht „Rosenkavalier“ ankerauf für eine Unternehmung, steigt Mark über zum Kombüsendienst. Zusammen mit Mr. Lam Chi Kwong brutzelt er sich in die Herzen der Weltbürger-Crew hinein. Eigner S. und Begleiter Ch. essen kaum noch in einem der 4-Sterne-Restaurants an Land, wie sonst. – Daheim schmeckt's am besten.

Heimaturlauber nach Okinawa und Hongkong packen im Spätherbst ihre Siebensachen, wie jedes Jahr. Erwarten Heuerabrechnungen, Zeugnisse und Flugscheine. – Hochstimmung allenthalben. Bis der Skipper vom Hauptquartier zu St. Moritz mit hochoffiziellen Kurier den versiegelten Umschlag empfängt: „Kommando zurück! Mr. Isaka hat unterschrieben. Sofort mit seinen Agenten alle Inventarlisten durchprüfen.“ Aus verkaufstechnischen Gründen, wie es ahnungsvoll heißt, soll „Rosenkavalier“ nach San Remo in Italien übersiedeln, von dort aus Probefahrten und letzte Inventurarbeiten erledigen.

Mister Isaka bringt dieses Mal eine Gruppe Schiffbau-Fachleute, einen Großwerft-Direktor aus Japan und einen Lloyds Berater aus London an Bord. Auffällig das servile Gehabe der immerhin gewichtigen Männer. Sie wohnen wohl im besten Hotel, stehen aber eine halbe Stunde vor der vereinbarten Zeit auf dem Achterdeck. Warten geduldig, bis der große Boss, in seiner Suite an Bord gut ausgeschlafen, lächelnd auftaucht. Fernöstliche Hackordnung.

Mark Rommelspacher in der Deckskombüse am Backbord Mitteldeck rollt, in sich versunken, Nudelteig auf dem Holztisch. Hauchdünn, das versteht sich. Mit 25 frischen Eiern als Hauptzutat wird’s wieder ein Festessen! Mister Lam nebenan brutzelt kleingeschnittenes Filet in der einen Pfanne, in anderen Sauce, Pilze und Fisch. Keiner merkt, wie Mister Isaka vom Deck aus zuschaut, diskret schluckend, minutenlang.

Beim Chief-Steward bestellt Mr. Isaka das am Vorabend gewählte „mit allen Raffinessen“-Menü wieder ab. Bittet um das einfache Nudelgericht für die Besatzung, seine Leibspeise! Zwei Platten gleich putzt der Tycoon aus Fernost leer, mitten in der Kombüse stehend – begeistert…

„Captain, you think the young big cook with the moustache would come to Japan?“ (Kapitän, glauben Sie, der junge große Koch würde nach Japan kommen?). – „Sir, ich nehme an, dass Sie das junge Genie entsprechend zu honorieren wissen.“ – „Of course, Captain“ (Selbstredend, Captain).

Jetzt gehen Probefahrt und letzte asiatisch-penible Expertisen im Eiltempo über die Bühne – wegen Mark’s Nudeln, zweifellos. Außerhalb der 7-Meilenzone im Golf von Genua wechselt die M.Y. „Rosenkavalier“ offiziell in die Hände des nächsten Eigentümers. Bei eiskaltem Nord-Ost Stärke 8 und rauer See. Über Funk bestätigen Schweizer Banken die eingegangene Bezahlung. Im vereinbarten Code-Schlüssel, natürlich. Der Name verbleibt. Hohe italienische Zollbeamte im Hafen von Genua prüfen Logbuch, Papiere und Position des Schiffes beim Verkauf. Alles gesetzestreu – steuerfrei.

Zeit auch für den Skipper, abzumustern. Muss Aufgaben in jüngere Hände abgeben. Goetsch kehrt zurück an den Bodensee, schaut dort den Schiffen nach und denkt an seine Fahrten auf den Weltmeeren. Denkt an seine große Fahrt, die Fahrt seines Lebens. Denkt an die Kontinente, die Schönheiten der Natur und an all die Menschen, denen er begegnen durfte. Dankbar, zufrieden.

Segelschule Lindau Anfang der 50er Jahre.

Klaus R.G. Goetsch – ein verantwortungsbewusster Kapitän.